马克思主义理论研究和建设工程重大项目
国家社科基金重大项目
"中华优秀传统文化的创造性转化与创新性发展研究"（2015MZD014）成果

德性文明论
古典儒家礼乐教化及其当代价值

杨新铎　著

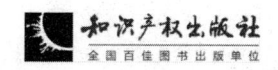

知识产权出版社
全国百佳图书出版单位

图书在版编目(CIP)数据

德性文明论:古典儒家礼乐教化及其当代价值/杨新铎著. —北京:知识产权出版社,2018.11

(德性文明丛书)

ISBN 978-7-5130-5900-8

Ⅰ.①德… Ⅱ.①杨… Ⅲ.①儒家—礼乐—德育—教育价值—研究—中国—古代 Ⅳ.①K892.9②B222.05③G41

中国版本图书馆 CIP 数据核字(2018)第 231180 号

责任编辑:赵 军　　　　　责任校对:谷 洋
书名题字:杨新铎　　　　　责任印制:刘译文

德性文明论

古典儒家礼乐教化及其当代价值

杨新铎◎著

出版发行	知识产权出版社有限责任公司	网　　址	http://www.ipph.cn
社　　址	北京市海淀区气象路50号院	邮　　编	100081
发行电话	010-82000860 转 8101/8102	发行传真	010-82000893/82005070/82000270
责编电话	010-82000860 转 8127	责编邮箱	zhaojun@cnipr.com
印　　刷	北京嘉恒彩色印刷有限责任公司	经　　销	各大网上书店、新华书店及相关专业书店
开　　本	720mm×1000mm 1/16	印　　张	19.25
版　　次	2018年11月第1版	印　　次	2018年11月第1次印刷
字　　数	281 千字	定　　价	68.00 元
ISBN 978-7-5130-5900-8			

出版权专有　侵权必究

如有印装质量问题,本社负责调换。

序　言

　　《德性文明论》为中华德性文明的伟大复兴和天下德性文明的兴起而思，溯源古典儒家修养与教化的道德智慧，旨在重构当代人个体"生命的学问"与人类群体"生活的艺术"。

　　中华传统"内圣外王"之道，其道德智慧，曰修养，曰教化，曰"为己之学"，曰"教学为先"，皆一统于"礼乐教化"。修养于庸言庸行，教化于百姓日用，礼乐即在其中。中华传统德性文明道德智慧的精妙之处，是将人类共同体及其每一个成员的日常人生，整个地化成一种充满礼敬与关爱的和谐生活的艺术。也就是说，中华先哲和传统时代的中国人相信，在日常生活之外其实无所谓修养与教化。观其洒扫应对，进退揖让，学《诗》学《礼》，冠婚丧祭，乡饮乡射，乃至朝聘郊社，可见中国古代德性文明中人的生命经验，无所不体现为一种"明明德"，以"止于至善"的生命的学问。学不可以已，学而为己，以成己成人成物。莫非学也：学于庠、序、学、校，学于乡党邻里，学于君臣、父子、夫妇、兄弟、朋友，学于天、地、雷、风、水、火、山、泽，学于师友言传身教，亦学于天地"不言之教"。所学非为追逐物利，而在成就自我道德天赋的潜能，循"仁、义、礼、智、信"之常道，求成乎"智、仁、勇"三达德。如此以居天下之广居，行天下之大道。故《论语》曰："子罕言利，与命与仁。"

当今时代，中国和世界已开始着力建设人类命运共同体，一种以中华德性文明为根基和内核的天下德性文明正在兴起。这个新的天下德性文明已经向每一个人，每一个家庭，每一个国家，乃至每一个人类群体，发出了召唤。然而，能够步入这一德性文明之境的人，所具备的不是一种外在的资格，而是一种通过自我"德性文明化"而生成的道德品格：惟有那些自觉经历内在修养与教化，自"明"其"明德"，在德行上朝着"止于至善"无止境追求的人，才能成为天下德性文明的"新民"。

在每个人心灵的至高之境，我们仰望中华古典德性文明的礼乐教化，仰望以古圣先王和孔子为典范的中华圣哲，"仰之弥高，钻之弥坚；瞻之在前，忽焉在后。"

目录

导　论　德性文明宣言……………………………………………………… 1

志　道　篇

礼乐教化： 古典儒家人文主义教育理念诠释……………………………… 66
天下为公： 古典儒家"大同"观的道德与历史意蕴……………………… 81
师严道尊： 《论语》和《学记》中的古典儒家师道 …………………… 101
圣德王道： 当代中国政治的传统文化根基与人类命运共同体………… 123

据　德　篇

为己之学： 古典儒家生命的学问及其启示……………………………… 140
不言之教： 《易传》中的儒家道德修养思想…………………………… 159
和而不同： 古典儒家和谐伦理与当代和谐教育………………………… 172
大学之道： 古典儒家"大学之道"与当代中国大学德育……………… 186

依 仁 篇

里仁为美：《论语》"乡党"篇的文化象征 …………………………… 196
孝乎惟孝：孝道伦理与乡土社会生活的重建 …………………………… 210
修身为本：修身传统与践行社会主义核心价值观 ……………………… 225
生生之易：《易经》生态伦理智慧与生态文明 ………………………… 234

游 艺 篇

教学为先：《学记》中的古典儒家教育哲学 …………………………… 250
观象修德：《易·大象》修养与教化之道 ……………………………… 265
文以载道：《文史通义》内篇文化哲学发微 …………………………… 278
人文化成：中华人文精神教育与天下文明 ……………………………… 285
后　　记 ………………………………………………………………… 296

导　论
德性文明宣言

一个天下分裂、生态破坏的理性文明即将成为历史；一个天下和平、生态和谐的德性文明正在蓬蓬兴起！

人类正在经历从理性文明向德性文明的转型跃升，其形质上的变革，是"理性"工业化生产方式归顺"自然"之道的生态文明；其精神上的变革，是"理性"个人主义资本拜物教被人类命运共同体主义的"仁义"之道所征服。在这个转变过程中，理性文明的成果并不会被浪费，而是将被德性文明所消化、吸收和利用。"德性"对"理性"的统治关系，在全人类的精神结构中，同时也在全人类的外在生活世界中，将第一次整体性地得以确立。而且，全人类一旦整体性地经历了这种"德性文明"的旭日照临之后，其精神中的"道德"天性，将从此全面觉醒。

这是一个新时代的来临。在这个新时代，中华德性文明传统将全面复兴，并主导全人类天下德性文明的兴起！当代中国正在建设的新时代中国特色社会主义，将马克思主义德性精神与中华德性文明传统相融合，引领世界建构人类命运共同体，正是新时代天下德性文明的核心。

一、德性"文明"本义辩正

"文明"一词在中华传统中本来被赋予了道德上的合道性，与之相通的"文化"一词，也是如此。没有道德上的合道性，不足以称之为"文明"和"文化"，这是中华传统的基本观念和信念。其实，在"道德"价值内涵之外，文明和文化，从现代社会科学，如从文化人类学、历史学、政治学、社会学等视角来看，还有一层客观的和"科学"意味的内涵，就是指特定社会群体的生活方式之物质、精神、制度等成分。文明和文化之"道德"与"科学"内涵，内体外用，以体为要；而体有虚实，用随时变，不可不识。

当现代西方文明和文化的成分流入中华文明和文化的领域之后，在现代语境下，中文"文明"和"文化"的含义，不可避免地与西文相应词汇的含义相杂糅。其中，特别值得反思的是，西方文明和文化，本来只是西方的生活方式，也俨然具有了道德上的合道性。然而，西方"文明"及其"文化"的道德价值并非已经衡定，而是有待分疏；这关乎我们对中华文明之源流和方向的正确理解，也关乎中西文明间合理关系的界定。在这里，最基本的问题，在于辨明中西"文明"的本义。

（一）"文明"的话语与语言

中文"文明"由"文"与"明"合成，文为"观乎人文以化成天下"之"文"，"明"为"明明德"之"明"，则"文明"义为吾人作为道德主体或伦理共同体成员，循"仁义"之道，以生命实践创造性地彰显人之德性秉彝，从而生成"人文化成"和"天下文明"的人类道德生活世界及其和乐美善。

中华传统所谓"文"，即形下之器言，而器不离形上之道，故文者，道之文。文与道，表里也，文以显道，道隐于文，而文道为一。文明，吾人体道以"明明德"于天下者也。文化，"观乎人文以化成天下"之谓也。中华传统曰"文明"，曰"文化"，其辞有别而义相通，皆言道之在天下，道之行于天下，存乎其人，道不虚行，如斯而已。

道者，何也？曰："生生"之道。"天地之大德曰生"(《易·系辞下》)。生几之运，阴阳互涵，创化不已，生而又生，生生不息。故曰"生生"之道。天地万物与人，生乎道，德乎道，亦且为道之文。故《易》有天地万物之道，有天地万物之文。《易》曰："生生之谓易"，又曰："易有太极，是生两仪。"又曰："一阴一阳之谓道。"中华先哲曰"道"，曰"一"，曰"太一"，曰"太极"，曰"生生"，曰"易"，皆同谓此品物咸亨、保合太和、生生不息宇宙整体之本体也。"道"，形而上者也，形于天地万物之生，而体天地生生之德。"器"，天地万物，形而下者也。形上形下不离，而道器为一。

天地之大，"万物并育而不相害，道并行而不相悖"(《中庸》)。老子曰："道大，天大，地大，人亦大。域中有四大，而人居其一焉。"(《老子》第二十五章)人道与人文，其大犹乎天地与道，一本而万殊。"道"一，一本也；道之德则异途，万殊也。故道德，一致而百虑，同归而殊途。时有古今，地有多方，则时地各异之人其道其文，亦并育不害，并行不悖。然而，古今易世，道有变动而时乖；中西交错，文有不当而违和。"文"之名于是有不正，"文"之言于是有不顺，不可不辩而正之。

现代汉语中"文明"与"文化"两词之义，通常以西文"色飞来"("civilization"或civilized，本义为"市民化"或"文雅化")和"克尔且"(culture，本义为"开垦")为其基本内涵。这一现代汉语的"文明"和"文化"本质上已经完全不同于汉语"文明"和"文化"的古代原义。

由于古代汉语"文明"和"文化"的原义，"自然地"会"残留"于现代汉语同名词汇之中，因此，现代汉语"文明"和"文化"或多或少带有一点古义。这点古义往往让人产生一种错觉，以为现代被称之为"文明"和"文化"者，也仿佛理所当然地是"人文化成"的，"明明德"的和"天下文明"的。也就是说，现代汉语词汇"文明"和"文化"中，其西方舶来义与中华本来义会混杂在一起。或者说，其垦殖而城市化而文雅化的"理性的"内涵不可避免地会与中华传统人文精神"道德的"内涵杂糅，从而本来不具备以"仁义"为准则和实质的"道德"之价值和尊严的西方现代理性化过程，就附带地文饰上中华传统"道德"的色彩。现代汉语"文明"和"文化"，是西方外来"色飞来"和"克尔且"两义对中华本土传统德性本义的"文明"和"文化"成功"殖民"的结果。不仅中华古义本义被舶来义西化义所混淆、遮蔽、覆盖、扭曲、侵蚀以至于消解，而且，其古义和本义还自然而然不露痕迹地被利用，以为"鸠占鹊巢"的舶来义西化义现代"文明"和"文化"染上一层古色古香的"道德"之光晕。于是，在中西词汇语义翻译的过程中，在西方的"色飞来"及其"克尔且"译成"文明"和"文化"的同时，西方"文明"话语对中华"文明"话语的覆盖也在几乎不露痕迹地实现。

在此，我们可以略微观察一下中文涉及中华传统文明之信仰、世界观、价值观的几个关键词，在被西方外来语意混淆之后所形成的讹变：汉字"一"，《说文解字》曰："惟初太始，道立于一。造分天地，化成万物。"当然，"一"在汉语中也表数量。近代由于英文数词"one"译为汉字"一"，汉语"一"这个词的"权威性"的词义就悄悄地从了西"俗"，不再有"太始"或"道"的含义，如商务印书馆2001年修订版《现代汉语词典》和2008年版《古代汉语词典》中的"一"字词条，都是如此。又如，就信仰方面而言，"上帝"一词本是中华先民古朴信仰的反映，在基督教词汇"god"译成"上帝"之后，"上帝"一词从此似乎专属于基督教了；更有甚者，有人还利用这种词义的混淆，反客为主地证明西方的"上帝"之光老早就曾经照耀过中华大地。《新约》《旧约》和《福音书》之类，称为《圣经》，"圣"与"经"之名被这么堂而皇之地占用之后，中华"圣贤""圣王""圣人"之"圣"，与中华文化经典之"经"，就只能与之分名或争名而立了。"自然"一词，原义为"本来如此"或"自己如此"，如《老子》中"道法自然"即为此义。当西文用以指物质化的生态世界的"nature"一词译为"自然"，于是，中华原有的弥纶天地人三才之道，意味着宇宙大化流行而生生不息，"道"本来如此的整体世界观，就被西方的物质世界观之"自然"遮蔽了。其他如"天"与"sky"，"地"与"earth"的意义绑定，"天地"被过分的物质化或物理化，而其本来具有的"乾健坤顺"之生命气象与精神，也就无形中消解了。还有，以西化义为主的现代汉语"政治"，再无"正己正人"和"为政以德"之义；现代汉语"经济"一词也根本不是"经世济民"之义。总之，我们发现西方语言及其语义的切入，对汉语及其所承载的传统的中华文化和文明而言，是一场普遍的西方"文化"和"文明"的"殖民"。

个别词语的转译，发生语意"增减""挪移""混淆""流失"等变异，这是一种常见的语言交流现象，但是，一种语言在体系上全面、深入、彻底地置换了另一种语言的根本词汇的基本语义，这就是一种"非常"的话语之整体"变革"或"颠覆"，当然也就意味着整个文明的"变革"或"颠覆"。这种普遍的汉语词义"西方化"或"现代化"，即消除汉语词汇的中华文化和中华文明本义而接受西义的"殖民"或"置换"，简单说来就是让汉语在实际上不再说"中国话"而说"西方话"，可谓"汉话胡说"或"胡话汉说"，其实质在表层上是"话语"和"语境"的更替，在深层上是"文明"和"文化"的更替。

（二）"文明"的德性与表象

自从义为"市民化"和"文雅化"的西来词"色飞来"（"civilization"或"civilized"）译为"文明"而在现代汉语中通行之后，中华"文明"的本义即被西方"色飞来"所变乱。中华"文明"本义被变乱和"色飞来"的盛行，实质上是现代版的"夷化夏"或"文明的野蛮化"，其后果是现代中国人已习惯性地倾向于崇尚西化的现代"文明"，从而无形中也倾向于认可其中包含的"文雅化的野蛮"或"野蛮的文雅化"——一种比原始性"野蛮"更为野蛮的，高度理性的"野蛮"。

"文"与"野"相对而言，表面上看，这在中华传统和现代西方语境中都是如此。但是，"文"与"野"都有多重含义，在不同的文化体系中其含义有本质上的根本差异。文野之分在中华文明为道德上的"华夷之辨"，在西方文明则为世俗上的"贵贱之别"。以世俗上的贵贱之别区分文野是相对而言的，并无定论，往往是强权说了算。

在中华文明的道德观念体系中，与"中华"和"华夏"这两个可以通用的代表"文明"的词汇相对的是"夷狄"或"蛮夷"两词。"夷狄"或"蛮夷"所对应的人群是生活于"中国"四周的其他族群，在社会文化意义上有两重含义：一是"属野"的，即"野外的""野生的"或"野性的"。"野"的本义作为地域或社会环境，是指有城垣之"国"的外部，与"国"相对而言的。这层含义中不包含善恶、美丑、尊卑、智愚、高低、进步和落后等价值上的评价。二是"野蛮"，有道德和价值上的贬义，或多或少还带有残忍、暴力、愚昧、邪恶、丑陋的意味。"属野"的并不一定是"野蛮"的，但若没有德性上的成长，往往会流于"野蛮"。同时，"野蛮"的并不一定是"在野"的，或"野生"的、"野性"的。生为四夷之族群，在人群上、在地域上、在性情上虽属于"野"，但在德行上同样可以是"文明"的。若有这样的具有德行的"野"人，按中华文明的道德标准，他们可直接被认同为"华夏""中华"或"中国"。实际上，中华义理区别华夷，或分辨文明与野蛮，是唯一地从人群的道德境界上判断的。而文明或野蛮这两种道德境界又都是后天修养与教化的结果，不是天生就有的，也不是种族性或生物性的差别中所蕴含的某种天性。在这一点上，无论是就群体还是就个体而言，儒家的"性相近，习相远"都是适用的信念。而且，可以看出，华夷之辨所依托的人性观并不是"性恶论"，而是如《三字经》"人之初，性本善"的那种"性善论"。古典儒家认为，人性根源于天地生万物之"道"，本含有天赋的或内在的善，人的生活就是成就人性内蕴之善性，故曰："一阴一阳之谓道，继之者善也，成之者性也。"（《易·系辞上》）

中国传统文化中的华夷之辨所定义的"文明"，基于上述这种内在性善的人性论，是人的道德主体性得以确证的意义上的，"道德"的或"德性"的文明。这种文明需要以吾人个体或群体的道德主体性的成就，即仁礼合一的德行为其内在根据，才能成立。必须有内在的"仁"德，只是虚应故事的合乎"礼仪"，不可谓之"文明"。所以，孔子曰："人而不仁，如礼何？人而不仁，如乐何？"（《论语·八佾》）又曰："礼云礼云，玉帛云乎哉？乐云乐云，钟鼓云乎哉？"（《论语·阳货》）

"立人之道曰仁与义"(《易·说卦》)。君子，文明意义上的人，只遵循唯一的道德准则，这就是发自内在的"由仁义行"，而非"行仁义"而已。孔子说的很绝对，文明和野蛮的界限是清晰的和唯一的："道二，仁与不仁而已矣。"(《孟子·离娄上》)这里根本就没有含糊的空间和中间道路。君子以修身为本，"志于道，据于德，依于仁，游于艺。"(《论语·述而》)君子作为自觉的道德主体，如何修养和成就自己的天命之"性"？"君子以反身修德"，通过朝向自己内在的，"反求诸己"以"克己复礼"的生活方式，来养成道德人格，从而尊严地挺立起自己的道德主体性。古典儒家强调，"道不远人"(《中庸》)。即是说，仁义之道岂是存在于人性人心人伦人生之外虚设的东西，道就是人性人心内在的律则，道就实践性地体现在人伦日用的人生之中。而且"人能弘道，非道弘人。"(《论语·卫灵公》)士君子仁人必须"仁以为己任"，内在地担当其践行仁义之道的责任，而道本身不可能"免费地"救赎那些不践行仁义之道，从而也不具备道德主体性的"小人"。也就是说，"苟非其人，道不虚行。"(《易·系辞下》)

仁人君子，即真正的文明人，不是只做"善"的表面文章且让人似乎说不出其不善，而窃得"善"之名的"乡原"。孔子曰："乡原，德之贼也。"(《论语·阳货》)这种人是真正的"文明"或"道德"之乱源、罪人、贼子或敌人！要辨别这种人，还颇为不易。孟子曰："非之无举也，刺之无刺也。同乎流俗，合乎污世。居之似忠信，行之似廉洁。众皆悦之，自以为是。而不可与入尧、舜之道，故曰'德之贼'也。"(《孟子·尽心下》)按照这个精微的"文明"价值尺度来衡量的话，现代西方意义上的"文化"和"文明"，正是一种现代的"乡原"，因为它注重表面文饰，或自命高贵的"雅化"，然而却不能确立人的道德主体性作为其内在根据。

古典儒家关于人的道德主体性是否确立的准则，即判断人有德或无德，是以内在的"仁义礼智"生成于自心，且拳拳服膺而不失为根据的。这个准则是"合外内之道"的。楚简《五行》将人的行为区分为"德之行"与"行"，即具有真正的道德价值的行为与不具有真正的道德价值的行为。两者之间的分界线在于，"德之行"为仁义礼智"形于内"之行；若名为"仁义礼智"之行，但此四德"不形于内"，则非"德之行"而仅为"行"而已。与此同时，还有一种更高更成熟的德行，这就是圣人的德行。圣人的道德主体性已稳定确立，故内在充实。正如孟子所言，"充实之谓美，充实而有光辉之谓大，大而化之之谓圣"，乃至"圣而不可知之之谓神"。故楚简《五行》曰："圣，形于内谓之德之行，不形于内谓之德之行。"无论圣人内中之圣是否显露出来为人所见，圣人德性自足，所行皆为"德之行"。

在一种"原始"与"开化"二分的进化论和社会达尔文主义的标尺下，西方将自己的现代资本主义工商业社会形态及其个人主义物欲文化自封为"文明"的巅峰，故得以垄断文明、理性、高雅、开化、先进、发达等美名。于是乎，从采集渔猎到畜牧农耕等社会形态及个人乐群而性情中和的文化，就被打上了野蛮、蒙昧、落后、低贱、非理性、未开化的烙印。在拥有强大的侵略武力、商业智巧、洗脑工具、宣传手段的条件下，"文明人"自然可以把自己说成是"文明"的，而本来并非野蛮的人们也不得不在这种情势和话语中"被野蛮"，甚至还要被灌输对"文明"的向往。也许，在这里用点例子更便于说明问题，那么，我们不妨看一眼欧洲白人殖民者曾经对美洲印第安人所施的毁灭性的暴行。亲身参与和见证过殖民活动的西班牙牧师卡萨斯在天良的指引下控诉道：自1492年后的40年间，"由于西班牙人极其残酷的血腥统治，有1200万无辜的印地安人惨遭杀害，实际上，我个人认为足有1500万人死于无辜。"[1] 从语言和文化上看，殖民暴行的恶果也是同样的惨烈。"在一个世纪时间里，哥伦布发现美洲大陆以前存在的几千种语言，通过征服者的'史诗'，减少到了几十种。"[2] 无论那些现代"文明人"自我粉饰为多么高雅、高尚和高贵，这都是他们永远无法抵赖的绝对野蛮的证据。如果说"与鸟兽同群"式的人类生活是"野蛮"的，这种"野蛮"只不过是自然意义上的朴野，其"野蛮"尚在人的自然天性之内。现代西方"文明人"则具有绝对的野蛮，其物欲的贪婪是无止境的，其残暴是无底线的，故其野蛮越出了人性所涉及的自然方面与社会方面的所有界限，成

---

[1] ［西］巴托洛梅·德拉斯·卡萨斯:《西印度毁灭述略》，商务印书馆2010年版，第19页。

[2] ［德］热罗姆·班德主编:《价值的未来》，社会科学出版社2006年版，第206页。

为了非人性和反人性的。而所有这些又都是"理性"的。"在此,要消灭的对象是**单方面**界定的。没有任何形式的对称性得到运用和体现。无论怎样想像,另一方绝不是敌对者,而是受害者。受害者早已被标出要予以歼灭,因为强势方希望建立的秩序的逻辑不容受害者的存在。"❶拒绝承认受害者的人性,并不能保证自己拥有人性,恰是自己已经丧失人性的反映。大屠杀和种族灭绝这种极端的人性丧失状态,并非前现代的"残忍"在现代时期的发作,也不是现代时期偶发的特殊"病症",而恰是西方现代文明的"理性化"精神本质所包含的必然后果。"将目的从道德限制中解放出来之后,现代性便使得种族大屠杀成为可能。现代性尽管不是种族大屠杀的充足理由,但却是必要条件。"❷现代西方的文明人是高度理性的,而这种理性同时也被他们定义为最高贵和雅致的文化象征和文明成就,于是,在西方现代观念中,"现代"可以等于"理性","理性"可以等于"文明"。而这种现代西方的理性文明并非真正的文明。在真正的文明,即道德文明或德性文明的价值尺度下,现代西方的理性文明,可以称之为一种文雅化的"文雅",而且,由于这种"文雅"并不具备人性上成熟的道德主体性,其中所包含的非人性和反人性的"文雅",实际上是"文雅化的野蛮"或"野蛮的文雅化",是与人性化的"朴野"不可同日而语的绝对的野蛮,若任其泛滥会导致人类的自我毁灭。霍克海默和阿多诺在《启蒙辩证法》中写道:现代西方"文明人""希冀从大自然中了解的那一切不过是如何利用自然以求彻底主宰自然、主宰他人。那才是唯一的目的。不管它自身如何,启蒙毫不留情地彻底消除了自己的自身意识。可被听到用以驳斥迷信的惟一的一种思虑,最终也是自我毁灭性的。"❸

粉饰"野蛮"的"雅化"在其实质上仍然是"野蛮",无论"乡原""行仁义者",还是"夷狄",乃至"鸟兽"其人者,无论是无德、非德、贼德、败德,这些看起来有点差别的状态和花样,其实有一个共同的实

---

❶ [英]齐格蒙特·鲍曼:《现代性与矛盾性》,商务印书馆2003年版,第71页。
❷ [英]齐格蒙特·鲍曼:《现代性与矛盾性》,商务印书馆2003年版,第76页。
❸ 转引自[英]齐格蒙特·鲍曼:《现代性与矛盾性》,商务印书馆2003年版,第26页。

质，那就是其人没有自觉自主自立地建立自己真实的道德主体性，即都是些不具备真实的道德人格的"小人"，不是真正的君子、仁人，或大人。"文明"和"野蛮"之辨，就取决于此"君子"和"小人"之分！

（三）"文明"的体用与时变

我们且据古典儒家的人心人性观来论述"文明"的体用问题。

《论语·尧曰》篇载，"尧曰：'咨！尔舜！天之历数在尔躬。允执其中。四海困穷，天禄永终。'舜亦以命禹。"《尚书·大禹谟》载舜禹禅位之际，有"中道"相授之命："人心惟危，道心惟微。惟精惟一，允执厥中。……钦哉！慎乃有位，敬修其可愿！四海困穷，天禄永终！"孟子曰："尧、舜既没，圣人之道衰，暴君代作。……世衰道微，邪说暴行有作，……杨朱、墨翟之言盈天下。天下之言，不归杨，则归墨。杨氏为我，是无君也。墨氏兼爱，是无父也。无父无君，是禽兽也。……杨墨之道不息，孔子之道不著，是邪说诬民，充塞仁义也。仁义充塞，则率兽食人。……我亦欲正人心，息邪说，距诐行，放淫辞，以承三圣者。"（《孟子·滕文公下》）

"心"与"性"一表一里，"心"为"性"显，"性"含于"心"，故古典儒家依"心"论"性"。在孔孟之前，古典儒家有一贯的关于人性的根本定见，且其人性观与共同体的伦理生活，及政治制度的命运息息相关。"敬修其可愿"，即敬畏"民之秉彝"而循之。

"心"分道心人心，曰微曰危。其实二者为一心"阴阳"之变，道心统率人心，则《泰》，则心体仁义；人心统率道心，则《否》，则仁义充塞。

近世大儒王夫之精义入神，昭然揭示古圣传心之奥，谓道心人心，"互藏其宅，交发其用。"王夫之曰："心，统性情者也。但言心而皆统性情，则人心亦统性，道心亦统情矣。人心统性，气质之性其都，而天命之性其原矣。原于天命，故危而不亡；都于气质，故危而不安。道心统情，天命之性其显，而气质之性其藏矣。显于天命，继之者善也，惟聪明圣知达天德者知之。藏于气质，成之者性也，舍则失之者，弗思耳矣。无思而失，达天德而始知，介然仅觉之小人（告子、释氏），去其几希之庶民，所不得而见也。故曰微也。人心括于情，而情未有非其性者，故曰人心统性。道心藏于性，性抑必有其情也，故曰道心统情。性不可闻，而情可验也。"❶ 道心人心既非判然为二，又非泯然合一。人反观自心，即可见自心，自有不容己之性情道理，先于接物待人之初而固存，则"物止感息，而己有据，见于天壤，而物有征，各正性命，其有或妄者哉！则以知道心之与人心，如是其差以别矣。"❷

《诗·大雅·烝民》曰："天生烝民，有物有则。民之秉彝，好是懿德。"此之谓"天命之性"。又人亦有生物本能，所谓"食色性也"，此之谓"气质之性"。人之性，分阳分阴则成此"天命之性"与"气质之性"。天命统气质为性之"中和"，为性之正；反之则为性之乖违，为性之邪。"人之异于禽兽者几希"，在于"天命之性"是否主之于人，而帅"气质之性"以从其正也。性之分善恶，在性内二端之间立其等威廉隅而辨正邪，不在偏执天命之性以为善，以及直斥气质之性以为恶。孔孟言人性本善，从性之正言。告子、荀子、杨朱论所谓"性恶"，皆只从人有生物本能气质之性而言，未识"天命之性"，且不知"气质之性"随其位其用之正邪而有善恶，并不固有其恶也。

中华传统在古典儒家已通过漫长的"文明"历史经验，确立代代相传的"文明"准则，以及依此准则治国平天下的伦理政治智慧。孔子"祖述尧舜，宪章文武"，推崇集中华文明之大成"郁郁乎文哉"的周代礼乐教化的政治制度为典范，其所看重者与其说是作为制度的"周礼"本身，不如说是"周礼"所典范性地代表的"文明"本身。因孔子是圣之时者，他对礼的根本态度本是"不可为典要，唯变所适"的：他认为三代之礼有因革损益而不离其中，礼惟有随时损益，其所载之道才能与时偕行。

中华传统德性文明，依托人性人心之中"好是懿德"的"秉彝"：其于人心重感通和生；其于人性见人性本善与继善成性；其于共同体生活制度，

---

❶ 王夫之：《尚书引义》，《船山全书》（第二册），岳麓书社2011年版，第261–262页。
❷ 王夫之：《尚书引义》，《船山全书》（第二册），岳麓书社2011年版，第266页。

德性文明论：
古典儒家礼乐教化及其当代价值

则持"天下为公"，"正德、利用、厚生、惟和"以为则。德性文明的伦理、政治、经济、文化、教育制度，在人性人心之中取法乎上，以道心统人心，以天命之性率气质之性，性情调适，中正和平，中和位育。

孔子曾论中华文明的主轴，即中华德性政治制度的伦理原则。孔子曰："道之以政，齐之以刑，民免而无耻。道之以德，齐之以礼，有耻且格。"（《论语·为政》）中华德性文明是以人的道德主体性为内在根据的德性政治制度，教政合一，德礼政刑兼备。其制度体系是德礼之"教化"统帅政刑之"治理"，其制度伦理是德礼先于政刑。"有耻且格"意味着这种德礼主导的政治，不但能实现其道德价值，而且其政治生活方式深得人心。需要指出的是，这里涉及的并非所谓"德主刑辅"之类的政治手段问题，而是关乎整个政治制度的根本道德属性，和政治制度体系及其运行过程中的道德价值秩序的问题。与上述"德性"政治相反的，是一种政刑为主而德礼虚置的"理性"政治制度，在此制度体系及其价值观中，政治的道德内涵被架空。政刑为主的政治，并非不谈德礼，只是德礼被置于此种次要地位必然流于虚设。因为政治的性质在总体上是"理性"的，于是在权力和法律至上的政治游戏中，如何与权力和法律相周旋以免祸的问题，必然成为人们关注的重点；而对于行为是否有德，人的生活是否保证率性修道以成德，这个关乎生活与生命之道德价值的"知耻"问题，人们哪里还有闲心过问？现代鼓吹自由主义法治至上政治者，有两个公式化的法治游戏规则，即所谓"法无禁止皆可为"和"法无授权不可为"，且不谈两规则之间相互矛盾，这种政治观所暴露的更为尖锐的问题在于，"道德"在此政治游戏中毫无存在的必要和价值。孔子两千多年前对无德之政实质的揭露与批判，显然具有穿透历史时空的力量，正好击中了现代西方自由主义政治制度的要害。上述"德礼统政刑"和"政刑统德礼"两种政治类型，可以作为两种基本的理论框架，来观察中华传统德性文明与现代西方理性文明"体用"上的差别。这种差别并非在德、礼、政、刑基本政治"构件"上的简单差异，而是制度体系之道德性质、价值尺度、基本结构上的根本差异。

值得注意的是，现代西方文明，作为"理性"文明，不仅其"德礼政刑"的要素结构与"德性"文明相颠倒,而且,这实际上造成了其整体"体用"的上残缺。以心性之正邪,观中华文明与现代西方文明,恰好是先儒所言"圣人之道"与"禽狄之道"两途分殊。中华文明根源于吾人内在德性的彰显,有体有用,体用合一。其体为人的共同体及其成员的道德品质或人性之真善美爱和乐内在充实,其用则因共同体生活的需要与具体社会历史与生态条件,化裁变通,随时变化,即所谓"利用、厚生、惟和"。这本是中华民族历史发展中包含的文明精义,也是指引中华文化和文明历史进程的基本人文精神和道德价值观。而反观西方"文明",或西方化社会的主流"文明",即现代"色飞来"(civilization),其义只局限于中华"文明"之"用"的部分,实为一片面"利用"义的偏颇的"文明",本来不涉及"文明"之道德内在实质——体。或者说,就其主要强调生活方式的客观性方面而言,现代"色飞来"对中华本义"文明"中的人性内涵和道德价值,如果不是视而不见,至少可以说是存而不论的。

现代西方文明,往往依据一种社会达尔文主义的方法和价值观,依据生产生活方式之客观形态的历史变迁,将采集、渔猎、畜牧、农耕、工商等社会形态排列成某种"进化"的序列,从而赋予后出的现代资本主义工商业社会以"文明"上的优越地位,将前此的社会贴上程度依次递减的"野蛮"的标签。这种"文明"和"野蛮"之分,其实反映的只不过是人与人和人与物在物质交往的复杂度和能量级别上的差异,根本无关乎人类生活的道德境界!因此,对于这种文明观,尽管称其为"理性的""科学的"文明观好了,却不可不经审察地赋予其道德上的合理性,须知其不可与"德性的"文明观同日而语。

简言之,文明之体用有德性和理性两大类,文明形态的历史演变并不自然地带有道德上的自我"赋值权",不同时代的"文明",其道德属性和道德价值都必须从具体分析该"文明"之体用上的"德性"与"理性"而衡定。

（四）"文明"的主体与伦理

中华传统的"华夷之辨"衡定德性文明之真伪，其内在根据就是"君子"与"小人"之辨，即取决于社会共同体及其成员的道德主体性是否确立。

道德主体性的确立在于，人以其作为共同体成员的个人生命对"生生"之道的整体觉悟与身体力行地参与此"生生"之道。觉悟道与践行道，即知行合一地生活于"生生"之道，就是有"得"于"道"，或"道的实践"，此即中华文化"道德"的本义。人作为一个道德主体，其道德主体性的确立，在知上是对源出于"生生"之道"本善"之人性的整体觉悟，在行上是对人性参赞化育之禀赋的彰显。

道德主体性的确立，感而遂通，行而成之。若分内外而言，道德主体之内在为吾人感通"天地之大德曰生"的整体体验之心。这种心首先是情感性的，物我交融内外不隔的敏感，如"穷神知化"之妙觉，又如孟子所说的"恻隐"，这种心因其本来富于诗意，故能"兴于《诗》"。心以情感通，则能觉知吾人与人类共同体及天地万物为一体，同在一大化流行，生生不息的整体生命创生过程之中，此之谓"仁"。

"生生"之"道"，或本体"太一"之生几具于人，即为人生命所从来之根本，亦即为人生命所以生之"性"。此人性通太一"生生"之本性，因其与天地万物生几不隔，可名之为"仁"；因其率性以道能成己成人成物，参赞天地之化育，可名为"善"。故孔子孟子言人性本善。确立道德主体性不仅须要与道合一的内在明觉，而且须要意志坚定的"弘道"之行。作为共同体成员的个体，是在人己、人物的历史性与伦理性的普遍联系而又个性化的具体关系中成就自己的人性与生命价值的；与人和生，与万物共生，必须约之以礼，谐之以和。故孔子曰"克己复礼为仁"（《论语·颜渊》）。"复"者，"履"也，践行也。又曰"兴于《诗》，立于礼，成于乐"（《论语·泰伯》）。乐者，和也。"致中和，天地位焉，万物育焉。"（《中庸》）仁者与天地同和，尽己之性，尽人之性，尽物之性，赞天地之化育而与天地参。

在这里，我们需要暂时不论"文明"的道德属性问题，而在生产生活方式的意义上谈"文明"形态及其文化，以便观察文明内部的主体的自我意识与集体无意识，以及特定文明"角色游戏"中的伦理关系及其主流价值观。

生活在任何文明体系中的个体都会有自己个性化的或个别的"自我意识"，同时，作为特定文明"角色游戏"的参与者，每一个个体都具有特定文明的"群体自我意识"，这是群体生活为个体所规定的群体"游戏角色"意识，或个体之间"默契"性的"集体无意识"。作为"集体无意识"的"群体意识形态"并非主体个别的"自我意识"，而是由文明"游戏"本身赋予主体的"共业"性的"游戏角色"意识。在特定文明主导性的生活"游戏"中，主体内化了的"群体自我意识"，即是主体的群体"游戏角色"意识。若论广义的人的自我意识，实际包含着两种狭义的自我意识：个性化的自我意识，和共性化的"群体自我意识"或群体"游戏角色"意识。相对于主体个性化的"自我意识"而言，"群体自我意识"在人的实际生活过程中往往是处于支配地位的，且起着主导性的作用。

人性中包含着本根意识或本体自觉的根源，这个"性本善"的根源总是关联着个人的"自我意识"，总是通过人"自我意识"的反观能够觉察到其真实的存在。在中华传统中，这称为"秉彝""四端""良知"或"良心"。通俗地说，除非人性斫损和梏亡殆尽，每一个人都会自然地和本能性地，在内心认同一个本来"善良的自我"！而在特定的"文明"境遇中，作为群体生活"游戏"的文明又依据其"游戏"规则为人添置了一套"群体自我意识"，后者不是来源于"先天"的本体性的天性，而是出自"后天"的生活互动实际所产生的"情势性"的要求。孔子说："性相近也，习相远也。"（《论语·阳货》）可以从孔子的角度，认为前者源于天"性"，称后者源于"习"气。"习"气也能内化渗入"性"，导致"性"的变化和迁移。实际的人"性"，既包括"天命之性"，又包括"气质之性"，是两者的某种动态的混合状态。"习"气，或者说文明的群体生活"游戏"环境因素，实际上可分为"合道"与"不合道"两种性质，它们可以将"性"导向：或者成就天命之性的道德的方向，或者放纵"气质之性"的非道德、不道德以及反道德的方向。因此,"习"气实际上在很大程度上制约着人"性"发展的方向,型塑着人的特定主流生活方式的基本结构,并规定着此主流生活方式或"善"或"不善"的基本道德属性。

"习"气也非一日形成,也会有很长的历史连续性和惯性。特定社会及其文明之"习"气形成的历史脉络,在哲学观念和思维方式上也是有迹可寻的。例如,中国哲学的"一"及"一阴一阳"的整体生化过程观及其创生性的人性观,与西方的"理念"与"现实"二分及"原子"式个人的观念,这两者在根本上是大相径庭的。

对中西两种"文明"而言,它们的差异突出地反映在各自主体的"群体自我意识",即主导性的"集体无意识"或"游戏角色"意识之中。

文明的本质差异,姑且不论其道德上的境界之别,可以从描述性的角度,通过分析文明主体所归属的"群体自我意识形态"来观察。特定文明的主导性的具体生活游戏状况及其性质,与该文明中人的"群体意识"中关于"人"的概念的基本自我意识相一致。

虽说人的自我意识在一定的历史条件和文化源流中形成,但是,某种带有普遍性的基本自我意识一旦形成,就具有很强的相对独立性和稳定性,它反过来会显示出一种能在很长的历史阶段中规定特定文化群体的生活方式,及塑造特定类型文明之生活世界的力量。

人的基本自我意识,同时也必然关联着人对自然,即天地万物或"生态"的意识,决定了人的生活世界的现实状态。从一定意义上讲,人的基本自我意识及与之相应的世界观和价值观,从根本上规范着人的实际的社会生活方式,即人对政治和经济生活的理解与建构,以及人的伦理、法律、人与自然及天地万物的交往方式等。"我是谁?"对这个基本自我意识问题的不同的问与答,关系着不同文明的根本差异。

马克思指出,"人们的社会历史始终只是他们的个体发展的历史,而不管他们是否意识到这一点。"[1] 就马克思所说的"个体发展"程度而言,一

---

[1] 《马克思恩格斯选集》(第四卷),人民出版社1995年版,第532页。

种根源于对人的完整人性的通透领悟，能够将人的共同体性与个体性贯通起来的悠久历史文化中的个体，显然在文明发展高度的序列上，要高于一种出于对人性的片面理解而内在地带有个体与社会二元对立的文化中的个体。

跨文化传播学家爱德华·霍尔指出，"在西方世界，在更深层的意义上，我们在个人周围画上了一个圆圈，说这是我们基本的实体，认为整个圆圈是一切社会关系和社会制度的积木块。'人们'互相竞争，教堂互相角逐，以争夺对教徒灵魂的控制。"[1] 而对另一种更为认同人作为共同体成员的人们来说，从孤立的个体角度去理解人本身是难以想象的。于是，对他们来说，人与人之间首要的是应该相互帮助和相互协作，而彼此竞争的思想是令人厌恶、无法接受的。人与人的竞争，在这些人的感受中，仿佛是自己心灵各部分之间的竞争。若随意把人与他人、群体和周围环境分离开来，近乎于摧残他们。于是，"我们西方人把一张皮肤里包裹的、受一幅骨骼和肌肉支撑的许多个不同的存在当作一个整体，把它叫做一个人。……当前的通俗信仰给我们提供的关于人格界限的图景，与事实是有出入的。"[2] 与这种虚构的"个体"，即道德主体意识尚处于蒙昧状态的个体发展状况相对照，中华传统文化的个体，或者说共同体与个体相统一的高度文明的个体，则体现了明确的道德主体自觉。

将现代西方文明在性质上界定为"理性文明"，可以说是源自马克思主义和非马克思主义对于现代资本主义"理性化"过程的"共识"。马克思和恩格斯在《共产党宣言》中写道："资产阶级在它已经取得了统治的地方把一切封建的、宗法的和田园诗般的关系都破坏了。它无情地斩断了把人们束缚于天然尊长的形形色色的封建羁绊，它使人和人之间除了赤裸裸的利害关系，除了冷酷无情的'现金交易'，就再也没有任何别的联系了。它把宗教虔诚、骑士热忱、小市民伤感这些情感的神圣发作，淹没在利己主义打算的冰水之中。它把人的尊严变成了交换价值，用**一种没有良心的贸易自由代替**

---

[1] ［美］爱德华·霍尔：《超越文化》，北京大学出版社2010年版，第204页。
[2] ［美］爱德华·霍尔：《超越文化》，北京大学出版社2010年版，第205页。

了无数特许的和自力挣得的自由。"❶ 关于资产阶级及其所主导的资本主义，《共产党宣言》还写道：资产阶级"把一切民族甚至最野蛮的民族都卷到文明中来了。……它迫使一切民族——如果它们不想灭亡的话——采用资产阶级的生产方式；它迫使它们在自己那里推行所谓的文明，即变成资产者。一句话，它按照自己的面貌为自己创造出一个世界"❷。资产阶级以精于功利算计的工具理性为自己创造了一个"理性化"的世界，同时也为自己创造了一个金钱至上的价值准则或新"宗教"。在这个高度世俗化的拜物教或拜金主义的世界中，在金钱面前，"一切神都要退位。金钱贬低了人所崇奉的一切神，并把一切神都变成商品。金钱是一切事物的普遍的、独立自在的**价值**。因此它剥夺了整个世界——人的世界和自然界——固有的价值"❸。这是马克思主义关于现代西方文明的经典描述。在当代学者眼中，西方文明的现代性在于，"地方纽带和地区性的观点让位于全球观念和普世态度；功利、计算和科学的真理压倒了感情、神圣和非理性的思想；社会和政治的基本单位不是集体而是个人……"❹ 于是，有人从上述"理性化"或"合理化"的"现代性"的视角，对马克思主义的现代文明观做出解读，认为《共产党宣言》"强调人类活动的普遍化和合理化是资本主义发展的先决条件。在一项与韦伯十分相似的分析中，马克思对资产阶级社会肯定其社会关系非神秘化与合理化，并肯定其具有一种把这个新社会形式推向全球，从而创造出一个'各民族在各方面互相依存'的内在动力"❺ 无论是站在马克思主义的立场还是站在中华传统文化的立场对现代西方"理性文明"予以批判，都并非是对人类的"理性"本身的否定和对非理性的简单赞同，而是对现代西方资本主义以"工具理性"来"理性化"或"合理化"生活世界的批判。

出于通透的"人"的自然、人伦与文化之整体人性觉悟的真实个人（大人，君子），与基于"原子"化的理性自利的"经济人"之虚构个人，这两

---

❶《马克思恩格斯文集》（第二卷），人民出版社2009年版，第33–34页。
❷《马克思恩格斯文集》（第二卷），人民出版社2009年版，第35–36页。
❸《马克思恩格斯文集》（第一卷），人民出版社2009年版，第52页。
❹ [美] 西里尔·E. 布莱克：《比较现代化》，上海译文出版社1996年版，第105–106页。
❺ [美] 塞缪尔·亨廷顿等：《现代化：理论与历史经验的再探讨》，上海译文出版社1993年版，第9页。

种个体性只是表面相似，而其生命觉悟、道德境界、伦理准则，生活方式却有天壤之别。孔子关于君子与小人之辨的众多言说，都指向这种差异："君子和而不同，小人同而不和。"（《论语·子路》）"君子喻于义，小人喻于利。"（《论语·里仁》）"君子求诸己，小人求诸人。"（《论语·卫灵公》）"君子上达，小人下达。"（《论语·宪问》）"君子成人之美，不成人之恶。小人反是。"（《论语·颜渊》）

中国文化传统之所以可称之为德性文明的传统，其主要根据在于作为文化主流的儒学确立了人的道德主体性。在古典儒家的道德智慧中，人性或人真正完整的自我意识，是从自然、人伦与文化"三维一体"的整体中来理解的。人性是自然本能之性、群己关系之性、人文化成之性三方面的统一体。在古典儒家看来，人是自然生命、伦理生命、文化生命三维一体的生命。人作为自然生命是天地所生"万物"之一。人作为伦理生命，是人类共同体成员。人在以"五伦"为基本格局的人与人、人与群互依互动的伦理关系中有其应尽的人伦职责。人作为文化生命，主要体现在每个人的"心"都内在地根源于人类累世所创之"文"——承载人类对天人之道的领悟之言、象、德、礼、政、教等人文积淀；进而言之，人之"心"，人之"行"，人之生命意义，都是人文化成的成果。人本乎此三重人性和三重生命而生，以人之生命实现此三重人性和三重生命内蕴的价值，在古典儒家或谓之"人者，仁也"，或谓之"礼乐教化"，或谓之"诚而明之"，不一而足。

在天地人三才之道整体化育之生几生生不息的涌现过程之中，即在整体太和之"一"，以"易"之乾健坤顺大化流行的过程中，人通过其自然世界、人伦世界和文化世界的生命活动，将人合天——和人——成文之内在本性，日生日成地彰显和实现。《易》曰"继善成性"，《论语》曰"为己"，《大学》曰"明明德"，《中庸》曰"诚"而"明"，皆言此也。这个与整体太一之生几道通为一的人的生命之"己"，是一种得乎天人之"道"的道德主体。这个道德主体可以实践性地，合道而生地，成就自己的道德人格和生命价值。

儒家君子相信德福统一。一方面是德福一体，强调德体福用，德本福末。另一方面是德福相称，即德行决定福份，没有德行根据的倘来苟得之"福"，为非份之"福"，不可长保且不免有咎。

如上所述，中华传统文化中人的自我意识及其道德主体自觉，体现出如下几个方面的特点：一、人的整体性。人与天地万物的整体相通性。其中最有代表性的观念是"天人合一"。二、人的生成性。人日生日成，"继善成性"即是人对人性的自觉与自主创造的"为己之学"与"成人之道"。又曰："大学之道，在明明德，在亲民，在止于至善。"（《大学》）三、人的人文性。在参与人类文化传统的接续与弘扬的过程中，人确立自己生命的文化价值。故《易》曰："观乎人文，以化成天下。"四、人的伦理性。古典儒家传统认为人的伦理世界在身、家、国、天下，以及天地万物之间展开，与此同时，还有一个传道授业解惑的"道"统意义上的师生关系，于是，完整的伦理关系就集中体现为"天地君亲师"的整体伦理构架之中。没有孤立的单独存在的个体，只有作为共同体成员在伦理世界中承载其多重而可轮转的伦理角色的，人伦关系中的自我。

从人的个性化的自我意识来说，每个人天性中本有的"善"如果没有被生活游戏过分扭曲以至于泯灭的话，都本来是一个"道德的人"。但是，生活的"游戏"并非都是道德的。根据"人对人是狼"的丛林法则而构筑的现代资本主义文明，为"道德的人"所配置的是一种"不道德的社会"。文明问题之所以值得深究的意义，正在于我们要建设一种"道德的社会"，或"社会性的道德生活方式"，以保证人性本善的人能在"善的社会"或"善的共同体"中，真正无扭曲地成就自己的德性，成为自由而全面发展的人。"代替那存在着阶级和阶级对立的资产阶级旧社会的，将是这样一个联合体，在那里，每个人的自由发展是一切人的自由发展的条件。"[1] 马克思所批判的"资产阶级旧社会"的文明，就是现代西方文明；而他理想中的自由人的"联合体"或共产主义社会的文明，在性质上正是德性文明。这里所谓人的发展的"自由与全面"，在最低目的意义上，"自由"意味着人的道德

---

[1] 《马克思恩格斯文集》（第二卷），人民出版社2009年版，第53页。

天赋禀性没有被任何东西所扭曲,"全面"则意味着人的发展没有任何预定的角色性的限制。也就是说,"自由"即人德性成长的自由,"全面"即人能不受限任何预定角色限制而发展其丰富多样的才能。

二、中华德性文明传统及其典范意义

(一)中华传统德性文明溯源

在全人类天下性的德性文明兴起之前,人类中个别群体的德性文明,即世界上局部性的德性文明的先知先觉先行者,很久以前就已经出现。在雄踞寰球东方的神州大地上,中华文明于至少五千年前就已经确立德性文明的典范。孔子"祖述尧舜,宪章文武"(《中庸》),则尧、舜时代已是中华德性文明的青年期,而其少年期显然可以追溯到人文初祖黄帝的时代,其婴幼儿期则始于上古伏羲、神农时代。

中华先圣伏羲氏道通天地人三才而为天下之王,其时甚古。《易经·系辞下》曰:"古者包牺氏之王天下也,仰则观象于天,俯则观法于地,观鸟兽之文与地之宜,近取诸身,远取诸物,于是始作八卦,以通神明之德,以类万物之情。……包牺氏没,神农氏作,斫木为耜,揉木为耒,耒耨之利以教天下……日中为市,致天下之民,聚天下之货,交易而退,各得其所。……神农氏没,黄帝、尧、舜氏作,通其变,使民不倦,神而化之,使民宜之。《易》穷则变,变则通,通则久,是以自天佑之,吉无不利。黄帝、尧、舜垂衣裳而天下治,盖取诸《乾》《坤》。"

孔子曰:"一贯三为王。"(《说文解字》)王夫之论圣王伏羲作卦曰:"已尽天地人物之性情功效,而一阴一阳神明之德寓焉。"[1]"一"即"道"。《说文解字》释"一"曰:"惟初太始,道立于一。造分天地,化成万物。"尧舜禹曰"中",孔子曰"仁",老子曰"法自然",其实皆此"一"贯之"道"也。"三"即天地人三才,为道体"一阴一阳"不息生几所生之大者。

---

[1] 王夫之:《周易内传》,《船山全书》(第一册),岳麓书社2011年版,第580页。

不息生几，乾坤之元，人性之仁，其实一也。❶《易》论三才之道曰："立天之道曰阴与阳，立地之道曰柔与刚，立人之道曰仁与义。"通天地人而观，乾坤之元，体用互融，在天曰健，在地曰顺，在人曰仁，其道一而函三，三贯为一，元亨利贞，保合太和，品物咸亨，生生不息，大德曰"生"而已。王夫之曰："兼言三圣者，上古之世，人道初开，法制未立，三圣相因，乃以全体乾坤之道而创制立法，以奠人极，参天地而远乎禽狄。所以治天下者，无非健顺之至理，而衣裳尤其大者也。……盖衣裳之尽制，若无益于民用，而裁制苟且，但便于驰驱辗转，则民气怠于简束而健德泯，生其鸷戾而顺理亡。故《乾》《坤》毁而《易》道不立，衣裳乱而人禽无别，三圣之立人纪而参天地者在焉，故他卦不足以拟其大，而取诸《乾》《坤》。"❷

《书》在禹《谟》，帝尧传舜，"人心惟危，道心惟微，惟精惟一，允执厥中。"惟此"中"道，舜又传禹，孔子有述："咨！尔舜！天之历数在尔躬。允执其中。四海困穷，天禄永终。"舜亦以命禹。(《论语·尧曰》)此三圣相传之"中"，即天地人三才和合生生之"道"，密察乎吾人性情之极精微，昭显乎天地万物之至广大，为"内圣外王"之道之奥秘而微。人若不遵循"中"道而行，必乱仁义刚柔健顺之德，而乾坤毁；乾坤毁，则天地"生生"之道闭塞。于是，无可逃"四海困穷，天禄永终"之患也！

禹承天命，受《洪范》九畴，见在《书》册。《洪范》九畴，正德利用厚生惟和之大经，中华德性文明之纲领。王夫之曰，《洪范》九畴见"禹之所以就人心而凝道心也"，故九畴合乎"中"道，为"内圣外王"之道之具体而显。《书》曰："惟天阴骘下民，相协厥居……天乃锡禹洪范九畴，彝伦攸叙。""初一曰五行。次二曰敬用五事。次三曰农用八政。次四曰协用五纪。次五曰建用皇极。次六曰乂用三德。次七曰明用稽疑。次八曰念用庶征。次九曰向用五福，威用六极。"(《尚书·洪范》)王夫之曰："以阴阳之用施生者曰阴骘。天所以大生者，一阴一阳之道。氤氲而化生者，阴之骘之之用。五行一阴阳，阴阳一五行。'阴骘下民'，即五行之居上，以统八畴

---

❶ 王夫之：《周易内传》，《船山全书》(第一册)，岳麓书社 2011 年版，第 51 页。
❷ 王夫之：《周易内传》，《船山全书》(第一册)，岳麓书社 2011 年版，第 582-583 页。

者也。八畴以体五行之用，而五行实秉二气之用，以用于八畴。"❶ 又曰："五行者，二气之有迹者也。畴始于五行而不及二气者，敦人事以著阴骘之用，略天道而听阴阳之化，禹之所以就人心而凝道心也。五行之化为水火木金土者，天之所以生人、继善者也。五行之德为仁义礼智信者，人之所得乎天、成性者也。八畴之用，要以五常为本而居中以应乎事，为之损有余，益不足，使相得而合乎中。……故畴以五行中，而不以皇极中。尽仁义礼智信之性以立天下之大本，而不执一以为中，使亢而或悔也。以五行中者以五行始。以五行始而居中者，五行本天以治人，居上以治下。……畴之自上下者，以天治人也。……若夫皇极，则君之极也。五常丽乎君臣父子昆弟夫妇朋友，而君极其一也。统虽贵而为君，道虽至而为极，要亦五行贵治贱、贤治不肖之一理，本王相之化，而建诸好恶之情者也。五行之理，择之建之则皇极。故五行足统皇极，而五行之化非因皇之有极而始有，则皇极非中，而五行非偏，固矣。"❷

王夫之以仁义礼智信五常为五行之德，合于先儒一贯之义。战国楚简《五行》篇即以"仁义礼智圣"为"五行"❸，与船山之说大同而小异。五伦本于五常而立，虽君有治天下之尊位，亦必敬其"貌、言、视、听、思"之"五事"，慎其"喜、怒、哀、乐"之好恶，择五常以建其"皇极"，执五常以为其大"中"之准。

圣王气象如何？庄子曰："古之人其备乎！配神明，醇天地，育万物，和天下，泽及百姓。明于本数，系于末度，六通四辟，小大精粗，其运无乎不在。"（《庄子·天下》）儒者有述曰："尧舜之行，爱亲尊贤。爱亲故孝，尊贤故禅。孝之方，爱天下之民。禅之传，世无隐德。孝，仁之冕也。禅，义至也。六帝兴于古，咸由此也。"（楚简《唐虞之道》）❹ 由此可见尧舜之道，由来以久。中华上古德性文明，曰通神明之德，类万物之情；曰通天地

---

❶ 王夫之：《尚书稗疏》，《船山全书》（第二册），岳麓书社 2011 年版，第 130 页。
❷ 王夫之：《尚书稗疏》，《船山全书》（第二册），岳麓书社 2011 年版，第 133—134 页。
❸ 荆门市博物馆编：《郭店楚墓竹简·五行》，文物出版社 2002 年版，第 51 页。
❹ 荆门市博物馆编：《郭店楚墓竹简·唐虞之道》，文物出版社 2002 年版，第 30 页。

人之道而为一；曰乾健坤顺，元亨利贞；曰道心人心，精一执中；曰爱亲尊贤，孝弟禅让；曰五行居中，以统洪范九畴；曰内圣外王之道；皆不过生生之道，大德曰生。肇自羲皇的中华德性文明，人伦共同体所含道德内核，"立人之道曰仁与义"而已。

夏商周三代为中华古典德性文明的成熟期。三代各有礼乐之盛，因革损益，至于周代则大成而达于鼎盛。故孔子感叹："周监于二代，郁郁乎文哉！吾从周。"（《论语·八佾》）然而，在周代文质彬彬，焕然辉煌的礼乐成就中，已经包含了古典德性文明由盛转衰的隐忧。"《易》之兴也，其于中古乎！作《易》者，其有忧患乎！"（《易·系辞下》）在孔子看来，对德性文明如何才能长久延续不坠于地的忧患，在文王系辞重卦之时已是昭然。

孔子曾和子游论中华古传德性文明之命运曰："大道之行也，与三代之英，丘未之逮也，而有志焉。大道之行也，天下为公，选贤与能，讲信修睦。故人不独亲其亲，不独子其子，使老有所终，壮有所用，幼有所长，矜、寡、孤、独、废疾者皆有所养，男有分，女有归。货恶其弃于地也，不必藏于己；力恶其不出于身也，不必为己。是故谋闭而不兴，盗窃乱贼而不作，故外户而不闭，是谓大同。今大道既隐，天下为家，各亲其亲，各子其子，货力为己。大人世及以为礼，城郭沟池以为固，礼义以为纪，以正君臣，以笃父子，以睦兄弟，以和夫妇，以设制度，以立田里，以贤勇知，以功为己。故谋用是作，而兵由此起。禹、汤、文、武、成王、周公，由此其选也。此六君子者，未有不谨于礼者也。以著其义，以考其信，著有过，刑仁讲让，示民有常。如有不由此者，在势者去，众以为殃。是谓小康。"（《礼记·礼运》）

孔子所述的"大同"是人类曾经历过的一段生活史，或者说是一种历史记忆。大同时代曾经的确存在！更准确地说，大同时代天下一统，却不是个单一雷同的世界，而是天下归仁，万邦协和，和而不同，天下和平。其生产关系自然是生产资料公有的"共产"；其社会形态则为原始的"共同体主义"。孔子之所以向言偃讲述这段历史，也是带有明显的当下和未来志趣的：人类将始终保持着这种珍贵的历史记忆，并以之作为"至善"价值标准的象征，作为一种需要不断重温以从中汲取智慧和力量的源泉，从而来规范和展开当下和未来生活的道路。

"大同"不是一个所谓"乌托邦"和"理想国"，因为，它不是出于空想与玄思，而是出于历史记忆和对人性的洞察。作为历史，初民们是在"小国寡民"的氏族时代，在"万邦"中分别践行着这种"天下为公"的"大道"。这是人类历史的一个"共同体主义"的原点，或一个"原始共产主义"的起点。孔子确认这个人类生活史的"原点"，与其说意在恢复一段历史记忆甚或还原历史的真相，不如说是在厘定人性内在境界的高度和"止于至善"的伦理价值尺度。正是由于"大同"盛世所蕴含的价值世界必然具有指引和校正人类现实生活的作用，那么，人类的历史无论经过怎样的艰难曲折，将总是会在更高的历史文化积淀的基础上，向着这个"原点"而"回复"。

孔子谓"大同"之后继以"小康"。孔子到底如何理解大同与小康的关系？实际上，孔子在大同与小康的时代变迁中，确认了大同与小康在道德精神上的一致性和连续性。孔子志意所追慕者为"大道之行也，与三代之英"。很显然，孔子既推尊和向往大同，又相当辩证地肯定了小康世夏商周三代的圣王德行、政治制度和礼乐教化。虽说小康之世的"三代之英"仍为孔子所崇仰，但孔子并非全盘肯定小康世，孔子对小康世的描述，很大程度上也是带有一种明显的批判意识的。他对小康世的态度显得有些"矛盾"，既有所肯定又有所否定。孔子深知自己身处时代历史的动向，是从大同衰落而至于小康，但他寄望于人类在圣王的引领下能够从小康复升进到大同郅治，哪怕小康世正日渐衰乱，他的这一志向和希望也依然卓尔挺立。

孔子曰："圣人之治化也，必刑政相参焉。太上以德教民，而以礼齐之。其次以政焉导民，以刑禁之，刑不刑也。化之弗变，导之弗从，伤义以败俗，于是乎用刑矣。"（《孔子家语·刑政》）《论语·为政》亦曰："道之以政，齐之以刑，民免而无耻。道之以德，齐之以礼，有耻且格。"德礼政刑皆小康世圣人为政治世之方，其运用之道，有高下之别。德礼为太上之治道；德礼为主，辅以政刑。若惟以政刑，而德礼不兴，则世难治。如此看来，小康之世，介乎大同与乱世之间，其上焉者有德礼而治，可趋近乎大同；其下焉者则任政用刑，而难以免于衰乱。孔子之所有志于"三代之英"者，正是小康世中圣人"道之以德，齐之以礼"的德礼治道。小康之世值"大道既隐"之际，大道虽隐而未绝，其所犹存之迹，正是圣人德礼之治。大同小康并非截然断裂的两个时代，而是有继承性和连续性的关系。小康继承了大同而有变化，大同时代过去之后，其"天下为公"的"大道"隐而涵于小康之世，及其圣王德礼治道之中。

与孔子相似，老子也表现出今不如昔的忧患意识。老子所述的上古圣人，尊道贵德，效法天地，自然无为，本真质朴，上善若水，静虚恬淡，贵柔尚和，生而不有，为而不恃，功成弗居，上德不德。圣人知"天下，神器，不可为也。"（《老子》第二十九章）是以圣人为王，非取天下而为之，而是"天下乐推而不厌，以其不争，故天下莫能与之争。"（《老子》六十六章）而圣人亦有言："受国之垢，是谓社稷主；受国不祥，是谓天下王。"（《老子》七十八章）迄于周代，王纲不张，礼乐变质，故老子愤然曰："大道废，有仁义；智慧出，有大伪；六亲不和，有孝慈；国家混乱，有忠臣。"（《老子》第十八章），又曰："故失道而后德，失德而后仁，失仁而后义，失义而后礼。"（《老子》第三十八章）

庄子奥博，会通百家，于战国之世，深忧文明巨变，故发出"道术将为天下裂"之叹惋：

"天下大乱，贤圣不明，道德不一。……判天地之美，析万物之理，察古人之全。……是故内圣外王之道，暗而不明，郁而不发，天下之人各为其所欲焉以自为方。悲夫！百家往而不反，必不合矣！后世之学者，不幸不见天地之纯，古人之大体，道术将为天下裂。"（《庄子·天下》）

中华德性文明传统的脉络集中体现为礼乐制度的演变。唐朝杜佑《通典》曰："伏羲以俪皮为礼，作瑟以为乐，可为嘉礼；神农播种，始诸饮食，致敬鬼神，禘为田祭，可为吉礼；黄帝与蚩尤战于涿鹿，可为军礼；九牧倡教，可为宾礼；易称古者葬于中野，可为凶礼。又，'修贽类帝'则吉礼也，'釐降嫔虞'则嘉礼也，'群后四朝'则宾礼也，'征于有苗'则军礼也,'遏密八音'则凶礼也。故自伏羲以来,五礼始彰。尧舜之时,五礼咸备,而直云'典朕三礼'者,据事天事地与人为三耳。其实天地唯吉礼也,其余四礼并人事兼之。夏商二代,散亡多阙。洎周武王既没,成王幼弱,周公摄政,六年致太平,述文武之德,制周官及仪礼,以为后王法。礼序云:'礼也者,体也,履也。统之于心曰体,践而行之曰履。'然则周礼为体,仪礼为履。周衰,诸侯僭忒,自孔子时已不能具。"(《通典·礼典·礼序》)

周代之后,至秦汉以至于清末,德性文明融化在以儒家士君子为核心群体的道德风范,和平民百姓孝悌忠信礼义廉耻的日用风俗之中,此为德性文明之深流;帝王政治其兴其亡,于道德深流之上顺逆浮沉,此为德性文明之波澜。

"周虽旧邦,其命惟新"。中华人民共和国,中国共产党领导中国人民缔造的社会主义新中国,孕育于强虏鲸吞危急存亡之际,在中西古今冲突的大动荡中诞生,以"人的自由而全面的发展"和建设"自由人的联合体"为宗旨,依托中华文化蕴含的德性文明传统,承担起中华德性文明继往开来的历史使命。毋庸讳言,新中国经历过一段对中华德性文明传统误解、曲解和破坏性攻击的曲折。这个曲折的源头至少可以追溯到20世纪初的"反传统"和"西化"运动的潮流;更早的动摇中华德性文明根基的端倪,是大约500年前西方殖民主义色彩浓厚的宗教渗透,资本主义"自由贸易"与自由主义文化的冲击,以及作为工业化手段的现代科技的传入。

中西交往的不可避免性,也不可避免地触动了中华传统德性文明2000多年来大体在"长城"内外震荡的基本格局,即冲击和改变了中华文明教化天下的大陆型态势。从此,中华德性文明以其坚韧的精神和博大的胸怀广泛地包容"西方文明",同时也开启了以"海洋"为纽带的,从被动到主动地向全球普及中华德性文明的契机。

(二)中华传统德性文明的典范意义

中华德性文明乃是一种与人类生命共同体共命运的,恒常的文明本体形态或元型。这一文明本体形态起源甚早,可以追溯到上古的圣王传说时代，始于开创渔猎生活方式的伏羲氏，中经转入农耕生活方式的神农氏，和黄帝、尧、舜、禹、夏、商，迄于周朝的兴起，中华民族经过漫长的积累与演化，已逐渐形成了完整而成熟的德性文明的典范。中华德性文明的精神内核，可以界定为一种渗透在中华民族早期生命共同体生活方式中的，基于人的整体生命自觉的道德智慧、伦理体系、政治传统及其人文精神。

中华古圣先哲基于整体性的共同体生命觉悟，在一种博厚、高明、悠久的生命情怀的光辉照耀下，透彻地领悟了人类生命共同体应该如何生活的问题。从而，在中华民族的生命历程中，很早就实践性地创建了古代德性文明集大成之典范——周代文明，并通过这一典范为后世的中华民族注入了德性文明的文化"基因"。德性文明之"德性"的觉醒首先是在一个族群内部。所以，它最初表现为族群内部群体与个体、个体与个体间的政治和伦理关系。在周代以"中国"分封建国为典型的族群生命共同体内部，这个关系表现为家、诸夏、"中国"层面的关系。进一步向内拓展，这一关系体现为每个人的道德品格和身心修养问题；向外拓展，在族群与族群之间，"天下"即全人类生命共同体和谐生活的政治与伦理问题就呈现出来了。这种德性文明的文明元型及其"基因"，创生和成熟于中华民族生命共同体的生命史之中，然而，由于其内在具有的天下情怀，其作用和价值不只是限于中华民族的生命史，而是本来关联着全人类生命共同体的生命史，具有引领全人类命运永续绵延的至为伟大的意义。

中华文化之德性文明，首重立人极，以为人道之始基。人生天地间，与太一同体：神降于天，明出于地，皆原于一。圣王君子，庶民小人，乃至灵蠢动植，飞走潜游，天地万物，亦皆原于太一之一。老子曰："道大，天大，地大，人（王）亦大。域中有四大，而人（王）居其一焉。"（《老子》第二十五章）合道与天地人而言，亦赞人极之立，而尊人为大也。惟吾人能明通天地人三才及万物之道，超卓于万类之上，而与天地并立，生几相贯，气象相侔，精神相像，确乎其不可拔，大哉，人也！

《易》曰："天地之大德曰生。"惟有吾人能感天地生生之德，乐天性而知天命，且以祗以敬，继善成性，顺承天命而畏之。天地之道，一阴一阳，一柔一刚，万物生焉，生生不息而已。天地为两极，人生于天地之间，体天地生生之道而立仁义之道，而为人极，是以人与天地并立而三，为三极之道，而能参赞天地之化育。

人之生，"天命之谓性"，而"性相近也，习相远也。"性无不善，继善成性，"率性之谓道"也。故《易》曰："成性存存，道义之门。"《诗》云："天生烝民，有物有则；民之秉彝，好是懿德。"（《诗·大雅·烝民》）天生民，而民为天之民；天之德非民之德，而民之德即天之德也。民德不可违，违之则违天也。《书》曰："天视自我民视，天听自我民听。"（《尚书·泰誓》）天本无视听，民之视听莫非天之视听；天本无心，民之心莫非天之心。民之视听，其严乎！天其不可不敬而畏之哉！民心不可欺，欺之则欺天也。

人之聪明睿智达天德者，圣王也。圣王"观乎天文以察时变，观乎人文以化成天下。"（《易·贲·彖》）天下者，吾人居仁由义之群类共同体，尽性成德之人间世。通行乎天下者，常道也。"配神明，醇天地"，体乎阴阳，用乎柔刚，一言以蔽之曰："立人之道曰仁与义"而已。此言尽之矣，无可加矣！故孔子曰："谁能出不由户，何莫由斯道也。"（《论语·雍也》）

惟养民为天下之本务，民之利用厚生，皆赖地之载与地之藏，二气五行之运，万物之繁衍也。《易》曰："至哉坤元！万物资生，乃顺承天。坤厚载物，德合无疆，含弘光大，品物咸亨。"（《易·坤·彖》）立社以为国，植谷以为稷。民生之厚，社稷为依。《书》曰："德惟善政，政在养民。水、火、木、金、土、谷，惟修。正德，利用，厚生，惟和。九功，惟序。……地平天成，六府三事允治，万世允赖，时乃功。"（《尚书·大禹谟》）其保社稷之谓乎！

《易》曰："天地交，泰；后以财成天地之道，辅相天地之宜，以左右民。"（《易·泰·象》）难乎其为泰也。筚路蓝缕，以启山林。天造草昧，动乎险中，则"君子以经纶"（《易·屯·象》）；地上有水，则"先王以建万国亲诸侯"（《易·师·象》）；天与火，同人，则"君子以类族辨物"（《易·同人·象》）；雷风相搏，则"君子以立不易方"（《易·恒·象》）。

"匪兕匪虎，率彼旷野"（《诗·小雅·何草不黄》），流离苦痛之叹也。人不可离于土，如鱼不可脱于渊。华夏之民，宅兹中国，不易之方，恒久之道也。道本无穷，生几不息，观于火水未济，无攸利而亨者，"君子以慎辨物居方"。（《易·未济·象》）

时或有穷，"穷则变，变则通，通则久。是以自天佑之，吉无不利。"（《易·系辞下》）

庶矣富矣！富而后教，曰"作之师"，曰"教学为先"。人之道，即人类文化之道，本质上乃是在自然之道的基础上，创造性地彰显人内在所蕴含的道德天性之道。人之道，即人类之所以"在明明德，在亲民，在止于至善"之道。人之道，即人类德性文明之道。中华德性文明传统之礼乐教化以儒学为主干。古典儒家礼乐教化自学问言，曰"六艺"之《诗》《书》《礼》《乐》《易》《春秋》。自生活言，曰政治、伦理、民生、风俗、身心、学校、家庭、乡党、社稷、朝廷、国家、天下、天地、万物、鬼神等。"夫圣人上事天，教民有尊也；下事地，教民有亲也；时事山川，教民有敬也；亲事祖庙，教民孝也；大教之中，天子亲齿，教民弟也；先圣与后圣，考后而甄先，教民大顺之道也。"（楚简《唐虞之道》）圣王之教，博厚高明，聪明睿智，宽裕温柔，发强刚毅。

子曰："志于道，据于德，依于仁，游于艺。"（《论语·述而》）即以"仁义"之"道"的继承和延续为指针，以自我德行的修养为基础，着眼于创造性地参与建设仁爱和谐的共同体，广泛地学习一切有价值的人类文化成就。

三、超越"现代"与"后现代"理性文明

现代理性文明起源于大约500年前的西方，经由西方殖民者和资本家主导的殖民运动、资本流通、侵略战争，以及与之相配合的宗教和文化传播遍布全球，从而形成一种以"理性化"为精神特质的现代世界体系。

现代世界体系的文明之所以是"理性的"，是因为这个现代文明是"科学主义"主导的文明。"在现代世界体系中，知识结构最重要的革新是科学

取代哲学／神学而成为知识的中心，一种科学方法的特殊模式占据了统治地位（我们简单化地将其表示为"牛顿式"的），它声称是科学研究的唯一合理模式。"[1] 不仅如此，"牛顿式科学的中心因素是宣称找到了普遍真理，其主旨直接反映在'自由主义'这个过去 200 年间居主导地位的世界意识形态中，它被用来定义世界体系这一全球文化。"[2]

正是在这种科学主义的理性精神主宰与理性方法的支撑下，资本主义获得了它冷漠无情的客观理性之"灵魂"与精巧算计的运营体系之"肉体"。科学主义在拥抱资本主义的同时，又与民族主义、自由主义、普世主义相结合。从而为资本主义的理性化、现代化和全球化营造了一个看起来颇为舒适的文化环境。

"自由主义鼓吹人类福利将达到逐渐趋同这个不可避免的胜利，以及暴力的最终消除；自由主义认为，这两者是由于不平等的减轻而带来国家凝聚力不断增强所导致的。在某种意义上，自由主义提供了平息骚乱，并消弭对文明现状不满的温和的改良主义的常规做法。"[3]

"然而，民族主义与科学主义／普遍性／自由主义结合，成为世界体系这一全球文化的主要成分，在很长一个时期用来遮掩世界体系中的冲突，并使冲突得到控制。目前的问题是：这些冲突仍处于控制之中吗？或世界体系存在危机吗？"[4] 这是西方思想家在 20 世纪末，在进入一个不仅是另一个世纪，而且是无限深远的未来时代之际，对现代理性文明的命运发出的忧叹。现代理性文明的病症的确是被发现了，可惜西方思想家的诊断过于乐观，而治疗的方案又完全错误。

我们且看症状描述：

---

[1] ［美］特伦斯·K.霍普金斯·伊曼纽尔·沃勒斯坦等著：《转型时代——世界体系的发展轨迹：1945—2025》，高等教育出版社 2002 年版，第 7 页。

[2] ［美］特伦斯·K.霍普金斯·伊曼纽尔·沃勒斯坦等著：《转型时代——世界体系的发展轨迹：1945—2025》，高等教育出版社 2002 年版，第 7 页。

[3] ［美］特伦斯·K.霍普金斯·伊曼纽尔·沃勒斯坦等著：《转型时代——世界体系的发展轨迹：1945—2025》，高等教育出版社 2002 年版，第 8 页。

[4] ［美］特伦斯·K.霍普金斯·伊曼纽尔·沃勒斯坦等著：《转型时代——世界体系的发展轨迹：1945—2025》，高等教育出版社 2002 年版，第 8 页。

德性文明论：
古典儒家礼乐教化及其当代价值

"国家间体系是相互承认每一个国家主权的模式，该框架（或多或少）是由强国对弱国与强国彼此间强制实施的。偶尔地但也是反复地，一个强国能够获得如此强势的地位，以致我们可以说它在对整个体系行使霸权。……简言之，它是一个世界经济体的霸权国家，而不是一个世界帝国。1945年以来，美国正处于这样一种地位。

"国家间体系确立了到目前为止战争在其中进行的框架。但更重要的是，它确立了限制并影响表象上自由的（世界）市场发挥作用的框架，而世界生产体系正是通过那个市场的作用在运作。在现代世界体系中，世界生产是根据资本主义世界的经济规则来实施的，其中那些拥有或控制生产资料的厂商，惯常的主要关注就是无休止地积累资本。"❶

与这个不平等的，不和睦的世界政治经济体系相伴的是，一系列现代困境：愈演愈烈的全球性的资本对劳动的剥削、环境污染和生态破坏，文化际的误解与冲突、国际争端与相互威胁、从边缘不发达区域向中心发达区域流动的移民和难民潮、"复活"的传统宗教与新兴信仰的明争暗斗……

旧的世界体系危机四伏。这是现代理性文明内在蕴含的矛盾发展必然会爆发的危机，是现代化／理性化／自由主义／进步／全球化的逻辑自身所无法解脱的危机。对于现代理性文明来说，这个危机只意味着危险本身，而毫无机遇可言。后现代主义者，试图像小猫追逐和玩弄自己的尾巴一样，玩"游戏"现代性危机的把戏，从现代性危机中翻新花样以接续在"现代"之后，于是有"后现代"和"后后现代"之幻觉。"后现代主义"与其说是找到了某种"现代之后"的希望，不如说是陷入了无法摆脱现代理性文明危机的迷惘。

悖论一：我们使用的关键词"后现代"本身就包含着一种张力。在某种意义上，它仅指离开目前，即在"现代之后"，它不能有任何内容；但是，我们又希望赋予它一定的内容，赋予它一系列的道德的和认识论的特性，仿佛我们已经知道了这个现代之后的世界是什么样子。可事实上，我们对此知

---

❶ ［美］特伦斯·K.霍普金斯·伊曼纽尔·沃勒斯坦等著：《转型时代——世界体系的发展轨迹：1945—2025》，高等教育出版社2002年版，第3页。

之甚少。

悖论二：被我们现在称作一株幼苗的后现代世界，也许看上去很不像但同时又非常像现代世界。

悖论三：我们应当开始，同时又不应当开始创造我们所钟爱的后现代世界。❶

后现代主义者对现代性危机的反思基本上是清醒的，因而对现代理性文明病症的诊断有相当的准确性。然而，后现代主义者似乎隐约知道，根本就没有什么"后现代"，因为现代理性文明没有未来，理性文明的现代正在不可避免地走向终结。

四、孔子与马克思的德性文明之思

（一）"儒学社会主义"何以可能？

中国的社会主义实践既需要"与资本共舞"而又需要"超越资本"，这使在理论上，马克思主义与孔子儒学的融合成为一个不容回避的议题。儒学社会主义之所以可能，是因为孔子儒学人文主义与马克思的人文主义高度契合，这主要体现在两者对人的社会性本质或共同体性的洞察，两者对人的主体创造性的肯定，以及关于人的自由个性成长的过程哲学等方面。孔子与马克思以人文主义为主题的对话，昭示了一种以社会个人的"自我意识"和儒学传统道德价值观为内核的儒学社会主义精神。

审视今日中国特色社会主义建设的现实，可以看见，在经济基础层面，社会主义生产关系与资本和市场经济共舞；在上层建筑层面，马克思主义与正在复苏的儒学对话与交融。

马克思主义与儒学的相遇需要历史的契机，然而，作为两种对人类的命运，尤其是出于深沉的忧患意识，对人类文明进程所面临的危机及其化解之道，有着高度契合的共同关注焦点的思想及其现实运动，两者交汇与合流的必然性是由两者的内在特质决定的，两者注定要通过某种机缘走到一起。

---

❶ ［美］大卫·格里芬编：《后现代精神》，中央编译出版社，2012年版，第201—203页。

当今中国具备合适的环境和社会载体，能够提供这种"机缘"。全球资本主义的种种问题在这个儒学曾长期主导的古老的文化国度最为广泛、显著、深刻、突出、尖锐地凸显出来。由于在经济上采用了资本和市场经济体制，中国的社会主义实践所面临的道路上与价值上的挑战和考验，无疑是人类生活中前所未有和最为艰险的。

马克思主义传入中国之后，孔子与马克思的相遇成为一种必然的思想事件。孔子和马克思都是那种"天下"意义上的圣哲，他们都有一颗为天下和万世而思想的心灵。他们绝非局限于其民族、时代和国度的思想家。他们之间思想的衔接，具有某种跨越文化界限的传承性。马克思并非完全是西方的，而是兼具西方和东方的"气质"。更直白点说，马克思在思想上可以视为是孔子儒学与西方文化联姻而生的"后代"。不可以将儒学仅仅视为一种古典和中古的东方传统而已，也不可以将马克思主义仅仅视为一种现代西方的，资本主义的反对之物。它们本是不受其产生之时代与地域局限的，普遍性的人类精神成就。然而，狭隘化地理解两者而形成的种种误解，从来就屡见不鲜。

儒学从人的德性和伦理文化的角度，阐明了"天人合一"的"天下共同体"形成与永续发展的内在必然性、现实可能性，以及历史演进的路径和方法。马克思主义则聚焦于理解、批判和超越人类现代性的历史中产生的破坏"人道"共同体的物化力量——资本主义生产方式。它直面现实的"危机"。现代生产方式的奥秘与危险在马克思主义中得以揭秘。而关于如何建设一种至为广大的文明共同体的理想、自我意识、基本观念、伦理、价值和方法，儒学提供了思想和实践的典范。马克思主义也有理想，但其理论的重心在对"现实"的批判。儒学内在具有批判现实的功能和价值，它本质上不是一种只为"现实"辩护的"意识形态"，而是一种具有批判意识的人文理想。不可否认，两者都有其盲点，但是，两者恰可互补而构成完整的视野。两者在今天的融合，适逢其时，为超越"资本"的天下共同体的建设所必需，为生态文明的诞生所必需。

作为一种现实的社会历史实践，中国特色社会主义建设，愈来愈彰显出一种将马克思主义与儒学，这一中国文化传统的主体相结合的精神气质。或者说，中国正在兴起一种可以称之为"儒学社会主义"的现实运动。这事实上表明，马克思与孔子关于人文主义的对话已经在现实中"实践地"展开了。

（二）孔子与马克思的人文主义

儒学和马克思主义有着对于人的共同的关切，这是它们彼此能够穿透历史和空间的距离，展开人文主义对话的基础。孔子与马克思都是典型意义上的人文主义者，他们关心的核心问题是：人的本质是怎样的，以及人应该怎样生活才能实现人的尊严、创造、自由，以及人类共同体和个体的福祉。如果一种思想正视人类自身的尊严和幸福，并以此作为其思想和与之相关的生活实践的核心。那么，这种思想就是人文主义。所谓人文主义，其基本特征可以简要地表述如下：将人的生命和价值置于思想的核心位置，相信人的性情、理性、道德是人类自主创造的领域，人类社会的文化和历史是人类自主创造的成就，人类生活的意义在于获得幸福，而人类的理想是实现人类的自我完善。"吾非斯人之徒而谁与？"（《论语·微子》）"夫仁者，己欲立而立人，己欲达而达人。"（《论语·雍也》）这是孔子的人文主义。"每个人的自由发展是一切人的自由发展的条件。"[1]这是马克思的人文主义。

也许在马克思和孔子之间存在某种古典和现代，东方和西方的差异，但他们共同秉持的人文主义是高度一致的。若人们乐于考据，应该不难辨识出一条隐秘的脉络：中国思想，尤其是孔子的儒学通过传教士的"贩运"而传到西方——西方启蒙运动的先驱们从中汲取营养和灵感——马克思主义作为启蒙之子的诞生。至少在启蒙思想的语境中，从孔子到马克思之间隐秘的"桥梁"，透过莱布尼茨、康德、黑格尔、伏尔泰、魁奈等人与孔子的关联是隐约可见的。于是，我们若说马克思主义具有孔子儒学的"基因"，就并非完全无根据的猜想。这个根据的存在，也是马克思与孔子人文主义对话的历史和思想根据。

---

[1]《马克思恩格斯文集》（第二卷），人民出版社2009年版，第53页。

马克思作为一个"改造世界"的思想家与实践家,他的思想和实践包含密切相关,有机统一的内外两面。前面提到的这个马克思的"通常"的形象,反映了马克思主义外在化的一面。与着眼于现实的社会状态而改造外部世界的维度密切相关,而又不同于这一面的是,马克思的思想还有一种内在化的维度,这涉及一些运用外在的经济与政治手段不可能直接解决的问题:人基于一种什么样的世界观来理解人是什么?人应该相信什么或不相信什么?什么是值得或不值得追求的价值?人类生活的伦理、道德、习俗、制度和行为的法则如何生成而又如何变革?而人如何适应这些变革以获得自由和幸福?这些问题构成了马克思思想的人文主义维度。很大程度上这是关于人的自我意识、精神内涵、文化传统、道德品质、教育、劳动和生活艺术的视域。马克思思想这个视域,无疑与孔子儒学思想的视域是高度重合的。马克思与孔子关于人文主义的对话就此可以展开。

(三) 人的创造性与共同体性

马克思主义和儒学,在"大写的人"的自觉立场上,理解人本身及其生活的意义。马克思思想的人文主义特质,在于恢复人的尊严。这是马克思浸润的德国古典哲学的精神:"很多先生将对这样从自身必然产生的结论大吃一惊,人们仰望着把人抬举得这样高的全部哲学的顶峰感到头晕目眩。为什么,到这样晚的时候,人的尊严才受到尊重?为什么,到这样晚的时候,人的自由禀赋才得到承认?这种禀赋把他和一切大人物置于同一行列之中。我认为,人类自身像这样地被尊重就是时代的最好标志,它证明压迫者和人间上帝们头上的灵光消失了。哲学家们论证了这种尊严,人们学会感到这种尊严,并且把他们被践踏的权利夺回来,不是去祈求,而是把它牢牢地夺到自己手里。"❶ 在相似的意义上,孔子认为,人是生于天地之中,参赞天地之化育的大人。

马克思主义批判和否定了神秘主义,无论是宗教的还是理念论的,然而,它并没有因此而否定人本身及其生活的神圣性,而是将这种神圣性和人

---

❶ 苗力田译:《黑格尔书信百封》,中国人民大学出版社2015年版,第46–47页。

的创造本性的对象化关联起来：真正的神圣在于，不是通过"神创"或者理念的启示，而是通过人的实践的创造过程，人在自然的基础上创造了自己作为社会性主体的人本身、人的社会、历史、文化、以及人化了的人与自然的关系，也就是说，人创造了包括他自己在内的，作为人的对象化的整个生活世界。"**整个所谓世界历史**不外是人通过人的劳动而诞生的过程，是自然界对人说来的生成过程"。❶ 孔子也肯定人的创造性本性。《中庸》曰："天命之谓性，率性之谓道，修道之谓教。"天赋的创造本性是开辟人类生命之道的原动力；在人类社会文明的传承中，这种天赋创造性能力及其成果得以累积性地延续和拓展。

"子曰：人能弘道，非道弘人。"（《论语·卫灵公》）人类生活之道，既是自然之道又是人文之道，需要以人的创造性为其持续发展的条件。并不存在固定不变的"道"可以支撑只是无所作为的生存者的"人"。孔子的儒学把改善的权能交到每一个人手中，但并不把自满的权力赋予任何人！"大学之道，在明明德，在亲民，在止于至善"（《大学》）"止于至善"就是没有止境，这个方向是确定的。"古之欲明明德于天下者，先治其国。欲治其国者，先齐其家。欲齐其家者，先修其身。欲修其身者，先正其心。欲正其心者，先诚其意。欲诚其意者，先致其知。"（《大学》）"知"乃是知人道之本末：修身齐家治国平天下，天子与庶人皆有与焉，"自天子以至于庶人，壹是皆以修身为本。"（《大学》）因此，致知也就是在生命实践中，每个人对自己如何实现其道德价值的自我觉悟或自我认识。以这种实践性的自我认识为基础，依靠人类自身，创造人类的自我、社群、国家和天下的幸福，以及人与天地万物的和谐，这是人类生活的价值目标。马克思在青年时代就明确了，"人类的幸福和我们自身的完美"乃是人类生活的意义。这也是马克思本人终身未改的志向。

实践活动，尤其是生产物质产品和精神产品的生产劳动，是体现人的创造性的最基本形式。在作为生产劳动的实践基础上，人同时创造出他们自己

---

❶ 马克思：《1844年经济学哲学手稿》，人民出版社1985年版，第88页。

的生产能力和生产所依托的社会关系，人与自然界的关系，以及精神文化的世界。马克思透过人的感性的外在对象，理解人的对象化，但是人并不等同于人的对象化的客体，而是作为对象化客体的源泉和主体。在马克思关于人的自我理解中，人的精神性和物质性并不是分裂的二元，而是一个对立统一的整体。甚至，"对象"和"客体"也正是作为含有人的"精神"的可感性把握的载体，才能作为人的对象和客体而存在于人的生活世界之中。

马克思主义肯定人是灵肉一体、主观客观统一的，肯定人具有"合外内之道"的主体创造本性，或主体精神能动性。在实践的能动的唯物主义看来，被人自己创造出来的成果中也包括了人的个体性，即每个人的独特的个性和自我。这种自我并不是预先存在的人的本质，人的本质是人与人在共同体中相互依存的社会关系。"新唯物主义"的立脚点是"人类社会或社会的人类。"❶"首先应当避免重新把'社会'当作抽象的东西同个人对立起来。**个人是社会存在物**。因此，他的生命表现，即使不采取**共同的**、同其他人一起完成的生命表现这种直接形式，也是**社会生活**的表现和确证。人的个人生活和类生活并不是**各不相同的**，尽管个人生活的存在方式必然是类生活的较为**特殊的**或者较为**普遍的**方式，而类生活必然是较为**特殊的**或者较为**普遍的**个人生活。"❷这意味着，马克思主义彻底洞悉了人的社会性本质，或人的共同体属性。"人的本质不是单个人所固有的抽象物，在其现实性上，它是一切社会关系的总和。……因此，本质只能被理解为"类"，理解为一种内在的、无声的、把许多个人**自然地**联系起来的普遍性。"❸

（四）人的发展之"道"

马克思与孔子的人文主义都建基于一种"过程哲学"。这突出地体现于儒学范畴"道"和马克思的"自然历史过程"范畴之上。

子曰："吾十有五而志于学，三十而立，四十而不惑，五十而知天命，

---

❶ 《马克思恩格斯选集》（第一卷），人民出版社2012年版，第136页。
❷ 马克思：《1844年经济学哲学手稿》，人民出版社1985年版，第79页。
❸ 《马克思恩格斯选集》（第一卷），人民出版社2012年版，第135页。

六十而耳顺,七十而从心所欲不逾矩。"(《论语·为政》)孔子在过程论的意义上,通过反思自己的生命历程而典范性地展现了他对个人生命成长的理解。个人的道德人格与自由个性的成长,本是儒学的核心内容和主要特色。

马克思关于人的发展的思想,也以自由个性为其目标,但是,马克思主义不像儒学那样侧重于道德和心性养成问题,而是在更为广阔的视野中关注人的能力的全面而自由的发展。生产力,不仅是物质生产力,而且包括精神生产力;不仅是物的生产力,而且也包括人本身的生产力(种的繁衍)是理解马克思人的发展观的关键。正是在人自己生活的生产中,人的全面的能力体系建立和发展起来。

人的发展的终极目标在儒学看来,是达到"天人合一"的境界。儒家关于圣人或大人的描述甚多,如《易传》曰:"夫大人者,与天地合其德,与日月合其明,与四时合其序,与鬼神合其吉凶,先天而天弗违,后天而奉天时。天且弗违,而况于人乎!况于鬼神乎!"(《易·乾·文言》)大人与小人之间的一个关键区别在于是否"知天命"。子曰:"小人不知天命而不畏。"(《论语·季氏》)又曰:"不知命,无以为君子也。"(《论语·尧曰》)儒学诉诸人的道德修养与生命觉悟,来追求天人合一。从一种后现代的视角来看,儒学的天人合一,具有突出的人与自然和谐的生态伦理意蕴。例如孔子在《易传》中,基于天地万物共生的世界观,主张"有天地然后有万物,有万物然后有男女,有男女然后有夫妇,有夫妇然后有父子,有父子然后有君臣,有君臣然后有上下,有上下然后礼义有所错。"(《易·序卦》)《易》弥纶天地人三才之道,三才之道,象以六爻。"《易》之为书也,广大悉备,有天道焉,有人道焉,有地道焉。兼三才而两之,故六。"(《易·系辞下》)三才之道,虽有分理,不碍统合于一:"立天之道曰阴与阳,立地之道曰柔与刚,立人之道曰仁与义"(《易·说卦》)总而言之,无非"一阴一阳之谓道"(《易·系辞上》)。明乎此,可以顺性命之理,可以见太和之义。《易·乾·文言》曰:"大明终始,六位时成,时乘六龙以御天。乾道变化,各正性命,保合太和,乃利贞。"

马克思主义也可以说将人的发展的境界提到了"天人合一"的高度。

"只要有人存在，自然史和人类史就彼此相互制约"❶马克思认为，未来人类理想的社会状况是："人终于成为自己的社会结合的主人，从而也就成为自然界的主人，成为自身的主人——自由的人。"❷但是，马克思侧重于强调人的生产能力发展的基础性作用。

孔子关注人的发展，以"天命之性"或"性命"为核心，直指人心，以每个人的自身修养为本，强调天人和谐和人伦和谐。这是孔子所看到的关于人的发展的永恒的主题，正如孟子所言："亲亲而仁民，仁民而爱物"（《孟子·尽心上》）这一主题当然是马克思主义可以认同的。与孔子形成鲜明的对照：马克思在微观的个体生命历程之外另辟蹊径，从一种宏观的人类历史视角，描述了人类发展的历程：人的依赖关系（起初完全是自然发生的），是最初的社会形式；以**物**的依赖性为基础的人的独立性，是第二大形式；建立在个人全面发展和他们共同的、社会的生产能力成为从属于他们的社会财富这一基础上的自由个性，是第三个阶段。第二个阶段为第三个阶段创造条件。❸马克思的视野似乎更为宽广，在"个人全面发展"这个主体性和个体性的方面之外，马克思还强调了人们"共同的社会生产能力"的发展，这个客体性的和整体性的方面。人们的"社会财富"和"个人全面发展"一同构成人的"自由个性"形成的基础。

（五）马克思与孔子融合：超越资本

"全面发展的个人——他们的社会关系作为他们自己的共同的关系，也是服从于他们自己的共同的控制的——不是自然的产物，而是历史的产物。要使**这种**个性成为可能，能力的发展就要达到一定的程度和全面性，这正是以建立在交换价值基础上的生产为前提的，这种生产才在产生出个人同自己和同别人相异化的普遍性的同时，也产生出个人关系和个人能力的普遍性和全面性。"❹马克思将资本理解为人类所经历的一个现代历史阶段的生产关

---

❶ 《马克思恩格斯选集》（第一卷），人民出版社 1995 年版，第 66 页。
❷ 《马克思恩格斯选集》（第三卷），人民出版社 1995 年版，第 760 页。
❸ 《马克思恩格斯全集》（第三十卷），人民出版社 1995 年版，第 107-108 页。
❹ 《马克思恩格斯全集》（第三十卷），人民出版社 1995 年版，第 112 页。

系,虽然这种关系是"异化的","但是,资本作为孜孜不倦地追求财富的一般形式的欲望,驱使劳动超过自己自然需要的界限,来为发展丰富的个性创造出物质要素,这种个性无论在生产上和消费上都是全面的……这是因为一种历史地形成的需要代替了自然的需要。由此可见,**资本是生产的**,也就是说,**是发展社会生产力的重要的关系**。只有当资本本身成了这种生产力本身发展的限制时,资本才不再是这样的关系。"❶ 很显然,资本在相当长一段时期之内是不能退出中国和世界的历史舞台的,因为,初级阶段社会主义的市场经济正需要利用资本这种生产性的关系来发展社会生产力,并为人的个性的丰富和自由发展创造必要的条件。然而,资本的"副作用"也是非常突出的,马克思称之为"异化"或"人的物化"。其典型症状可以简要列举如下:个人主义、功利主义、享乐主义、消费主义、拜物教、价值与伦理秩序的颠覆、社会分裂和社会排斥、史无前例的战争与仇恨、文明与野蛮混淆的相对主义的"泥潭"、资源环境和生态危机……这一切都是资本的逻辑的必然产物。马克思洞悉了资本的本质和资本的逻辑,指明了超越资本的方向,甚至隐约勾勒了一条通过资本的发展而超越资本的路径:起初是物质性资本的发展,后来是人本身作为资本,即现代经济学称之为"人力资本"的发展,然后,必然会突破平衡点,人力资本在经济的重要性上终于超过物质资本而居于主导地位。于是资本就会开始它退出历史舞台的过程。尽管如此,马克思并没有提供对治资本发展的"解毒剂",也就是说,马克思未能充分关注"与资本共舞"的文化传统对于社会共同体的建设,伦理价值的维护和个体道德人格养成的重要作用。于是,中国现实的社会主义实践,事实上向中国文化传统,尤其是向作为主流的儒学传统发出了一种召唤,要求马克思与孔子"联手",共同来超越资本。或许可以借用马克思的术语:马克思主义从"经济基础"出发,超越资本的经济和政治逻辑;儒学将从"上层建筑"出发,来超越资本主义的道德、文化和精神。

人类的文明如何不断向"止于至善"的方向更新的问题,是马克思主义

---

❶ 《马克思恩格斯全集》(第三十卷),人民出版社1995年版,第286页。

与儒学共同关注的核心问题。具体说来，这个问题在当下表现为：在资本主义生产方式为基础的现代社会生活中，人的"物化"和"异化"是如何发生和演化的，人的"物化"和"异化"将如何克服？也就是说，在现实的世界中，德性文明遭受到了怎样的挑战，以及现代社会将如何复兴德性文明？面对这个问题，儒学从道德的传统延续的角度，马克思主义从科学的现实批判的角度，可以携起手来，构成道德与科学，传统与现代的互补，从而作出完整而又创造性的回应。

（六）儒学社会主义精神

儒学"观乎人文，以化成天下"。(《易·贲·彖》) 马克思主义寻求在与资本共舞的过程中超越资本，从而为人的自由个性的发展开辟道路。将马克思与孔子的思想结合起来，运用于当今中国的社会主义经济、政治、社会、文化、教育发展，以及生态文明建设实践之中，所产生的运动可以称之为儒学社会主义。儒学社会主义首先是作为观念、价值、伦理和文化而凸显出来的，其次，才是在此基础上尝试建立的各种可以不断修改和完善的制度和器用之物。

儒学社会主义的内核是"意识形态性"的，或者说是一种作为文化和价值观的"精神"特质，它的根本属性是"反资本主义精神"的。资本主义精神的实质，突出地体现为融化在资本主义道德教条中的价值悖论："你的存在越微不足道，你表现的生命越少，你的财产就越多，你的外化的生命就越大，你的异化本质也积累得越多。……把从你那里夺去的那一部分生命和人性，全部用货币和财富补偿给你，你自己办不到的一切，你的货币都能办到……它是真正的能力。……因此，一切激情和一切活动都必然湮没在发财欲之中。"❶ 这正如马克思之后的另一位德国哲人所说：现代道德价值序列最为深刻的颠倒是生命价值隶属于有用价值。❷ 资本主义依托个人主义和拜物教价值观，与马克思主义和儒学关于人的社会性本质和共同体本位人文价值

---

❶ 马克思：《1844年经济学哲学手稿》，人民出版社1985年版，第92页。
❷ [德] 马克斯·舍勒：《价值的颠覆》，生活·读书·新知三联书店1997年版，第141页。

体系根本冲突。

儒学社会主义精神包含两个方面：一是社会或共同体本位的个人观，也可以称之为一种社会人的"自我意识"；二是儒学传统的仁义价值准则和价值体系。前者保证了儒学社会主义现实的而非抽象的人性，后者从价值准则上将儒学社会主义的文明，与现代资本主义的野蛮区分开来。

儒家的"华夷之辨"曾经用于区别文明与野蛮，其核心价值准则就是"仁义"。仁是君子出于人性对人和天地万物的关怀，亲亲仁民而爱物。义是伦理上的合宜与道德上的公正。"何谓人义？父慈、子孝、兄良、弟弟、夫义、妇听、长惠、幼顺、君仁、臣忠，十者谓之人义。"（《礼记·礼运》）中国大众社会生活中的儒家传统文明，在家庭和社区中仍有深厚的根柢留存，但是，在现代资本主义野蛮的个人主义自我意识和拜物教价值观的持续而日益加剧的冲击下，已是岌岌可危。"金钱确定人的价值：这个人值一万英镑，就是说，他拥有这一笔钱。谁有钱，谁就'值得尊敬'，就属'上等人'，就'有势力'，而且在他那个圈子里在各方面都是领头的。"❶恩格斯所描述的主导西方资本主义社会的拜物教价值观，今天已然盘踞在了许多人心中。儒学与马克思主义需要携手恢复共同体本位的仁义之人的自我理解，恢复"以义为利"的价值准则和伦理。儒家经典《大学》在两千多年前的义利之辨，在今天依然渊默而雷声："长国家而务财用者，必自小人矣。彼为善之，小人之使为国家，菑害并至。虽有善者，亦无如之何矣！此谓国不以利为利，以义为利也。"

当今新的全球性的资本主义体系的"异化"问题，并没有随着资本主义的发展而消解，而是愈演愈烈，资本主义不断上演的危机—修复—危机的循环，已逐渐将资本主义推向前所未有的，全球性的生态危机与人伦危机的极端，仿佛是吞噬道德文明的一个巨大的"漩涡"，而处在"漩涡"焦点处的正是中华民族和中华德性文明。在这样的情形下，中华民族依托民族文化优秀传统与马克思主义的结合所作出的反应，将不只是一种关乎中国人命运的

---

❶《马克思恩格斯全集》（第二卷），人民出版社1957年版，第566页。

反应，它将也是为全人类作出的一种具有全球普遍意义和深远历史影响的文化创造。

五、当代中国德性文明与中华民族的伟大复兴

（一）当代中国的文化语境与文化主体性

中华文化的伟大复兴是中华民族伟大复兴的精神内核。"没有中华文化繁荣兴盛，就没有中华民族伟大复兴。一个民族的复兴需要强大的物质力量，也需要强大的精神力量。没有先进文化的积极引领，没有人民精神世界的极大丰富，没有民族精神力量的不断增强，一个国家、一个民族不可能屹立于世界民族之林。"❶在中华文化建设的过程中，培育和践行社会主义核心价值观是重中之重。因为"对一个民族、一个国家来说，最持久、最深层的力量是全社会共同认可的核心价值观。核心价值观，承载着一个民族、一个国家的精神追求，体现着一个社会判断是非曲直的价值标准。"❷

当代中国提出要"倡导富强、民主、文明、和谐，倡导自由、平等、公正、法治，倡导爱国、敬业、诚信、友善，积极培育和践行社会主义核心价值观。富强、民主、文明、和谐是国家层面的价值要求，自由、平等、公正、法治是社会层面的价值要求，爱国、敬业、诚信、友善是公民层面的价值要求。这个概括，实际上回答了我们要建设什么样的国家、建设什么样的社会、培育什么样的公民的重大问题。"❸从方向和目标上看，这应该是当代中国人民所追求的价值理想，所遵循的价值准则，和所坚持的价值共识。然而，如何准确把握当代中国文化建设的历史脉络和现实处境？如何正确理解社会主义核心价值观的文化特质、精神实质和丰富内涵？以何种文化观念，立足于怎样的文化立场，依托哪些文化资源，来培育和践行社会主义核心价

---

❶ 习近平：《在文艺工作座谈会上的讲话》，载《十八大以来重要文献选编》（中），中央文献出版社2016年版，第121页。

❷ 习近平：《青年要自觉践行社会主义核心价值观》，载《十八大以来重要文献选编》（中），中央文献出版社2016年版，第2页。

❸ 习近平：《青年要自觉践行社会主义核心价值观》，载《十八大以来重要文献选编》（中），中央文献出版社2016年版，第3页。

值观？上述这些理论和实践上的重要问题，都需要我们做出清醒的认识与回答。

透过马克思的中国观，我们可以清晰地看到中国文化既不可避免地被卷入现代，又必然会引领人类超越现代性的历史角色及其文化使命。

如果我们采取马克思主义的"世界历史"观，我们就会意识到中国的社会主义核心价值观引发的社会主义道德精神的提升，必然也是全球性的共同体主义德性文明取代资本主义理性文明的历史进程的一个内在组成部分。马克思认为18、19世纪欧洲资本主义的发展使得真正意义上的"世界历史"开始了。因为伴随着暴力侵略、宗教渗透，以及赤裸裸的欺骗和奴役的资本主义市场经济的世界性扩张，已经将各民族至少在经济上网络在一起。像中国这样的"落后"国家不得不被迫卷入资本主义经济发展的世界潮流之中：在英国大炮的轰击之下，"天朝帝国万世长存的迷信破了产，野蛮的、闭关自守的、与文明世界隔绝的状态被打破，开始同外界发生联系。"[1]当然，马克思肯定资本主义作为世界文明的历史进步性，是在它与封建主义相对的意义上而言的；马克思当然没有以此赞美英国侵略中国的意思。同样的，马克思对满清天朝帝国之"迷信""野蛮"与"闭关自守"和与世界文明隔绝的评判，也只是针对满清王朝所统治的中国当时的实际状况而言，他并非对中华文化也就此一概而论。马克思对满清王朝晚期中国的评判，很大程度上关注的是经济基础发展的状况，当然也有对王朝专制统治者所造成的"大清"贫弱国民之奴性状况的悲悯。这些基于特定历史条件的对具体状况的观察和评判，并不代表马克思对中华民族与中华文化的一般性的或总体的观察和评判。在一般意义上和总体上，马克思是高度尊重中华民族和中国人民，并由衷赞扬中华道德文明的伟大的。马克思在使用"文明"一词时，根据不同的语境，显然有着两种含义：其一涉及从社会形态之经济基础的历史演化方向而论的，物质文化意义上的先进与落后之价值判断；其二涉及从人民个人的道德修养、品行、心性与情操，以及民族群体的道德教化、伦理关系、礼

---

[1] 《马克思恩格斯论中国》，人民出版社2015年版，第6页。

仪、习俗和风尚而言的，道德文明或精神文化意义上的高尚与低劣之分。从前者言，物质文化先进即文明，落后即野蛮；从后者言，德行高尚即文明，低劣即野蛮。后一种文明和野蛮之义，实与中华文化本有的"华夷之辨"的立场和口径大致相通。在前者即物质文明的意义上，马克思强调，在特定历史条件下，存在着这样一种趋势：随着资本主义的兴起及其世界性扩张，"资产阶级使农村屈服于城市的统治。它创立了巨大的城市，使城市人口比农村人口大大增加起来，因而使很大一部分居民脱离了农村生活的愚昧状态。正像它使农村从属于城市一样，它使未开化和半开化的国家从属于文明的国家，使农民的民族从属于资产阶级的民族，使东方从属于西方。"❶而在后者即道德文明的意义上，马克思对中国人民的德行和中华民族优秀文化的肯定是显而易见的。

也正是在这个意义上，马克思义正辞严地批判鸦片战争是英国为首的西方资本主义列强对中国发动的"极端不义的战争"，而英军在战争中的行径是"英人在华的残暴行动"。❷针对当时英国侵略者及其报刊对中国人民反侵略斗争的污蔑，马克思说："中国人这样做，并不是违背条约，而是挫败入侵"。❸而所谓条约，即两次鸦片战争之后中英之间的1842年《南京条约》和1858年的《天津条约》，都是英国人"在炮口下强加给对方的对华条约"。❹言下之意，这样的条约有何平等可言？有何正义可言？有何值得遵守的道理可言？恩格斯也明确肯定"中国人发起"的反抗侵略的"全民战争"的正义性，他说："这是'保卫社稷和家园'的战争，这是一场维护中华民族生存的人民战争。"❺马克思以反讽的口吻说，西方的"文明人"对东方的"野蛮人"犯下了可耻的罪行！还是以这种反讽的口吻，马克思写道："英国的仁慈强迫中国进行正式的鸦片贸易，用大炮轰倒了中国的围墙，以

---

❶《马克思恩格斯文集》(第二卷)，人民出版社2009年版，第36页。
❷《马克思恩格斯论中国》，人民出版社2015年版，第54页。
❸《马克思恩格斯论中国》，人民出版社2015年版，第95页。
❹《马克思恩格斯论中国》，人民出版社2015年版，第75页。
❺《马克思恩格斯论中国》，人民出版社2015年版，第64—65页。

武力打开了天朝帝国同尘世往来的大门"。❶ 马克思曾预言，随着世界经济交往的增加，世界经济中心会向太平洋转移："那时，太平洋就会向大西洋在现代，地中海在古代和中世纪一样，起着伟大的世界水路交通线的作用；而大西洋的地位将要下降，而像现在的地中海那样只起一个内海的作用。"❷

当代中国由"国学"热和"东学西渐"所标志的文化、思想和学术现象，交织着中华文化复兴与人类文明转型的双重内涵。其表层是中华传统文化生机的复苏与中国社会主义新文化的生长；其深层则是以人类的道德主体性的普遍确立为基础的德性文明的兴起。这是正在开启的一场由中华民族伟大复兴所引领而必将遍及全球或"天下"的，人类从"理性化"的现代文明或"现代性"的理性文明，向超越"现代性"及其"理性化"的德性文明迈进的伟大转型。中国文化的世界性传播，特别是与曾经的"西学东渐"反向的"东学西渐"过程的出现，以及全球世界对中华文化德性文明人文精神的"归往"，似乎是大约300年前欧洲启蒙运动时期的中华文化热在放大了的全球范围内的复现；这其中不仅有中国文化的主动输出，更为重要的是还有世界对中国文化的主动学习。这的确是耐人寻味的新现象。随着"中国制造"的产品出口全球，世人也逐渐接触到了中国人生活方式的方方面面——节日、艺术、礼仪、信仰、观念、伦理、习俗、味道、心态、情趣、思维方式，等等。接踵而至的是开始了"中学西渐"和中国文化"全球化"的过程。在国外，尤其是在欧美所代表的西方，中国文化和中华文明的扩散并非没有遇到隔膜、误会、曲解、反对、抵制以及诸多尴尬。我们当然经常听到"文化冲突论"和"中国威胁论"的叫嚷、以及韩国端午节的"专利权"、日本汉字和茶文化的"正宗"地位等种种奇谈怪论，但是，这些"杂音"并不能掩盖中国文化及其所代表的德性文明的强劲脉动在全世界所奏响的"主旋律"。不可视而不见的是，全世界都显露出了希望了解和学习中国文化和中华文明的兴趣：在国外，越来越多的青少年纷纷开始学习汉语，而"孔子学院"已经几乎遍布于世界的每一个角落。

---

❶ 《马克思恩格斯论中国》，人民出版社2015年版，第17页。
❷ 《马克思恩格斯论中国》，人民出版社2015年版，第133页。

德性文明论：
古典儒家礼乐教化及其当代价值

这场"天下"意义上的必然由中华文化引领的德性文明跃升运动，其实早已孕育于中西文化的现代交往历程之中。我们至少可以追溯到西方17、18世纪的启蒙运动。这场启蒙运动的精神导师们，都是一些明显或潜在地深受孔子所代表的中华传统道德智慧影响的人物：莱布尼茨、沃尔夫、康德、黑格尔、魁奈、亚当斯密、伏尔泰、孟德斯鸠、卢梭等人，其中有人或者直接被当时的西方人称为"欧洲的孔子"，或者实际上间接地（通过传教士翻译的中华经典）是孔子的"私淑"洋弟子。例如，伏尔泰在他的小礼拜堂中供奉着孔夫子的画像。❶"在欧洲，正当众所周知的哲学的启蒙运动开始时，孔子逐渐获得了名声和美誉。一大批哲学家，包括莱布尼茨（Leibniz, 1646–1716）、沃尔夫（Wolf, 1629–1754）、伏尔泰（Voltaire, 1694–1778），以及一些政治家和文士，都用孔子的名字和思想来推进他们各自的主张；当然，在此进程中，他们本人也受到了孔子思想的影响。在法国和英国，人们认为，在儒学的推动之下，中国早就彻底废除了世袭贵族政治，所以，他们就用这个武器攻击这两个国家的世袭贵族。在欧洲，对于以法国大革命为背景的民主思想的发展，孔子哲学发挥了相当大的作用。通过法国思想的影响，孔子哲学又间接影响了美国民主政治的发展。"❷

在一定意义上，启蒙运动是中华文化对现代西方的启蒙！而西方的现代化，作为理性化、个体化和资本主义化的运动，是中华德性文明在西方本土被人为变异而"异化"的过程。这一过程必然走向其反面：一种有道德主体性觉悟及道德主体内在成长的，人类命运共同体性的，社会主义化的运动。马克思正是这种社会"自然历史过程"的洞察者，而马克思主义正是这一"自然历史过程"之思想与实践的代表者。所以，从这个意义上说，马克思和马克思主义是西方世界"启蒙运动"的唯一"正果"，从而，马克思主义所理想的共产主义运动，是超越西方现实中的"现代性"之"合理性"的，人类命运的真正的"现实性"。

现代中国文化是中华传统文化与西方文化在一定程度上杂糅与融合的产

---
❶ ［法］耿昇：《中国文化西传欧洲史》（下），商务印书馆2013年版，第765页。
❷ ［美］顾立雅：《孔子与中国之道》，大象出版社2014年版，第6—7页。

物。现代中国与传统中国在文化上的差异，来自近代以来中西文明的碰撞性接触，它引发了内源性的中华文化传统的"震撼"与外源性的西方文化新潮的"注入"。对于这一数千年未有之变局所作的判断与选择，在不同的文化立场看来，或意味着维护传统的"中体西用"，或意味着断裂传统的"全盘西化"。这正好构成了近代中国文化心态的两个极端。从鸦片战争到20世纪上半叶的中国近代史，在文化上的各种反应都是在上述两端之间的"激荡"。事实上，在这段历史中，"全盘西化"在理论和实践上都是占据上风的，"中体西用"论似乎只是某种不切实际的幻想。但是，"中体西用"论是否真的就被历史证明已经彻底不合时宜了呢？当中国文化在经历现代化的"阵痛"之后，当她要重新恢复文化自觉、自主与自信的时候，"中体西用"论的基本立场与方法显然具有相当的合理性；当我们重新恢复中华文化主体性和中华文化本位意识之际，我们就需要开发其中未尝充分彰显的思想与文化潜力。然而，无论如何，经历了近代以来西方文化的冲击之后，现代中国在整个文化语境上已然不同于传统中国。

经过洋务运动、戊戌变法、辛亥革命、尤其是经过"五四"新文化运动之后，"保存国粹"的力量终于未能抵挡住"打倒孔家店"的狂潮。于是，经由一种从被动挨打与被动接受向主动倾慕与主动引入的转变，西方文明和文化观念对中国的影响，逐渐从器物、制度、与文化各个层面递进深入，逐渐从一种局部性的"增量"运动，变成一种体系性的"西化"改造。以至于在1949年中华人民共和国成立之后，新中国所承袭的中国现代文化中，西方文明和文化成分的存在已然既深且巨。

"五四"时期标志着传统中国与现代中国文化认同与价值重构的历史交汇点。在传统的伦理文化"家国天下"秩序被"民族国家"政治伦理秩序所替代之后，自由个人与国家共同体之间的关系，就凸显为一个个体生活意义上的"现代性"主题。至迟在"五四"时期，国家层面共同体对富强、民主、文明、和谐的追求，与社会层面人们对自由、平等、公正、法治的追求都已经清晰可辨。这些现代价值既是"理性"的，又是"伦理"的；既体现出个体的立场，又包含共同体的立场。如果说现代性偏重于理性与个体立场一端，而传统性偏重于伦理与共同体立场，那么，这些价值其实都具有融汇传统与现代的包容性。

若要具体地历史地把握这些价值"术语"所承载的真实含义，我们需要进入历史的"语境"本身。在新中国成立之后，或者更准确地说，以1956年社会主义基本经济制度的建立为分界点，价值语境发生了根本性的转换：社会主义经济基础及其上层建筑在现代中国基本确立。这是中华民族和中国人民在生产方式和社会意识，"形"与"神"两方面发生的前所未有的"革命性"自我更新。毛泽东称这一转变为和平的社会主义革命。他在1956年1月25日《社会主义革命的目的是解放生产力》一文中说："中华人民共和国的成立标志着中国革命由资产阶级民主革命阶段转变到社会主义革命阶段，即进入由资本主义到社会主义的过渡时期。……从去年夏季以来，社会主义改造，也就是社会主义革命就以极广阔的规模和极深刻的程度展开起来。"❶他又说："我们进行社会主义革命所用的方法是和平的方法。……在我国的条件下，用和平的方法，即用说服教育的方法，不但可以改变个体的所有制为社会主义的集体所有制，而且可以改变资本主义所有制为社会主义所有制。过去几个月来社会主义改造的速度大大超过了人们的意料。过去有些人怕社会主义这一关难过，现在看来，这一关也还是容易过的。"❷当然，这中间需要伴随着精神领域内在的"革命"：中国人民从一种带有家族共同体伦理习俗的个人本位的价值立场，转变为一种国家和集体共同体本位的价值立场。从此，这种共同体本位的价值立场，其特质是以共同体来统合作为共同体成员的个体，就成为了社会主义中国主导性的价值立场。

以公有制为主体的社会主义经济基础为其坚实依托的共同体本位价值立场，赋予富强、民主、文明、和谐、自由、平等、公正、法治等价值，以具体的社会主义"共同体"属性的价值内涵。在当代中国的社会主义实践中，这些价值具体地历史地体现为我们在中国特色社会主义建设中所探索而形成的一系列伦理目标及其实践智慧："为人民服务""人民当家做主""人民民

---

❶《毛泽东文集》（第七卷），人民出版社1999年版，第1页。
❷《毛泽东文集》（第七卷），人民出版社1999年版，第1—2页。

主专政""正确处理人民内部矛盾""消除阶级差别、城乡差别、脑力劳动与体力劳动之间的差别""妇女能顶半边天""消灭剥削,消除两极分化""共同富裕""代表最广大人民利益"等。

当代中国开放地包容着中华传统、马克思主义与西方现代文化三大因素,将个人立场的权利和自由话语的价值内涵与共同体主义责任和关怀话语的价值内涵融合起来。应该说,西方个人主义价值观是有其局限的,即便是西方人自己也深知其情,因而欣羡中华传统儒学的价值传统。"有关世界伦理的讨论在根本上被置于一种人权伦理的话语中,这对儒家来说本来就是陌生的。受到法律保护的现代个人与中国方面理解的个人明显不同,后者更多被纳入一种关系、责任、义务及关怀等道德的范畴来理解。……关键在于,作为一种最小化道德的权利道德,其缺少一种确切而重要的角度。比如像关怀、爱、关系、婚姻、家庭、信任及责任等要求,几乎不可能被单独当作一种权利问题来表述。如果我们这样做(今天这样的情况却越来越多),则其重要部分就可能会丢失。我们当然需要一种权利话语,但问题在于,是否我们就不需要关怀与责任的话语?如果这一话语要在将来产生重要意义,则儒家绝对能做出根本性的贡献。"❶尽管如此,为了保存作为现代社会发展成就的"人的独立性"(马克思语),个人立场的权利和自由话语在一定意义上是需要的和可取的;但是,中国决不能像西方资本主义社会那样采取个人主义本位,并且形成一种基本上只是个人立场的权利和自由话语独大与一统的价值语境。我们历史悠久的以儒学为主流的文化传统,还有我们所持的批判与超越资本主义的马克思主义立场、观点与方法,都决定了我们的核心价值理念,无论是从自有文化传统的接续上还是从理论、制度与道路选择上,都必须以共同体主义责任和关怀话语的内涵为主导来统率个人立场的权利和自由话语的内涵。

中国文化根基中的儒学传统价值观是共同体本位的。中华传统以整体关联与相互感通为基本特征的有机整体主义世界观,决定了中华民族在社会伦

---

❶ [德]卜松山:《发现中国:传统与现代》,社会科学文献出版社2016年版,第95—96页。

理上，注重共同体本位的立场而不是个人本位的立场。与儒学传统相一致，马克思主义的价值观也是共同体本位的。例如，马克思对"自由"的理解即是如此。"马克思的自由概念是绝对的：人应当从一切类型的异化、压迫、剥削、疏离和统治中解脱出来。更有甚者，它还应当从其关于其在公民社会中之地位的幻象（即从意识形态）中解脱出来。"❶同时，应该看到，"马克思担忧的是，在一个基于权利之两个矛盾前提与体系——一方面是共同体和政治参与的实践权利；另一方面是财产、唯我论的自由以及阶级制度的维护（保障）的经济权利——的社会中，后者总是占优势从而损害前者。"❷马克思说："任何一种所谓的人权都没有超出利己的人，没有超出作为市民社会成员的人，即没有超出封闭于自身、封闭于自己的私人利益和自己的私人任意行为、脱离共同体的个体。在这些权利中，人绝对不是类存在物，相反，类生活本身，即社会，显现为诸个体的外部框架，显现为他们原有的独立性的限制。"❸

马克思在《论犹太人问题》中选取"平等、自由、安全、财产"四种人权分析过现代西方核心价值观的利己主义本质，认为这些核心或主流的价值观都是资产阶级私有财产这一人权的各种表现。"自由这一人权的实际应用就是私有财产这一人权。"而平等，"在这里就其非政治意义来说，无非是上述自由的平等。就是说，每个人都同样被看成那种独立自在的单子。""**安全**是市民社会的最高社会概念，是**警察**的概念；按照这个概念，整个社会的存在只是为了保证维护自己每个成员的人身、权利和财产。"❹从国家政治层面所主张的价值，与其说是取法乎上的，不如说是取法乎下或底线维护性。社会的最高理想不过是警察或法治所维持的孤立的"单子"化个人之间的相安无事，这多少是一种讽刺。不仅如此，马克思透过分析1791

---

❶ Selucky, *Marxism, Socialism, Freedom*, P.81. 转引自［美］麦卡锡：《马克思与古人：古典伦理学、社会正义和19世纪政治经济学》，华东师范大学出版社2011年版，第239页。
❷ ［美］麦卡锡：《马克思与古人：古典伦理学、社会正义和19世纪政治经济学》，华东师范大学出版社2011年版，第239–240页。
❸ 《马克思恩格斯文集》（第一卷），人民出版社2009年版，第42页。
❹ 《马克思恩格斯文集》（第一卷），人民出版社2009年版，第41–42页。

年《人权和公民权宣言》和1793年的"《人权……宣言》"指出:"正如我们看到的,公民身份、**政治共同体**甚至都被那些谋求政治解放的人贬低为维护这些所谓人权的一种手段;因此,citoyen[公民]被宣布为利己的homme[人]的奴仆;人作为社会存在物所处的领域被降到人作为单个存在物所处的领域之下;最后,不是身为citoyen[公民]的人,而是身为bourgeois[市民社会的成员]的人,被视为**本来意义上的人,真正的人**。"[1] 上述带有浓厚政治意味的主流价值观,实际上是高悬于现代西方上空的理念,不尽如人意的现实与完美无缺的理念之间存在着永恒的二元对立。

当代中国社会主义文化建设的主体工程,是社会主义核心价值观的培育和践行。为了培育和践行社会主义核心价值观,我们面临的首要任务,是实现中华文化主体性的复归与确立中国文化建设的正确方向。

在21世纪的今天,社会主义中国明确提出了自己的社会主义核心价值观:"富强、民主、文明、和谐;自由、平等、公正、法治;爱国、敬业、诚信、友善。"这是一个立足于中国优秀传统文化根基,以马克思主义为宗旨,同时又广泛融合了人类优秀文化,特别是西方现代理性主义文明成果的价值体系,是中华优秀传统文化创造性转化与创新性发展的体现,同时也开启了进一步转化传统与创新发展中华文化的契机。这个核心价值体系的提出,体现了社会主义文化建设"一体三维"的基本原则和基本方法:以马克思主义为指导原则,立足于中华优秀传统文化根基,广泛深入地吸收人类优秀文化因素为我所用。

(二)当代中国的文化认同与文化战略

随着当代中国的迅猛发展,中华民族的文化自我意识日渐复苏,文化主体性和文化自信也随之日益彰显。可以说,如何实现中华民族创造性的文化认同,已经凸显为当代中国在今日以及未来相当长的一段时期,思想文化建设和意识形态工作的一个核心主题和基本任务。

文化认同,即文化身份,它关心的是文化上的"我(们)是谁?"在

---

[1]《马克思恩格斯文集》(第一卷),人民出版社2009年版,第43页。

动词的意义上讲，文化认同是个人和群体主体建构其文化自我意识的动态过程，这个过程由文化的接触、认知、濡染、交流、选择、吸收、传承、创新等文化实践活动所构成。所谓中华民族创造性的文化认同，其"创造性"是指中华民族的文化认同是自觉主动而非盲目被动的，返本开新而非一味守旧的，自主创造而非照抄模仿的。思想政治教育是文化认同任务的主要承担者，而青少年作为祖国的新生代是思想政治教育最重要的对象，因此，青少年思想政治教育是中华民族思想文化建设和意识形态工作的重中之重。

应该说，我国青少年思想政治教育的目标是相当明确的。中国共产党发展教育的工作方针指出："坚持教育必须为社会主义现代化建设服务，为人民服务，必须与生产劳动和社会实践相结合，培养德智体美等全面发展的社会主义事业建设者和接班人。"[1]然而，在通向这个目标的道路上不可避免地会存在着许多危机、险阻、困境和曲折。从当前形势来看，我们面临的最为突出的危险在于：在一种开放和多元的文化生态环境中，我们的青少年思想政治教育在文化认同上容易模糊乃至迷失方向。这主要表现为三个方面的文化导向问题：我们如何超越文化的"物化"？我们如何避免文化的"西方化"？我们如何克服文化的"资本主义化"？也就是说，我们如何保证：其一，我们培养的青少年能够成为人性健全的"人"，而非"物化"或"异化"为人性扭曲乃至泯灭的"物"。其二，我们培养的是具有中华文化血脉的"中国人"，而非仅有中国面孔和国籍却在心灵上已然"全盘西化"的中式"西方人"。其三，我们培养的是社会主义事业建设者和接班人，而非资本主义文化的传承人和归附者。简言之，我们面临着文化导向上的三大危胁，它们分别来自："物化"文化和文化的"物化"，"西方"文化和文化的"西方化"，"资本主义"文化和文化的"资本主义化"。

当前我们面临的文化导向问题，可以简称为文化的"物化""西方化"和"资本主义化"。这三者其实是"三位一体"的，作为一个总体，可以称之为"西方资本主义物化"文化。

---

[1]《十五大以来重要文献选编》（下），人民出版社2013年版，第1836页。

文化的"物化",其实质为"拜物教",以及作为其最典型和最极端形式的"拜金主义"宗教性狂热。"拜物教",尤其是"拜金主义"具有足以扭曲和颠覆人的正确世界观、价值观和人生观的迷狂力量。当前国民社会生活中暴露出来的"一切向钱看""唯利是图""有钱就有一切""有钱能使鬼推磨""金钱至上""金钱万能"等观念,以及在这些观念支配下形成的各种混乱和丑恶现象,反映出"物化"文化和文化的"物化"已经达到了相当深重的程度。对于"物化"主义者来说,他们所生活的世界是一种本质上"非人"的"物化"了的世界:这个世界已经失去了任何精神意义和价值,而且本能冲动彻底颠覆了人性及其精神的神圣性,它登上神位而僭越为奴役人本身的暴虐之"神"。与此相关,在价值世界里,物的价值凌驾于一切价值之上,自然地也就凌驾于人本身的价值之上。而且,人的价值其实只剩下唯一的衡量尺度,那就是金钱。正如恩格斯曾一针见血地指出:"金钱确定人的价值"[1]。于是,与之配套的最有意义的人生,就是个人主义、功利主义、享乐主义和消费主义等主导的人生。

文化的"西方化",其内在根源是丧失了文化自信和自尊之后的文化自卑。对于那些潜意识中浸透了文化自卑的人来说,所谓先进的、优秀的、美好的,现代化的都是以"西方"为楷模的;而"西方的"也就毋庸置疑地直接等同于先进的、优秀的、美好的和现代化的。尽管当代中国不崇洋媚外的大有人在,但是很显然,崇洋媚外在当今社会中相当常见并且已成为某种相当顽固的社会习性。与此同时,我们不难发现,西方某些资本主义和帝国主义势力,直至今天仍然在继续推行着自近代以来一直让中华民族和中华文化深受其害的文化殖民主义。而且,就这些势力的本性而言,其文化扩张、文化侵略、文化"洗脑"、文化麻痹等各种侵袭,只会是愈演愈烈。这样看来,崇洋媚外习性诱之于内,文化殖民主义攻之于外,两者"里应外合",中华文化的主体性和主体地位可谓岌岌可危。

文化的"资本主义化",是资本主义对社会主义进行文化改造和颠覆的

---

[1]《马克思恩格斯选集》(第一卷),人民出版社1995年版,第96页。

表现形式。资本主义作为当代世界的一种社会现实的存在，自然会产生一种体系性地以个人主义、资本主义私有制、资本主义政治制度、以及作为其观念上层建筑的各种资本主义"普世价值""现代观念""普遍真理""神圣信仰"等，来侵蚀、置换和变革社会主义和共产主义文化的冲击和运动。"社会主义和共产主义与资本主义社会与资产阶级精神的斗争力度还不足……但社会主义应该维系于人之崭新的、非资产阶级的关系。这已不仅是一个社会任务，而且还是一个精神任务，一场精神的革命。"❶ "社会主义永远有着被资产阶级化的危险，赫尔岑曾经敏锐地指出过这一点。而共产主义可能在精神方面变得资产阶级化。最深刻的对立不是与作为经济范畴的资本主义相对立，而是与作为精神和道德范畴的资产阶级相对立。"❷

资本主义和社会主义最深层的文化交锋，其实发生在两者对于人本身的基本理解的差异上。资本主义以个人主义为基础，将人理解为各自孤立的"单子"化或"原子"化的个人。正是在此基础上，资本主义私有制及其整个生产方式和意识形态才得以名正言顺地大行其道。社会主义从基于人的社会性本质的"共同体主义"出发，将人理解为具体的历史的共同体成员。

马克思对现代西方资本主义的人性状况深有洞察。马克思说："人作为孤立的、自我封闭的单子"，作为"利己的人"，作为"市民社会的成员"，不是"**本来意义上的人，真正的人**。"❸资本主义社会是这样一个领域，它意味着"人的**完全丧失**，并因而只有通过**人的完全回复**才能回复自己本身。"❹资本主义文化需要批判，也需要教化。批判的力量主要来自马克思主义；教化的力量主要来自中华优秀传统文化。

面对着文化"物化""西化"和"资本主义化"的挑战，我们在思想文化和意识形态战略上必须积极应对。这里有两个相互关联的战略性的基本点，我们必须牢牢把握：

---

❶ 汪剑钊编选：《别尔嘉耶夫集：一个贵族的回忆和思索》，上海远东出版社2004年版，第248页。
❷ 汪剑钊编选：《别尔嘉耶夫集：一个贵族的回忆和思索》，上海远东出版社2004年版，第246页。
❸ 《马克思恩格斯文集》（第一卷），人民出版社2009年版，第40—45页。
❹ 《马克思恩格斯文集》（第一卷），人民出版社2009年版，第17页。

第一，思想文化建设的根本是复兴和确立当代中国文化的主体性。当代中国文化的核心内容是中华优秀传统文化与马克思主义相结合的产物。这种结合大体顺着两条相互呼应的线索展开：一是中华优秀传统文化的创造性转化和创新性发展过程；二是马克思主义与中国实际相结合的"马克思主义中国化"过程。

第二，思想文化建设和意识形态工作必须坚持不懈地对文化的"物化""西化""资本主义化"，开展有针对性的深入批判和有力反击。不能让这"三化"如入无人之境地自由泛滥。我们必须始终保持对于被"化"掉的警惕，始终高度设防，始终深入批判，始终有力反击。

这两个基本点，一个着眼于"立"，一个着眼于"破"；不立不破，不破不立，两者相互配合，相辅相成，从而为中国造就一个文化主体性昂然挺立的，充满生机的，健全的思想文化生态。

文化战略的着眼点在于中国人民在文化认同、思想意识、价值观念和道德品质等方面状况的持续改善。青少年思想政治教育是实施文化战略的最重要的载体。因此，在青少年思想政治教育中，无论是从思想到实践，还是从目的到手段，都必须将当代中国文化主体性建设与反"三化"斗争有机地结合起来。

当代中国已进入中国特色社会主义新时代。新时代的出现是由发展动态中的一系列实质性的变化或"质"的飞跃所构成的：发展的轴心转移、价值尺度的调整、交往关系主题的变化、文明的跃升，于是，形成了新的契机和形势。从而决定了能持续相当长的一段历史时期的，性质基本稳定的整体发展格局和态势。

具体说来，发展的轴心正在从物质主义转向人本主义。目前已经显露的态势是，人力资本和人才资本正在上升为最重要的资本，从而传统意义上的物质资本及金融资本本身因为生产力的提高而逐渐失去其相对的价值优势。可以说，马克思当年的预言正在应验：**资本本身由于生产力的提高而丧失价**

值。❶ 所谓价值尺度的调整，即是指生态价值、生命价值、精神价值、文化价值和市场经济的物质利益价值在价值秩序中的相对位置也正在发生变化。曾几何时，一度"君临天下"的物质利益价值的地位已经动摇。价值序列正在按非物质利益与物质利益平衡的原则重组。人类的国际、民族际和文化际交往关系的主题也在发生从"仇"到"和"的变化。文明的跃升，是指从生态破坏的文明、天下分裂的文明和理性文明，向生态文明、天下文明和德性文明的转型和升华。这些态势通过当代中国关于生态文明建设，构建人类命运共同体，和加强以中华优秀传统文化为根基的中国特色社会主义文化建设的一系列主张和举措，已经相当清晰地呈现出来。

培养担当民族复兴大任的时代新人与新时代中国特色社会主义文化建设息息相关。从一定意义上讲，时代新人的培养就是中国特色社会主义文化建设的核心使命。因为新时代中国特色社会主义文化的目的在于以文化人，即化成时代新人；而时代新人本身又是新时代中国特色社会主义文化的建设者和弘扬者。

将中华优秀传统文化融入大学德育是从文化根基上培养时代新人的必由之路和当务之急。中华优秀传统文化融入大学德育，不仅要用中华优秀传统文化充实大学德育，而且意味着大学德育及大学教育整体性地德性文明化。这将开启富有中华民族优秀传统"复归"特色的变革。这个变革虽然带有传统的色彩，但是并非复古主义的变革，而是以马克思主义为指导的，立足当代中国现实，结合当今时代条件，面向现代化、面向世界、面向未来的变革。这一复兴中华优秀传统文化的德育变革，主要包括五个方面：

第一，将传承发展中华优秀传统文化的"道统"纳入德育目标，在"以道立德，以人弘道"的文化脉络中落实"立德树人"根本目标，从而确立大学德育鲜明的中华优秀传统文化特性。

第二，重建师严道尊，博习亲师，论学取友的大学伦理生活。师生关系在资本和市场经济环境中，不可避免地正遭受着日益被物质利益化、商业化

---

❶《马克思恩格斯全集》（第三十一卷），人民出版社1998年版，第612页。

和庸俗化的威胁。中华优秀传统文化融入大学教育，尤其是德育，需要整体性地以"传道、授业、解惑"的师道之复兴为内核，重建大学的伦理秩序和价值体系，以期彻底改造大学的伦理生态。

第三，重建以"反求诸己"和"明明德"的修养工夫为内核的"为己之学"。中华传统道德智慧认为，德育的重心在于唤醒每个受教育者自我修养的自觉。"大学之道。在明明德，在亲民，在止于至善"，这是中华传统"为己之学"的纲领。中华优秀传统文化融入大学德育，意味着以"大学之道"统率大学这个学习者的共同体，从而使大学成为一个"为己之学"修养者的共同体。

第四，重建道艺兼修，知行合一，"合外内之道"的学问体系。德行的养成是道艺双成，故必须通过知行合一、内外兼修的过程才能成就。中华传统道德智慧的学问体系，在原理和方法上都是"合外内之道"的。我们不难发现，今天的大学德育在"知行"两翼上，普遍地需要补充"行"的一翼。如何为学生提供一个现实世界的"广阔天地"，让他们去知行合一地历练？这是我们向传统德育学问体系转型的关键。

第五，重建以道驭器，崇圣尊经，以中统外的话语体系。中华传统道德智慧以孔子"祖述尧舜，宪章文武"的古代文化经典为其核心载体。中华文化经典的传承，是学习、继承和弘扬中华传统道德智慧的必由之路。这意味着，我们需要从根本上恢复经典的话语体系。很显然，我们的文化和教育深受现代西方话语的渗透性影响，中华优秀传统文化在大学德育领域中的复兴，将意味着我们需要以"温故知新"的中华传统道德智慧的话语体系，统率今天很大程度上"西化"的话语，建构一种以马克思主义为指导的，以道驭器，崇圣尊经，以中统外的话语体系。

（三）新时代中国特色社会主义"新文化运动"

中国共产党的十九大报告指出："中国特色社会主义文化，源自于中华民族五千多年文明历史所孕育的中华优秀传统文化，熔铸于党领导人民在革命、建设、改革中创造的革命文化和社会主义先进文化，植根于中国特色社会主义伟大实践。发展中国特色社会主义文化，就是以马克思主义为指导，坚守中华文化立场，立足当代中国现实，结合当今时代条件，发展面向现代化、面向世界、面向未来的，民族的科学的大众的社会主义文化，推动社会主义精神文明和物质文明协调发展。"❶

关于我们的文化建设的指导原则问题，习近平总书记指出："传承中华文化，绝不是简单复古，也不是盲目排外，而是古为今用、洋为中用，辩证取舍、推陈出新，摒弃消极因素，继承积极思想，'以古人之规矩，开自己之生面'，实现中华文化的创造性转化和创新性发展。"❷

以社会主义核心价值观培育为主干的当代中国新文化建设，在基本方法上所取的路径，既不是"复古主义"，也不是"全盘西化"，而是一条在既循着中华传统文化的"道"统"返本开新"，又对于人类文化优秀成就博采众长的"综合创新"之路。"返本开新"则有本有源，不迷自有文化的主体性和特有优势；"综合创新"则既可避免故步自封和僵化偏执，又可与他文化相互借鉴，和谐共长。"返本开新"是"反求诸己"的内向的方法，以激活自有文化的内在生机，求得自有文化自主的内生性生长；这是时间维度的文化"命脉"意义上的追根溯源与固本培元的文化建设。"综合创新"是"推己及人"的外拓的方法，以吸纳众善众美众长为我所用，获取对自有文化成长壮大的滋养；这是空间维度的文化"机体"意义上的强筋壮骨与唯变所适的文化建设。两者自为一体两面，相互贯通的整体。若就两者的性质而言，"返本开新"为本，"综合创新"为末，不可颠倒。"返本开新"为"综合创新"之基础，而"综合创新"有利于"返本开新"，这自不待多言。这条道路牢牢立足于中华文化固有之本位，可谓有"中体"；又集合自他多样文化与文明之众善众美众长以开出新生面，可谓不限于"中用""西用"，而有"众用"或"多用"。如此看来，可称之为"中体众用"或"一体多

---

❶ 习近平：《决胜全面建成小康社会夺取新时代中国特色社会主义伟大胜利——在中国共产党第十九次全国代表大会上的报告》，人民出版社2017年版，第41页。

❷ 习近平：《在文艺工作座谈会上的讲话》，载《十八大以来重要文献选编》（中），中央文献出版社2016年版，第136页。

用"的社会主义新文化建设之路。体为唯"中"唯"一",用则唯"众"唯"多"。体者,何也?曰:中华古圣先王所创辟所传承之"内圣外王"之"道"统也。当代中国新文化建设,其体不可失,其体亦不可杂;故必执"中"执"一",拳拳服膺而固守之,如保赤子,不可须臾离也。此中华文化本体主体不保守不足以有我中华之"己",不足以为我中华之"己"。若有人以文化保守主义名之,则我们必不惮且乐于承认:这正是保守我中华优秀传统文化命脉的"文化保守主义",且我们当正以做坚定有力的中华优秀传统文化保守主义者为莫大的光荣!正如习近平总书记所说:"中华优秀传统文化是中华民族的精神命脉,是涵养社会主义核心价值观的重要源泉,也是我们在世界文化激荡中站稳脚跟的坚实根基。增强文化自觉和文化自信,是坚定道路自信、理论自信、制度自信的题中应有之义。如果'以洋为尊''以洋为美''唯洋是从',……跟在别人后面亦步亦趋、东施效颦,热衷于'去思想化''去价值化''去历史化''去中国化''去主流化'那一套,绝对是没有前途的!"[1]

大体而言,以培育和践行社会主义核心价值观为标志的当代中国特色社会主义文化建设,是进入现代以后,中国文化发展历程中的的第二次"新文化运动"。这个社会主义新文化运动,与大约一个世纪之前的"五四"新文化运动,在主题上既有某种连续性又有根本的"断裂"性;内容上既有某些共通性又有明显的差异性;而其在文化生态、文化本位立场、文化理解、话语体系、指导思想、价值目标等方面,则差异更大,不可同日而语。然而,两者也适成对照,相映成趣。这两者之间的对观,无疑有利于我们对当代中国的文化建设作出更全面深入和准确的理解。当然,对观两个世纪的"新文化运动",这种比较本身并不是目的所在,我们的主要目的在于对当代中国文化发展之境遇、主题、内容、方向、目标、原则和方法的反思。

与上个世纪初叶"西化"和"反传统"倾向的"近代中国的新文化运动"适成对照,培育和践行社会主义核心价值观可以称为21世纪"当代中

---

[1] 习近平:《在文艺工作座谈会上的讲话》,载《十八大以来重要文献选编》(中),中央文献出版社2016年版,第135–136页。

国的新文化运动",但是,这一"新文化运动"在方向上与上一运动相反,是"反西化"和"复兴传统"的。这两次"新文化运动"的根本差异,在于中华文化主体性的丧失与复归。正是这一点决定着两次"新文化运动"在目标、方向和道路上的不同。今天,我们的文化建设,首先必须建立在中华文化主体性复归的基础之上。否则,我们就只能如过去的某些阶段一样,仍然笼罩在一种失却了中华文化的"自我"与"自信"而又对西方文化顶礼膜拜的迷惑错乱的状态之中,这样就不可避免地会背离社会主义文化建设的正确方向和根本目标。

在这里,我们需要把马克思主义传入中国和中国化的历史与"五四"新文化运动适当地区分开来。虽然在"五四"时期马克思主义与非马克思主义的两种"新文化"思潮在当时有所交织,但是它们有着各自不同的来源与发展脉络,因此,在两者短暂的"交汇"之后,两者即开始形成了分道而逆向的长期共存的局面。而且正是从马克思主义与中华文化传统表面上相互龃龉,而实际上内在融通的复杂认识与实践的"交往"历程中,我们新中国文化的主流逐渐走上了一条立足于中华文化传统本位的马克思主义中国化,复兴与弘扬中华优秀传统文化,以及中华优秀传统文化与马克思主义相结合三者"道并行而不相悖",同向而行,携手并进,融合贯通的广阔文化发展道路。这条道路在文明性质上是超越资本主义现代理性文明的,一条德性文明之路;在实践范围上是不仅限于中国,而且必将通过中国的表率和教化而引领全人类的,"天下主义"或"人类命运共同体"意义上的,一条天下文明之路;在所引起的关系变革上,既包括人类内部的各层次,不同制度和文化特色的"人与人的关系"的和谐化变革,也包括"人与自然"之间的基本关系的和谐化变革。也就是说,这同时是以人与天地万物和谐为方向和目标的一条生态文明之路。综合起来,我们当代中国的社会主义文化建设,将是一场从理性文明向德性文明转型升级的"新文化运动",其基本特征和目标大体可以如此概括:以马克思主义为指导,以中华优秀文化传统的承续为本位,立足中国而引领全球人类命运共同体的德性文明、天下文明和生态文明。

六、道术将为天下合——人类命运共同体德性文明的兴起

人道之所以彰明人类之明德于天地之间者，圣王依人立极，与天地二极并立为三而参之，开物成务，化裁推行，利用厚生，制礼作乐，教之正之，化民易俗，而成富有日新之盛德大业也。

泱泱华夏，中华之邦，卓立天地之间，行天下中正之大道，顺天而应人。古昔圣王，列祖列宗，胼手胝足，开辟鸿蒙，宅兹禹域，奄有中土。惟吾中华民族，生于斯，长于斯，劳于斯，息于斯，子子孙孙永宝用，在兹而念兹，念兹而在兹！

人类文明，必由仁义行，而成天下文明；必诚通天人，道法自然，各正性命，品物咸亨，保合太和。故人类文明，元亨利贞，本来之德性文明，天下文明，生态文明也。非德性天下生态文明者，非文明而为野蛮，为蒙昧，为顽物；若人类不可避不得已而遭乎其世，则须知其非人类性命之正，乃不幸而遇明夷，罹蹇困，处否剥也。必也，利艰贞，力鼎革，求复性！中国之所以为中国，其天下大同，民胞物与的"仁"道和"仁"心，历劫不磨，始终不渝。天下文明，虽历夷伤沉沦，其剥极而复，必系于我中华德性文明伟大复兴！

人类从理性文明向德性文明转型，是"天下"人所面临的一次全体性的"自我超越"。全球交往为文明融通提供了前所未有的契机，因为，它以最大的广度和深度开启了新时代文明之间相互理解的过程，以及各自的自我发现、自我理解和自我反思的过程。同时，这也引发了巨大的误解、歧视、排斥、敌对、仇恨、攻击、恐怖、战争，乃至文明崩溃，人类及其生态毁灭的风险！

德性文明的兴起，就现实维度而言，依托于全球所有文明彼此之间，尤其是中西文明之间，富有成果的相互对话和相互学习；就历史维度而言，有赖于全人类从所有民族的道德传统，尤其是中华民族历史厚重而绵延至今的德性文明传统中，虚心领受教化，从而获得正确道路的指引和德性智慧的滋养！

在当今时代，与天下兴衰如此息息相关的中华德性文明传统的复兴和弘扬，首先应该是当代中国人民当仁不让、责无旁贷的伟大职责。要担负起这一神圣使命，我们必须通过持续推进中华优秀传统文化的创造性转化和创新性发展，实现中华民族的伟大复兴。在当代中国，中华文明和中华民族复兴的进程，具体地体现为本质上属于德性文明的中国特色社会主义向前发展的进程。

无论如何，文明之间的对话与融通，文明之间的和谐与共赢是时代的主题，是人类德性文明兴起的生几之所在。当代中国和中华民族，在倡导和推动人类命运共同体建设的伟大进程中，在这个文明转型升华的伟大进程中，不仅承担着接续和弘扬中华德性文明传统的中流砥柱之重任，而且承担着"天下文明"意义上的人类德性文明启蒙者和引领者的使命。

《易》曰："观乎天文，以察时变。观乎人文，以化成天下。"无论如何，文明之间的对话与融通，文明之间的和谐与共赢是时代的主题，是人类德性文明兴起的生几之所在。当代中国和中华民族，在倡导和推动人类命运共同体建设的伟大进程中，在这个文明转型升华的伟大进程中，不仅承担着接续和弘扬中华德性文明传统的中流砥柱之重任，而且承担着"天下文明"意义上的人类德性文明启蒙者和引领者的使命。

中华德性文明和中华民族伟大复兴之时已经来临，天下性的人类命运共同体德性文明正在兴起！

志道篇

礼乐教化：
古典儒家人文主义教育理念诠释

　　《周礼》和《礼记·学记》是最集中而全面地展现古典儒家教育理念的经典文献。《周礼》和《学记》呈现了一种具有突出的德性精神的人文主义教育传统。古典儒家认为，教育的实质是"学"以"知道"，教育的目的在于养成人的德行和人伦智慧，以至于"化民成俗"。作为礼乐教化的普遍的教育，是古典儒家社会生活和文化再生产的轴心。作为教育载体的学校，是个人的成德之学与社会的礼乐文明相统一的文化制度，是一个经典、六艺、圣贤、先师、师生、君臣汇聚的场域，其所传承的是"修身齐家治国平天下"的"内圣外王"之道。《周礼》和《学记》所代表的古典儒家人文主义"德性"教育理念，与现代盛行的功利主义"理性"教育理念形成了鲜明的对照，从中我们可以发现对治现代教育诸多困境的丰富的启示。

　　长期以来，《学记》解读存在着一个盲点，就是忽略了《学记》的德育本质，及其所处的古典儒家礼乐教化的文化语境。结合《周礼》等文献，我们可以还原礼乐文明的基本特征，从而准确地把握《学记》所代表的古典儒家人文主义教育理念。

一、礼乐文明以"教"统"政"

古典儒家对于族群共同体的生活持有一种礼乐文明的理想。相传至少在夏商周三代皆已是礼治社会，周朝的周公制礼作乐，更可谓继往开来，因时损益而又超越前代，臻于中国古典礼乐文明的巅峰。晚周以降，随着历史的推移，礼乐文明在中国的政治和社会生活中日渐衰微。

孔子"祖述尧舜，宪章文武"，他曾说，禹、汤、文、武、成王、周公，"此六君子者，未有不谨于礼者也。"（《礼记·礼运》）又说："周监于二代，郁郁乎文哉！吾从周。"（《论语·八佾》）孔子认为自己当时所处的鲁国之礼已然崩坏。他观鲁国行郊禘之礼而感叹："鲁之郊禘，非礼也，周公其衰矣！"（《礼记·礼运》）至于夏商之礼，虽在当时的杞国和宋国还保存着某些遗迹，但文献已不可详考："夏礼吾能言之，杞不足征也。殷礼吾能言之，宋不足征也。文献不足故也；足，则吾能征之矣。"（《论语·八佾》）

然而，从另一个侧面来看，在中国儒家士君子的精神生活史中，似乎反而因礼乐文明在外在的制度和风俗中的每况愈下，而愈益激起了儒者心中经久不息的崇尚和渴慕。孔子及其后继者所念念不忘的，就是复兴以集古之大成的周礼为典范的礼乐文明。孔子及其后学在先秦时期整理著述的儒家经典，都是这种儒者精神的产物。这些经典并非对历史的简单描摹，而是依托历史本身的材料，对礼乐文明的理想、价值观和伦理法则所作的陈述，具有引领和校正历史的作用。

古典儒家礼乐文明有两大制度性的支柱：一是以宗法制为基础的封建政治体制，一是以《诗》《书》《礼》《乐》造士的庠序学校体制，二者可简称为"政"与"教"。礼乐政治和礼乐教化两者相辅相成，从而形成完备的礼乐文明体系。虽说周代所典型代表的礼乐文明是政教合一的，然而，若就其王治与学校在体制及功能上的分化而言，仍可辨别出"政"与"教"的分野。《学记》所反映的正是与礼乐政治相配合的礼乐教化。《学记》首先界定了作为礼乐教化的"学"对于礼乐政治的价值。《学记》曰:"君子如欲化民成俗,其必由学乎!"又曰:"玉不琢,不成器,人不学,不知道。"教和学的目的在于使人知晓天人之道,玉成人性中蕴含的圣贤德行,从而达成《大学》所追求的"修身齐家治国平天下"的理想境界。

依据《周礼》和《礼记·王制》来看,典型的国家政教关系是政教一体,教为礼乐教化,政为圣王德政,教体政用,体用一如。甚至可以说,教本而政末。《学记》云:"是故古之王者建国君民,教学为先。"故《周礼》诸制度中,礼乐教化以明明德和人伦的"教学"制度实为其核心。"形而上者谓之道,形而下者谓之器。"(《易·系辞上》)"教学"既然关乎知"道",则《周礼》大司徒、师氏、保氏、大司乐、乐正,及庠序学校等"教学"制度,在《周礼》中实为"第一"制度,以体现"道"之所在,其地位不与其他主要关涉政治、经济、社会生活之"器"制度等列。《周礼》中的"教学"制度关乎"道"统,至为重要,统领诸制度而为之纲。

从古典儒家的理想来看,"建国君民,教学为先",以道驭器,以"教"统"政"。其理由可概括为:

(一)儒家心目中理想的圣王至治之中国,乃道德治理之"人文化成"的文化制度;华夏中国的自我认同,本来是一文化的国度,所谓"礼义之邦",而非仅一血缘、地域、物质利益和军事集团性的"国家"。《易经·贲》卦《象》辞曰:"文明以止,人文也。观乎天文,以察时变;观乎人文,以化成天下。"孔颖达《春秋左传正义》疏曰:"夏,大也。中国有礼仪之大,故称夏;有服章之美,谓之华。华、夏一也。"

(二)孔子曰:"大道之行也,与三代之英,丘未之逮也,而有志焉。大道之行也,天下为公。选贤与能,讲信修睦,故人不独亲其亲,不独子其子,使老有所终,壮有所用,幼有所长,矜、寡、孤、独、废疾者,皆有所养。男有分,女有归。货,恶其弃于地也,不必藏于己;力,恶其不出于身也,不必为己。是故谋闭而不兴,盗窃乱贼而不作,故外户而不闭,是谓大同。今大道既隐,天下为家,各亲其亲,各子其子,货力为己,大人世及以为礼。城郭沟池以为固,礼义以为纪:以正君臣,以笃父子,以睦兄弟,以和夫妇，以设制度，以立田里，以贤勇知，以功为己。故谋用是作，而兵由此起。禹、汤、文、武、成王、周公，由此其选也。此六君子者，未有不谨于礼者也。以著其义，以考其信，著有过，刑仁讲让，示民有常。如有不由此者，在势者去，众以为殃，是谓小康。"（《礼记·礼运》）古典儒家治道"政""教"兼备，孔子所谓大同小康，或为道治或为礼治，皆属于以"教"统"政"。小康以降，如孔子所处及孔子以后之世，每况愈下，离理想渐远，呈以"政"统"教"之局，实为不得已。周公、孔子作为儒家圣贤，致力用心，念兹在兹者，与其说是为治为政，不如说是为学为教，皆着意于治道重心从"政"复归于"教"，从而复兴小康以及大同之世。孔子推崇"郁郁乎文哉"的周代礼乐文明，追慕制礼作乐崇德广业的周公，以"文不在兹"自任，作师儒而教，一生行止所重，在于斯文斯道。

（三）《周礼》政治为圣贤政治。儒者修道载道弘道，以内圣外王之道不坠为己任。儒有朝野两支，内外流通而阴阳互补。王官当权从政者只是一面，合之以有德无位在野儒行士君子，才是完全面貌。《礼记·儒行》篇曰："儒有上不臣天子，下不事诸侯；慎静而尚宽，强毅以与人，博学以知服；近文章，砥厉廉隅；虽分国如锱铢，不臣不仕。其规为有如此者。"又曰："儒有今人与居，古人与稽；今世行之，后世以为楷；适弗逢世，上弗援，下弗推，谗谄之民有比党而危之者，身可危也，而志不可夺也；虽危起居；竟信其志，犹将不忘百姓之病也。其忧思有如此者。"孔子堪称儒行的典范。子曰："笃信好学，守死善道。危邦不入，乱邦不居。天下有道则见，无道则隐。邦有道，贫且贱焉，耻也。邦无道，富且贵焉，耻也。"（《论语·泰伯》）

二、古典儒家的学校制度与民众教育

古典儒家的教育以礼乐教化为宗旨，具有全民普及和终身学习的特点。从《周礼》的记载来看，学校既是国家培养青少年子弟，作育贤才的教育机构，又是社会开展重要礼仪活动和尊贤养老的场所。学校教育与社会大众的教育略有区别，而又融为一体。

德性文明论：
古典儒家礼乐教化及其当代价值

儒家认为教育的兴办是着眼于长治久安的，需要具备一定的社会条件、物质基础和精神氛围而后可。"凡居民，量地以制邑，度地以居民，地邑、民居必参相得也。无旷土，无游民，食节视时，民咸安其居，乐事劝功，尊君亲上，然后兴学。"（《礼记·王制》）学校的兴办，遍及王化所及的"天下"，旨在利益全体人民。《学记》曰："古之教者，家有塾，党有庠，术有序，国有学。"这显然是指从最基层的地方到王都，各个层次学校体系的建设。

吕思勉先生在其所著《中国史》中指出，古代的教育，贵族的"国学"和平民的"乡学"是有所区别的。《王制》："天子曰辟雍，诸侯曰泮宫"，又说诸侯之国："天子命之教，然后为学；小学在公宫南之左，大学在郊。"又说："有虞氏养国老于上庠，养庶老于下庠。夏后氏养国老于东序，养庶老于西序。殷人养国老于右学，养庶老于左学。周人养国老于东胶，养庶老于虞庠。"所谓"辟雍""泮宫"，是天子诸侯之国大学的通称。"上庠""东序""右学""东胶"，是虞、夏、殷、周四代大学的专称。"下庠""西序""左学""虞庠"，是四代小学的特称。这是为天子和公卿大夫元士之子，即贵族子弟设立的学校。其入学的程序，《尚书大传》说："古之帝王者必立大学、小学，使王太子、王子、群后之子，以至公卿大夫元士之适子：十有三年，始入小学，见小节焉，践小义焉；年二十如大学，见大节焉，践大义焉。"夏、商、周三代平民的乡学有两级：一级在里，所谓"塾""校室""学"；一级在乡，所谓"校""序""庠"。❶孙诒让《周礼正义》序曰："乡遂则有乡学六，州学三十，党学百有五十；⋯⋯无虑大数九州之内，意当有学数万。"按《周礼》所载，仅在王畿之内，就有学校三百七十二所。其中乡、遂一级的高级学校有十二所；州、县一级的中级学校有六十所；党、鄙一级的初级学校有三百所。此外，在邦国的首府应该还有一所最高学府，"合国之子弟焉"。❷《学记》所称的"大学"应该就是这样的最高学府。

---

❶ 吕思勉：《中国史》，中国华侨出版社2010年版，第80-81页。
❷ 郑少昌、朱晓平：《解〈周官〉》，上海三联书店2014年版，第50-51页。

"命乡论秀士,升之司徒,曰选士;司徒论选士之秀者而升之学,曰俊士;升于司徒者不征于乡,升于学者不征于司徒,曰造士。乐正崇四术,立四教,顺先王《诗》《书》《礼》《乐》以造士。春秋教以《礼》《乐》,冬夏教以《诗》《书》。王大子、王子、群后之大子、卿大夫元士之适子、国之俊选,皆造焉。……大乐正论造士之秀者以告于王而升诸司马,曰进士。司马辨论官材,论进士之贤者以告于王而定其论。论定然后官之;任官然后爵之;位定然后禄之。"(《礼记·王制》)由此可见,其实,贵族子弟和平民子弟虽在学校和学习条件上可能有所差别,但是在学习的内容、人才培养目标、升学选拔制度上都属于一个统一的体系,最大限度地超越了出生阶层差异对教育和社会流动的限制,而体现出实践"人皆可为尧舜"之理想的人文主义精神。

若以《周礼》所载来看,教育的内容是相当广泛的。熊十力先生认为:《周礼》学校之教,当为德行、道、艺并重。乡大夫之职,"正月之吉,受教法于司徒,退而颁之于其乡吏,使各以教其所治,以考其德行,察其道艺。"三年大比,亦考其德行道艺。据此,则《周礼》所教在课目之外者为德行;而课目则分道、艺二种总目。❶

学校中"国之子弟"道艺兼修:"大司乐掌成均之法,以治建国之学政,而合国之子弟焉。凡有道者,有德者,使教焉。死则以为乐祖,祭于瞽宗。以乐德教国子中、和、祇、庸、孝、友;以乐语教国子兴、道、讽、诵、言、语;以乐舞教国子舞《云门》《大卷》《大咸》《大韶》《大夏》《大濩》《大武》。以六律、六同、五声、八音、六舞大合乐,以致鬼神示,以和邦国,以谐万民,以安宾客,以说远人,以作动物。乃分乐而序之,以祭,以享,以祀。"(《周礼·春官·宗伯》)此外,"乐师掌国学之政,以教国子小舞。……教乐仪……"(《周礼·春官·宗伯》))

与此同时,还有在王室和贵族阶层中教导德行道艺的师氏和保氏之官。"师氏掌以媺诏王。以三德教国子:一曰至德,以为道本;二曰敏德,以为

---

❶ 熊十力:《原儒》,上海书店出版社2009年版,第167页。

行本；三曰孝德，以知逆恶。教三行：一曰孝行，以亲父母；二曰友行，以尊贤良；三曰顺行，以事师长。居虎门之左，司王朝，掌国中失之事，以教国子弟，凡国之贵游子弟学焉。"（《周礼·地官·司徒》）"保氏掌谏王恶，而养国子以道，乃教之六艺：一曰五礼，二曰六乐，三曰五射，四曰五驭，五曰六书，六曰九数。乃教之六仪：一曰祭祀之容，二曰宾客之容，三曰朝廷之容，四曰丧纪之容，五曰军旅之容，六曰车马之容。"（《周礼·地官·司徒》）

王夫之认为："《周礼》师氏、保氏隶于司徒，大司乐之属隶于宗伯，皆教官也。而大学之职略无概见。故先儒疑《周礼》之多残缺。盖自州乡庠序以及大学，必先有官师，而今亡矣。先王以礼齐民，学为之首，则系学于礼，道莫重焉。"[1]《礼记》的《王制》《学记》两篇有对大学的有关记载，正好补《周礼》之所未述。

古典儒家学校教育与社会教育融合甚密，正如章学诚所说："古者道寓于器，官师合一，学士所肄，非国家之典章，即有司之故事。"[2]又曰："古人之学，不遗事物，盖亦治教未分，官师合一。"[3]从《周礼》所载来看，普遍的社会大众教育，大致也可以印证熊十力先生所说的"道科"与"艺科"兼备的特点。大司徒"以乡三物教万民而宾兴之。一曰六德：知、仁、圣、义、忠、和。二曰六行：孝、友、睦、姻、任、恤。三曰六艺：礼、乐、射、御、书、数。……以五礼防万民之伪而教之中，以六乐防万民之情而教之和。"备极而论，大司徒施十二教："一曰以祀礼教敬，则民不苟。二曰以阳礼教让，则民不争。三曰以阴礼教亲，则民不怨。四曰以乐礼教和，则民不乖。五曰以仪辨等，则民不越。六曰以俗教安，则民不偷。七曰以刑教中，则民不暴。八曰以誓教恤，则民不怠。九曰以度教节，则民知足。十曰以世事教能，则民不失职。十有一曰以贤制爵，则民慎德。十有二曰以庸制禄，则民兴功。"（《周礼·地官·大司徒》）

---

[1] 王夫之：《礼记章句》，《船山全书》（第四册），岳麓书社2011年版，第869页。
[2] 章学诚：《文史通义》，中华书局2012年版，第188页。
[3] 章学诚：《文史通义》，中华书局2012年版，第205页。

三、为己之"学"与六艺之"教"

钱穆先生曾指斥"近来教育风气"的流弊："专为谋个人职业而求智识，以及博士式学究式的专为智识之狭义的目标"，而且，"大学教育严格分院分系分科直线上进、各不相关、支离破碎"，不能兼顾通博与专精。❶从症状上看，这些诊断相当准确。从根源上看，现代教育与现代科技，及源于西方的现代工商资本主义生产方式密切相关。现代教育的一个重要的社会职能，是为资本主义市场经济培训生产者和消费者。现代教育推崇对外物知识的求索，即一种外向求知的"学问"，自然科学及社会科学对"真理"的追求，即是其典型。

《礼记》中的《学记》和《大学》等篇所论之"学"，根本不同于这种外向的求知之学。《说文解字》释"学"字本义为"觉悟也"，即自我觉悟。"教"和"学"意义相通，其核心都在于吾人道德人伦上的自我觉悟。《说文解字》释"教"为"上所施下所效也"。章学诚释"教"，引《孟子·万章上》伊尹曰："天之生斯民也，使先知觉后知，先觉觉后觉也。人生禀气不齐，固有不能自知适当其可之准者，则先知先觉之人，从而指示之，所谓教也。"他进一步强调："教也者，教人自知适当其可之准，非教之舍己而从我也。故士希贤，贤希圣，希其效法于成象，而非舍己之固有而希之也。……则必观于生民以来，备天德之纯，而造天位之极者，求其前言往行，所以处夫穷变通久者而多识之，而后有以自得所谓成象者，而善其效法也。"❷

《大学》曰："大学之道，在明明德，在亲民，在止于至善。""学"即是为了追求一种如老子所说的"自知者明"。古典儒家教育从根本上指向一个关于人的天性、人类文化和人际伦理的世界。关于夏、商、周学校教育的目的及其性质，孟子曾指出："设庠序学校以教之。庠者养也，校者教也，序者射也。夏曰校，殷曰序，周曰庠，学则三代共之，皆所以明人伦也。人

---

❶ 钱穆：《新亚遗铎》，生活·读书·新知三联书店2005年版，第12页。
❷ 章学诚：《文史通义》（上册），中华书局2012年版，第201页。

伦明于上，小民亲于下。"(《孟子·滕文公上》)孔子曰："古之学者为己，今之学者为人。"(《论语·宪问》)可见，在孔子的时代，以"明明德"为宗旨的"为己之学"已经受到了冲击，变得模糊不清，以至于"为人"而逐物之学泛滥。那么孔子推崇的"为己之学"正是古典儒家教育的本来形态。所谓为己之学，即是学为成己。

古典儒家认为，人之"己"并非天生而成，而是学而成人。《中庸》曰："天命之谓性，率性之谓道，修道之谓教。"即是说，人所禀赋者唯有可塑之天性，人需要循此天性，经过人伦日用的历练与文化传统的教养，才能成长为堪当天人之道的有德之人。

为己之学在社会生活中主要体现为五伦和顺，即个人修养的"明明德"与社会教化的"明人伦"内在相通。明德与人伦皆本于天道。章学诚诠释古典儒家之"学"所含天道与人事关系说："《易》曰：'成象之谓乾，效法之谓坤。'学也者，效法之谓也；道也者，成象之谓也。夫子曰：'下学而上达。'盖言学于形下之器，而自达于形上之道也。"章氏曰："盖天之生人，莫不赋之以仁、义、礼、智之性，天德也；莫不纳之于君臣、父子、夫妇、兄弟、朋友之伦，天位也。以天德而修天位，虽事物未交隐微之地，已有适当其可，而无过与不及之准焉，所谓成象也。平日体其象，事至物交，一如其准以赴之，所谓效法也。"[1]

古典儒家教育志在培养能够"化民易俗"的圣贤君子，可称之为君子之学，或者圣贤教育。《学记》将学有所成分为小成和大成："七年，视论学取友，谓之小成。九年，知类通达，强立而不反，谓之大成。夫然后足以化民易俗，近者悦服而远者怀之，此大学之道也。"荀子也说："学恶乎始？恶乎终？曰：其数则始乎诵经，终乎读礼；其义则始乎为士，终乎为圣人。"(《荀子·劝学》)圣人气象如何？庄子曰："古之人其备乎！配神明，醇天地，育万物，和天下，泽及百姓。明于本数，系于末度，六通四辟，小大精粗，其运无乎不在。"(《庄子·天下》)

---

[1] 章学诚：《文史通义》(上册)，中华书局2012年版，第201页。

志道篇

  古代学校教学的内容当属于儒家的"六艺"和"六经"之学，而其核心是"礼"。六艺为礼、乐、射、御、书、数，六经为《诗》《书》《礼》《乐》《易》《春秋》。六经有时也称为六艺，但实际上与侧重艺能的六艺不同。《学记》曰："大学之教也，时教必有正业，退习必有居学。不学操缦，不能安弦；不学博依，不能安诗；不学杂服，不能安礼；不兴其艺，不能乐学。"《学记》所述与上文《王制》所载正是六艺之教，两者互相印证。章学诚曰："古人于六艺，被服如衣食，人人习之为固然。"❶事实上，六艺之教至少在春秋时期是相当普遍的。如楚庄王使士亹傅太子箴，问于申叔时，叔时曰："教之《春秋》，而为之耸善而抑恶焉，以戒劝其心。教之《世》，而为之昭明德而废幽昏焉，以休惧其动。教之《诗》，而为之导广显德，以耀明其志。教之《礼》，使知上下之则。教之《乐》，以疏其秽而镇其浮。教之《令》，使访物官。教之《语》，使明其德，而知先王之务用明德于民也。教之《故志》，使知废兴者而戒惧焉。教之《训典》，使知族类，行比义焉。"（《国语·楚语上》）钟泰先生认为，六艺皆属于广义的礼：《周礼·春官》太卜掌三《易》之法，一曰《连山》，二曰《归藏》，三曰《周易》，则《易》在礼之中矣。大师教六诗，曰风、曰赋、曰比、曰兴、曰雅、曰颂，则《诗》在礼之中矣。大司乐以乐舞教国子，舞《云门》《大卷》《大咸》《大磬》《大夏》《大濩》《大武》，则《乐》在礼之中矣。小史掌邦国之志，外史掌四方之志，掌三皇五帝之书，则《书》与《春秋》在礼之中矣。是故言礼，而六艺即无不在。晋韩宣子之聘鲁也，观书于太史氏，得见易象与鲁春秋。曰："周礼尽在鲁矣，吾乃今知周公之德，与周之所以王也。"（《左传·昭二年》）是可证也。❷

  关于六经的精义，《庄子·天下》曰："《诗》以道志，《书》以道事，《礼》以道行，《乐》以道和，《易》以道阴阳，《春秋》以道名分。"六经之教，化民易俗。"孔子曰：入其国，其教可知也。其为人也，温柔敦厚，《诗》教也；疏通知远，《书》教也；广博易良，《乐》教也；絜静精微，

---

❶ 章学诚：《文史通义》（上册），中华书局2012年版，第188页。
❷ 钟泰：《钟泰学术文集》，上海人民出版社2012年版，第121页。

《易》教也；恭俭庄敬，《礼》教也；属辞比事，《春秋》教也。故《诗》之失，愚；《书》之失，诬；《乐》之失，奢；《易》之失，贼；《礼》之失，烦；《春秋》之失，乱。其为人也，温柔敦厚而不愚，则深于《诗》者也；疏通知远而不诬，则深于《书》者也；广博易良而不奢，则深于《乐》者也；絜静精微而不贼，则深于《易》者也；恭俭庄敬而不烦，则深于《礼》者也；属辞比事而不乱，则深于《春秋》者也。"（《礼记·经解》）

道艺兼修的圣贤教育或君子之学，知行合一，是生命的学问，而非小人的口耳之学。"君子之学也，入乎耳，箸乎心，布乎四体，形乎动静，端而言，蝡而动，一可以为法则。小人之学也，入乎耳，出乎口，口耳之间则四寸耳，曷足以美七尺之躯哉！"（《荀子·劝学》）

评判成才与否的标准在于，君子的仁德必须要能够通过身体力行，实际地践履体现出来，而且，君子躬行仁义，始终如一。"是故权利不能倾也，群众不能移也，天下不能荡也。生乎由是，死乎由是，夫是之谓德操。德操然后能定，能定然后能应，能定能应，夫是之谓成人。"（《荀子·劝学》）这与孟子所谓"大丈夫"也是相通的："居天下之广居，立天下之正位，立天下之正位，行天下之大道。得志与民由之，不得志独行其道。富贵不能淫，贫贱不能移，威武不能屈，此之谓大丈夫。"（《孟子·滕文公下》）

四、礼乐文明中的教化与师道

古典儒家的礼乐文明是德性文明，不同于现代世界盛行的理性文明。德性文明以人的道德觉悟的启迪为根基，理性文明则以人的智能的开发为根基。教育在古典儒家的德性文明中，实际上意味着以礼乐修养自身，并通过修养而成的德行示范和化导民众，从而修身齐家治国平天下，修己以安天下，这就是礼乐教化。

礼乐教化，以德为本，必重君以统群，必重师以化民。《尚书·泰誓》曰："天佑下民，作之君，作之师。"荀子将天地、先祖与君师并列，以论师与天地君亲同为礼敬之崇高对象。"礼有三本：天地者，生之本也；先祖者，类之本也；君师者，治之本也。无天地恶生？无先祖恶出？无君师恶治？三者偏亡焉，无安人。故礼，上事天，下事地，尊先祖而隆君师，是礼之三本也。"（《荀子·礼论》）师之所以尊贵的原因，荀子认为："礼者，所以正身也；师者，所以正礼也。"（《荀子·修身》）因此，他说："国将兴，必贵师而重傅。"（《荀子·大略》）

钱穆先生说：中国文化尊师传统之特殊意义，为并世其他民族所无，而卓然成就为独出之所在。一则曰师与君并尊；二则曰师与亲并尊；三则曰师之主要职责在传道。师即是道之代表与传递人，亦即是文化传统之代表与传递人。❶"中国社会一向所期望于师者，实乃如各大宗教之期望于僧侣，无论是幼学启蒙之师，乃至讲学论道之师，要之师之为业，必当明道作人，担负起人生中最伟大最崇高之职务。"❷钱穆先生认为："师道一本于儒。中国古人，易子而教，不仅师道在父道之上，列代皇帝均亦有师，师道更当在君道之上。故师道乃中国文化一大宗，而孔子为'至圣先师'，不啻为中国文化一大教主。中国无宗教，而师道实已越出在宗教之上，可以无教会之组织，而自有其一脉之流传。"❸

在政教合一的治理体系中，不排除或有君师为一人的情形出现，但其人之能兼君师于一人，唯在道德境界达于圣人境界。古人相信，"皇天无亲，惟德是辅。"（《尚书·蔡仲之命》）即便如此，为君为师的角色与职能，在此一人之内也还是有所分际，不容混淆的。实际的历史中，多见君师二分，各有其角色和职能。那么，古典儒家如何处理师与君之间的伦理关系呢？《尚书·周官》曰："立太师、太傅、太保，兹惟三公……少师、少傅、少保，曰三孤。贰公弘化，寅亮天地，弼予一人。"《孔传》曰：师，天子所师法。傅，傅相天子。保，保安天子于德义者。❹这就是说，君必有师，君必尊师。"能为师然后能为长，能为长然后能为君。故师也者，所以学为君也。是故择师不可不慎也。《记》曰：'三王四代唯其师。'此之谓乎？"（《礼记·学

---

❶ 钱穆：《文化与教育》，九州出版社 2011 年版，第 305 页。
❷ 钱穆：《文化与教育》，九州出版社 2011 年版，第 305–306 页。
❸ 钱穆：《文化与教育》，九州出版社 2011 年版，第 317 页。
❹ 王世舜、王翠叶译注：《尚书》，中华书局 2013 年版，第 467–468 页。

记》）古典儒家认为，道尊于势，政本于教，教学为先，学以知道。于是，教师的角色和地位在古典儒家眼中与今日相当不同。《学记》曰："凡学之道，严师为难。师严然后道尊，道尊然后民知敬学。是故君之所不臣于其臣者二，当其为尸则弗臣也，当其为师则弗臣也。大学之礼，虽诏于天子，无北面，所以尊师也。"这是道尊于势的伦理在具体礼仪中的体现。

韩愈《师说》曰："古之学者必有师。师者，所以传道授业解惑也。"又曰："吾师道也，夫庸知其年之先后生于吾乎？是故无贵无贱，无长无少，道之所存，师之所存也。"他认为，师是载道传道者，从师问学，所师者是师所载所传之道。这虽是唐代人的说法，但所反映的仍然是纯粹的古典儒家师道。

教师受到如此程度的尊重，反过来也给教师角色提出了极高的要求。《学记》曰："记问之学，不足以为人师。"那么，为师之道何在？《学记》曰："善歌者使人继其声；善教者使人继其志。其言也约而达，微而臧，罕譬而喻，可谓继志矣。君子知至学之难易而知其美恶，然后能博喻，能博喻然后能为师。"荀子也说："师术有四，而博习不与焉：尊严而惮，可以为师；耆艾而信，可以为师；诵说而不陵不犯，可以为师；知微而论，可以为师。故师术有四，而博习不与焉。"（《荀子·致士》）上述观点要点有二，一是德行高尚方能为师；二是善教方能为师。二者互为体用，缺一不可。

钱穆先生指出："在中国文化系统中，有'三大统'，并受重视。一是'血统'，此是家属伦理，凡子女必祭其祖先。一是'政统'，尊君即所以重政统。一是'道统'，或称学统，尊师即所以重道统。此三大统又向上缩结于'天'之一大统。中国社会天、地、君、亲、师五者并重，其意义即在此。此乃中国文化传统精神所寄，中国文化传统之得以一脉相承，数千年传递不绝，此是一大关键。"❶

钱先生对今日师道的衰微深有感触。他说："民初新文化运动，即提出两口号，一曰'赛先生'即科学，一曰'德先生'即民主。直至今日，大体

---

❶ 钱穆：《文化与教育》，九州出版社2011年版，第302页。

犹然。……至于教育，则在教导人求富求贵之种种可能之知识与技能，而惟附益以不犯法，如是而已。故今之为师不传道，仅授业，解惑亦仅在业不在道。中国今日虽沿用旧名—'师'字，而意义则大变。亦当称'新师'，以示别于旧师乃为得之。"❶

《周礼》和《礼记·学记》所代表的古典儒家德性人文主义教育理念，与现代盛行的理性功利主义教育理念形成了鲜明的对照。现代学校教育虽然还保有一定的道德文化传承功能，但主要是一种为现代市场经济政治体系训练人力资本的手段。诚然，无论哪个时代的教育，都会讲究德智双修，但在德智二者的关系中，古典儒家教育所重者在"德"，现代教育所重者在"智"，这是显而易见的。不仅如此，更为重要的是古典儒家认为，教育的实质在于"学"以"知道"，教育的目的在于养成人的德行和人伦智慧，以至于"化民成俗"。古典儒家的"德性"的教育，具有许多在今天"理性"的教育情形中难以想象的特点：教学为觉，尊师重道，知行合一，人文化成。而且，礼乐文明中的学校是"伦理"的学校，而非"市场"的学校。其教学不重记问之学与智能训练，而重博喻启发与德行教化。

在今天市场经济和全球资本主义工业文明高度发达的现实环境中，古典儒家教育的理想及其实践，似乎不可避免地成了某种不合时宜的古董。有人认为：传统教育是与中国农业经济相适应的，有着鲜明的时代特征。随着工业文明时代的到来，尤其是经历了巨大的社会变革之后，教育的许多根本性问题都发生了重大改变，传统教育的许多东西都过时了。首先，教育的目的发生了改变——延续了两千多年的"明人伦"的教育目的被改变了。其次，教育内容发生了改变——延续了两千多年的"经学教育"被改变了；再次，教学形式发生了改变——延续了两千多年的"个别教育"方式被改变了；最后，随着科学对教育的渗透，教学方法、手段也改变了。这许多改变都是为适应中国工业经济发展的需要而发生的，是时代使然。❷若是仅仅从描述所

---

❶ 钱穆：《文化与教育》，九州出版社 2011 年版，第 312–313 页。
❷ 张书丰编著：《中国古代教育精粹的现代解读》，山东人民出版社 2005 年版，第 8 页。

发生的改变的实际状况而言,这么说倒也无妨。但是,如果将这些改变都理解成不可不顺应的所谓历史潮流,我们就得要问一问:今天"明人伦"的教育目的被改变了,这对于今天的人类及其教育到底是福是祸?现代盛行的功利主义理性教育所暴露出来的诸多困境,是否恰与"明人伦"的德性教育目的被改变和丢失内在相关?如果"明人伦"的教育目的,本来是人类教育的根本目的,是攸关人类命运而不可移易的,它本来不应该随着所谓农业经济和工业经济的时代变迁而被改变呢?

天下为公：
古典儒家"大同"观的道德与历史意蕴

在人类的全球交往如此频繁密切和错综复杂的今天，人们并没有生活在一个全球性的、休戚相关的"人类命运共同体"中。大体而言，当今世界还是一个国家主权至上，国际壁垒森严，并且尚未消除诸多误解、冲突、不睦、暴力，乃至仇恨的世界。当然，在难得的和平时期，正常国际关系的主题是合作和交易。我们尚未拥有一个"万邦协和""和而不同"的"大同"之"天下"。于是，"天下大同"，一种"天下一家"和"天下归仁"的"天下文明"，如何形成的问题应运而生。我们知道，孔子曾向往于上古的"大同"郅治之世。循着孔子开辟的思路而思，我们希望能得到指引建构整体和谐的人类命运共同体，及佑护人类命运共同体生生不息的启示。

一、"大同"与"小康"

昔者仲尼与于蜡宾，事毕，出游于观之上，喟然而叹。仲尼之叹，盖叹鲁也。言偃在侧，曰：'君子何叹？'孔子曰：'大道之行也，与三代之英，丘未之逮也，而有志焉。大道之行也，天下为公，选贤与能，讲信修睦。故人不独亲其亲，不独子其子，使老有所终，壮有所用，幼有所长，矜寡孤独废疾者皆有所养，男有分，女有归。货恶其弃于地也，不必藏于己；力恶其不出于身也，不必为己。是故，谋闭而不兴，盗窃乱贼而不作，故外户而不闭。是谓大同。

今大道既隐，天下为家，各亲其亲，各子其子，货力为己，大人世及以为礼，城郭沟池以为固，礼义以为纪，以正君臣，以笃父子，以睦兄弟，以和夫妇，以设制度，以立田里，以贤勇知，以功为己。故谋用是作，而兵由此起。禹、汤、文、武、成王、周公由此其选也。此六君子者，未有不谨于礼者也。以著其义，以考其信，著有过，刑仁讲让，示民有常，如有不由此者，在势者去，众以为殃。是谓小康。（《礼记·礼运》）

孔子所述的"大同"是人类曾经历过的一段生活史，或者说是一种历史记忆。吕思勉先生说："读《礼运》一篇，则知孔子所慨想者，在于大同。而其行之之序，则欲先恢复小康，故其于政治，主尊君而抑臣。尊君抑臣，非主张君主专制。以是时贵族权大，陵虐小民者皆此辈，尊君抑臣，政出一孔，正所以使小民获苏息也。其于人民，主先富而后教。"❶吕先生认为，孔子大同思想与老子"小国寡民"之说相通。他说："老子之所慨想者，亦为农业共产之小社会。与孔子所谓大同者，正系同物。"❷这是历史学家的见识。大同时代曾经的确存在！更准确地说，大同时代天下一统，却不是个单一雷同的世界，而是小国林立，万邦协和，和而不同。其生产关系自然是生产资料公有的"共产"；其社会形态则为原始的"共同体主义"。

那是一个过去了的"黄金时代"，但是孔子之所以向言偃讲述这段历史，也是带有明显的当下和未来志趣的：人类将始终保持着这种珍贵的历史记忆，并以之作为"至善"价值标准的象征，作为一种需要不断重温以从中汲取智慧和力量的源泉，从而来规范和展开当下和未来生活的道路。

"大同"不是一个所谓"乌托邦"和"理想国"，因为，它不是出于空想与玄思，而是出于历史记忆和对人性的洞察。作为历史，初民们是在"小

---

❶ 吕思勉：《先秦学术概论》，东方出版中心 1985 年版，第 57—58 页。

❷ 吕思勉：《先秦学术概论》，东方出版中心 1985 年版，第 31 页。

国寡民"的氏族时代，在"万邦"中分别践行着这种"天下为公"的"大道"。这是人类历史的一个"共同体主义"的原点，或一个"原始共产主义"的起点。孔子确认这个人类生活史的"原点"，与其说意在恢复一段历史记忆甚或还原历史的真相，不如说是在厘定人性内在境界的高度和"止于至善"的伦理价值尺度。正是由于"大同"盛世所蕴含的价值世界必然具有指引和校正人类现实生活的作用，那么，人类的历史无论经过怎样的艰难曲折，将总是会在更高的历史文化积淀的基础上，向着这个"原点"而"回复"。

孔子谓"大同"之后继以"小康"。孔子到底如何理解大同与小康的关系？实际上，孔子在大同与小康的时代变迁中，确认了大同与小康在道德精神上的一致性和连续性。孔子志意所追慕者为"大道之行也，与三代之英"。很显然，孔子既推尊和向往大同，又相当辩证地肯定了小康世夏商周三代的圣王德行、政治制度和礼乐教化。虽说小康之世的"三代之英"仍为孔子所崇仰，但孔子并非全盘肯定小康世，孔子对小康世的描述，很大程度上也是带有一种明显的批判意识的。他对小康世的态度显得有些"矛盾"，既有所肯定又有所否定。孔子深知自己身处时代历史的动向，是从大同衰落而至于小康，但他寄望于人类在圣王的引领下能够从小康复升进到大同郅治，哪怕小康世正日渐衰乱，他的这一志向和希望也依然卓尔挺立。

孔子曰："圣人之治化也，必刑政相参焉。太上以德教民，而以礼齐之。其次以政焉导民，以刑禁之，刑不刑也。化之弗变，导之弗从，伤义以败俗，于是乎用刑矣。"（《孔子家语·刑政》）《论语·为政》亦曰："道之以政，齐之以刑，民免而无耻。道之以德，齐之以礼，有耻且格。"德礼政刑皆小康世圣人为政治世之方，其运用之道，有高下之别。德礼为太上之治道；德礼为主，辅以政刑。若惟以政刑，而德礼不兴，则世难治。如此看来，小康之世，介乎大同与乱世之间，其上焉者有德礼而治，可趋近乎大同；其下焉者则任政用刑，而难以免于衰乱。孔子之所有志于"三代之英"者，正是小康世中圣人"道之以德，齐之以礼"的德礼治道。小康之世值"大道既隐"之际，大道虽隐而未绝，其所犹存之迹，正是圣人德礼之治。

大同小康并非截然断裂的两个时代，而是有继承性和连续性的关系。小康继承了大同而有变化，大同时代过去之后，其"天下为公"的"大道"隐而涵于小康之世，及其圣王德礼治道之中。

二、大同之天下

大同的世界是"天下"。天下这个概念从字面上来讲，它给人一种感觉，就是一个地域概念，或者一个空间概念。但是，在古典儒家的观念中，天下不仅仅是一个地域或空间的概念。"天下"起首是一个"天"字，意味着"在天之下"，即是在天地之间的，而天地之间天地人三才又是相通的，所以，如果我们只是就"在地面上"的人类而言来理解天下，这个理解是非常有局限的。天下这个概念里面包含着天地万物，但是天地万物往往被人们所忽略。古典儒家的"天下"具有整体宇宙论的内涵，涉及天地人以及万物之间的关系，而不仅仅是一个单纯的地面上的空间，或"人间世"的世界。"天下"涵容天地间万物，贯通天地人三才之道。"立天之道曰阴与阳，立地之道曰柔与刚，立人之道曰仁与义。"（《易·说卦》）古典儒家天下概念的核心当然是人类，但是人生活于其间的天地万物也蕴含在天下概念之中。唯其如此，儒家顶天立地，自强不息，厚德载物，参赞天地化育的人类自我意识才能成立。

具体说来，"天下"作为一个通乎天地人三才之道的生命的世界，出于"内圣外王"之道，具有"合外内之道"的多重涵义：

第一，"天下"属于人性的内在世界。"天下"在哪里？"天下"在人性之内，这是古典儒家"内圣外王"之道的一个核心性的理解。"天下"不是人已经拥有了的一个固定的所有物，而是人性中有待开发出来的，一个人性的境界和世界。古典儒家认为人是一类自我创造的生命。人的根源在哪里？在天地之大德，"天地之大德曰生"（《易·系辞下》）；在大化流行，在"道"。"道生一，一生二，二生三，三生万物"（《老子》第四十二章）。"有天地然后万物生焉"（《易·序卦》）。民人也是万物之一，所以人也是天地所"生"，是道"生"出来的，是大化流行中的一类生命。而人的生命有其特殊性："故人者，其天地之德、阴阳之交、鬼神之会、五行之秀气者也。"（《礼记·礼运》）这段话陈述了人类的根源和人之所以生成的实质。所谓"天地之德"，即言由于大化流行，天地生生之德，人才得以产生。人类和万物一样，有一个共同的根，就是这个道、天，或者说大化流行，这是其一。其二，"阴阳之交"，是指阴阳二气的交汇。庄子曰："通天下一气耳。"（《庄子·寓言》）"人之生，气之聚也。聚则为生，散则为死。"（《庄子·知北游》）庄子的观点与古典儒家一致。其三，"鬼神之会"。王夫之引张载曰："鬼神者，二气之良能也。"王夫之解云："神来而伸，于人息之，鬼屈而往，人之所消，则鬼神之往来于两间，人居其中，而为之际会也。"也就是说，鬼神是阴阳二气往来屈伸变化，在人的生息过程中展现的那个功用。《礼记·礼运》曰："是故夫礼必本于太一，分而为天地，转而为阴阳，变而为四时，列而为鬼神。"王夫之曰：天地、阴阳、四时、鬼神，皆太一之所函。❶ 其四，"五行之秀气者也"。五行是什么呢？"五行，一曰水，二曰火，三曰木，四曰金，五曰土。"（《尚书·洪范》）王夫之引郑氏曰："'木神仁，火神礼，土神信，金神义，水神智'，皆其气之秀者也。"❷ 五行之气钟灵毓秀，集中体现在人身上，其他的生物没有人这样得天独厚的禀赋，所以人又被称为万物的灵长。《礼记·礼运》曰："故人者，天地之心也，五行之端也。"王夫之曰："'心'者，形气之灵，理之所自显也。……天地之理，刚柔顺健，升降交和，其同异翕辟訢合之际，触感而灵，则神发而理著焉。此天地之心，人之所凝以为性，而首出乎万物者也。'五行'者，万物皆资之以生，而其既成乎水、火、木、金、土，则其质丽乎尘，形而下之器也，若其神之所絪缊于两间，以承天地之化而生物，则甫有其萌，而为水、火、木、金、土之所自成，此犹未离乎形而上之道，而于人乃成为形，是'五行之端'也。万物之生，莫不资于天地之大德与五行之化气，而物之生也，非天地訢合灵善之至，故于五行之端偏至而不均，唯人则继之

---

❶ 王夫之：《四书训义》，《船山全书》（第四册），岳麓书社2011年版，第569页。
❷ 王夫之：《四书训义》，《船山全书》（第四册），岳麓书社2011年版，第561页。

者无不善,而五行之气以均而得其秀焉。"❶又曰:"人之有情皆性所发生之机,而性之所受则天地、阴阳、鬼神、五行之灵所降于形而充之以为用者,是人情天道从其原而言之,合一不间,而治人之情即以承天之道,固不得歧本末而二之矣。"❷尽管万物与人皆为天地所生,阴阳、五行所聚,但是,人是最为得天独厚的。唯有人的性情心灵与天道相贯通,是最为和洽通畅的。

"天命之谓性",(《中庸》)人性源于天之所赋予,是所谓"天命"。"天命"不是天赐予的某种固定不变的东西,而是天不断地流行,生生不息地不断运行,而人在这个过程中,与天之间有一个连绵的关系。人性就是天人之间的这个活的、连绵不断,流行不已的天人关系。所以,人性体现为一个不断生发的过程,而人性的内涵要由人去主动地呼应天的流行,是要在天人之际中去创造的,一个有待实现的内涵,它并没有一个先在的、先验的和固定的内涵。在这里,由于天所赋予人的人性是这样一个动态的关系和可能性,于是,人就需要通过一个主动创造的过程去展现和成就其人性,而这个过程就是人的"自我"的生成之道,这就是所谓"率性之谓道"(《中庸》)。这里的"自我",不只是指个体,也指人类群体或共同体。人通过自己对天人关系的觉识和呼应,在动态过程中创造性地实现天人关系中蕴含的可能性,从而不断地生长和成就自我,使自己生成为人。《中庸》曰"尽己之性",这个"尽"就是一个动词,是一个创造的过程。"尽"并不是全部穷尽了,而是不断地、无限地生长,它其实是没有止境的,因为天行不已,天命不已,人性无已。所以,《中庸》引《诗》曰:"维天之命,於穆不已!"其实,《中庸》所谓"尽性"、"尽己之性"、"尽人之性"、"尽物之性",《说卦》所谓"穷理尽性以至于命",都是一个过程,都是"不已"。在不已的意义上,这个"尽"是无限的,是无止境的。

第二,"天下"是一个人文化成的过程。这与天下的第一个含义密切相关。孔子所说的这个"天下"在哪里?天下是人的自我生成过程中有待于自己创造性地去生成的一个人文的世界。

---

❶ 王夫之:《四书训义》,《船山全书》(第四册),岳麓书社2011年版,第564页。
❷ 王夫之:《四书训义》,《船山全书》(第四册),岳麓书社2011年版,第561页。

《易·系辞下》曰：

古者包牺氏之王天下也，仰则观象于天，俯则观法于地，观鸟兽之文与地之宜，近取诸身，远取诸物，于是始作八卦，以通神明之德，以类万物之情。作结绳而为网罟，以佃以渔，盖取诸《离》。包牺氏没，神农氏作，斫木为耜，揉木为耒，耒耨之利以教天下，盖取诸《益》。日中为市，致天下之民，聚天下之货，交易而退，各得其所，盖取诸《噬嗑》。神农氏没，黄帝、尧、舜氏作，通其变，使民不倦，神而化之，使民宜之。《易》穷则变，变则通，通则久。是以"自天祐之，吉无不利"。黄帝、尧、舜垂衣裳而天下治，盖取诸《乾》《坤》。刳木为舟，剡木为楫，舟楫之利，以济不通，致远以利天下，盖取诸《涣》。服牛乘马，引重致远，以利天下，盖取诸《随》。重门击柝，以待暴客，盖取诸《豫》。断木为杵，掘地为臼，杵臼之利，万民以济，盖取诸《小过》。弦木为弧，剡木为矢，弧矢之利，以威天下，盖取诸《睽》。上古穴居而野处，后世圣人易之以宫室，上栋下宇，以待风雨，盖取诸《大壮》。古之葬者，厚衣之以薪，葬之中野，不封不树，丧期无数。后世圣人易之以棺椁，盖取诸《大过》。上古结绳而治，后世圣人易之以书契，百官以治，万民以察，盖取诸《夬》。

这是孔子关于圣王所引领的上古人类文明历程的描述。当人的自我意识，尤其是"人类共同体"的意识尚不太明朗的时候，如在与木石居，与鸟兽游的时代，即当人与物似乎还是浑然一体，处于比较天真幼稚的状态之际，人的天下观念当然也是比较模糊的。随着人性的逐渐彰显，人逐渐知道自己的身、家，知道自己的族群，知道族群之外有其他的族群，于是，其人性的内涵就在外在的人伦关系、群体际关系和人与万物的关系中逐渐展开。

另外，我们不妨回顾一下孔子在《礼运》中所描述"小康"世界：夏商周三代的圣王，禹、汤、文、武、周公制礼作乐，创设各种制度，对人进行教化。"以正君臣，以笃父子，以睦兄弟，以和夫妇，以设制度，以立田里，以贤勇知，以功为己。"所有这些关于圣王、制度、修养教化，关于德礼政刑的一切，都是一个"人文化成"的过程，是一个人类在共同体的意义上通过德智超凡的圣王的引导，不断地"人化"自己的人类社会以及整个世界的一个过程。在这里，制度和教化是非常关键的，在这个过程中，我们可以基于制度和教化的善否来观察天下的治乱兴衰。

人之为人，"合外内之道"而已。内和外，内是主，外是从，内是本，外是末。前文中我们基于古典儒家的立场和基本观点，将"天下"界定为人性内在的世界，而不是只从人所处的外在世界来说。因为这个外在世界，如果没有人性内在世界作为根据的话，它根本就不是人化的和属人的世界，而是陌生的和非人的自然世界。一种真正符合人性的和属于人的外在世界，是由人自己从人性的内在世界中开发出来的。孔子所作《贲》卦《象》辞曰："观乎人文，以化成天下"。人所生活的天下是一个人文化成的世界。

第三，"天下"是一个人类与万物共生的生命共同体。"天下"作为一个生命共同体，包含这样两层涵义，其一，它是人类的生命共同体；"天下"作为一个人类共同体，高于它所包含的万邦，万邦从属于天下，在天下之内，万邦和谐，亲如一家。其二，它是万物的生命共同体，其中包含人，人为万物的灵长。这就是天下的狭义与广义。万物，用今天的话来说就是自然生态。"天下"包含着自然的"生态意识"，因此，广义的"天下"包含万物，也就是张载所说的"民吾同胞，物吾与也。"（《正蒙·乾称》）

"天下"是一个生命共同体，那么，国家是不是一个生命共同体？这需要具体来看，国家有性质上的差异，天下之内的邦国，也就是说从属于天下并以天下的统一与和谐为精神依归的国家，与今天国家主权和利益至上并无统一的天下观以维系的列国纷争的国家，表面上都称为"国家"，但实际上它们之间有着本质的区别：服膺于"天下"的邦国是由"天下"这样一个整体中有机地分化出来的，而今天的许多国家，由于并没有一个"天下"的观念来统率它们，它们只不过是一个个地域性的群体利益集团，或族群利益集团，而且尤其是作为暴力利益集团而存在的。所以，今天的许多国家，其国家概念中是没有，也不能容纳"天下"一统的观念的。

在今天的世界中，唯有像中国这样的国家，还保留有中华传统"天下国家"的文明性质和根源。中国从来就不是"非天下主义"的暴力利益集团之国家。但是中国处于这个现代"战国"时代，不可避免地需要与某些暴力利益集团国家相处，以谋求自身的生存与发展。同时，由于中国保有的"天下国家"的"中和"文明"基因"，由于"天下为公"的情怀和"天下大同"的理想在中华优秀传统中根深蒂固，中国必将长期不懈地主动致力于促进世界和平，人类命运共同体建设，和人的自由而全面的发展。

三、"大同"的道德精神

大同的天下，是一种德性文明。孔子论大同小康，其仰慕推尊，忧患叹惋之所系者，莫不关乎天下人之性与命的道德。人能正德利用厚生惟和，则大道行，而大同至。大同世之实现与物质文明发达与否实无必然联系。故孔子述大同时在远古，老子亦以淳朴敦睦"小国寡民"之天下为尚。

孔子身处乱世而有志大同，其意自然不是复古，而是如老子所说，"执古之道，以御今之有。能知古始，是为道纪。"（《老子》第十四章）

儒家大同、小康、乱世，三世之说，从德性上讲有三种道德境界和伦理原则：道（大道之行）、德（仁义礼乐）、失（道德沦丧）。故老子亦曰："从事于道者同于道。德者同于德。失者同于失。同于道者，道亦乐得之。同于德者，德亦乐得之。同于失者，失亦乐得之。"（《老子》第二十三章）。世运不同，德行各异。"大道废，有仁义；智慧出，有大伪；六亲不和，有孝慈；国家昏乱，有忠臣。"（《老子》第十八章）

即便在孔子和老子的时代，大同所蕴含的天下文明的德性精神，也不能为习于"大道既隐"的众人所理解。圣王之服膺和躬行大道者，成为众人所排斥甚至嘲笑的对象。老子谓，"下士闻道，大笑之"。然而，"不笑不足以为道。"（《老子》第四十一章）老子曰："天下皆谓我道大，似不肖。夫唯大，故似不肖。若肖，久矣其细也夫。我有三宝，持而保之。一曰慈，二曰俭，三曰不敢为天下先。慈，故能勇；俭，故能广；不敢为天下先，故能成器长。"（《老子》第六十七章）圣人之大道不似细琐，亦非道术与天下俱裂时代及其人所能理喻，因其道与世都大不同。圣人之大道，据于其德，常持而保任者，为三种宝贵的德行：一曰慈，二曰俭，三曰不敢为天下先。王弼注曰："夫慈，以陈则胜，以守则固，故能勇也。节俭爱费，天下不匮，

德性文明论：
古典儒家礼乐教化及其当代价值

故能广也。唯后外其身，为物所归，然后乃能立成器为天下利，为物之长也。"老子之三宝："如保赤子"以仁爱天下；不尚奢靡以丰足天下；后己之利以先利天下。

孔子深知"大同"作为一个时代，以及夏商周古圣先王的德业已经隐没于历史的深处。然而，"大同"郅世体现出来的"共同体主义"及其道德精神，却隐而未泯。

人类的共同生活是基于共同的人性和共通的情感，简言之是对人性本身的信仰！从这种根本性的人性信仰出发，人类自然能够体认到一种符合人性的基本道德原则，以及这一原则所派生的道德价值体系。这就是孔子所谓"大道"，即"立人之道曰仁与义"。(《易·说卦》)

何谓仁？子曰："夫仁者，己欲立而立人，己欲达而达人。"(《论语·雍也》)子张问仁于孔子。孔子曰"能行五者于天下，为仁矣。"。请问之。曰：恭，宽，信，敏，惠。恭则不侮，宽则得众，信则人任焉，敏则有功，惠则足以使人。"(《论语·阳货》)何谓义？义者，宜也。"合外内之道，时措之宜也。"又《易·系辞下》曰："理财，正辞，禁民为非曰义。"

熊十力先生说：仁义以体用分，仁是体，义是用。孟子"上下与天地同流"，及"万物皆备于我矣"两说，指示如何是仁颇为亲切。夫仁者，广爱万物，而无所不容。然仁道非执一而不可通其变。夫仁之行于事变也，必将权其得失与轻重之数，而慎重处之。仁而无权，则不可成其仁。义反于仁，而适成其仁。大哉，仁义之道！[1]

大道所内蕴的德性精神，具有唯一性、本原性、绝对性，属于"形而上者"，为体。形而上者与形而下者本来一体两面，浑然无间地存在于天地万物之中，无法截然离析。道器合一，体用兼备。若乎观形而下之器与用，则可见人类在不同时代、地域、群体中呈现的各种宗教、思想、语言、制度、伦理和习俗，等等。器用是多元的，而此无限多元的器用共涵摄于一体——根源于人性的仁义之道。

---

[1] 熊十力：《原儒》，上海书店出版社 2009 年版，第 134—135 页。

大同道德精神的核心德行为仁义，其社会意识为"共同体主义"，其文明理想为"大道之行，天下为公"的天下文明，即至大至公，可久可大的德性文明。原其所自，当根源于古典儒家的如下根本觉悟：

第一，"天地之大德曰生"。当我们理解"大同"的时候，在根源上一定要回到大化流行，生生不息的这个"道"本身，要看到万物，包括人的根源都是从大化流行的过程中产生。天地万物都是"道"之"器"，作为形而下者，内涵形而上的道。惟有人乃是能体道载道弘道之器，于天地间最为灵秀，故亦最为任重而道远。

第二，各正性命，保合太和。被生出来的万物，或者说这个"器"世界，包括人，各依其分有其特定的天人关系，这就是各有其性与命。而作为一个生命共同体，万物，当然也包含人类的共同体，必然是一个伟大的和谐，儒家谓之"太和"。"太和"是由道所决定的，也是由得于道而生的万物的本性所决定的。万物生命是从统一的"道"中产生出来的，所以它们产生出来以后的命运，也必然是一统而和谐的。"万物并育而不相害，道并行而不相悖。"（《中庸》）在这个"保合太和"的过程之中，"人为天地之心"，如果说天地有心的话。天地有生生之德，实际上也可以理解为有"心"，这个天地之"心"当然是无形的，如果我们非得要找一个有形的根据，它必然是寄托在人身上，在人"心"之中。当然，人"心"也是无形的，人"心"是人的精神的，灵性的，内在于我们的这个活跃的灵明，它是道的显现，《尚书·大禹谟》谓之"道心"，以与受气质所限及感外物而动的"人心"相对而言。人"心"之无形就是天地之"心"的无形。按照中国传统的观点，万物都是有灵，有神的，也就是有"心"的。事实上，我们能看到众多生物是能感或有情的。但是它们能不能像人这样，代表和体现天地之"心"呢？儒家认为，万物之"心"对天地之心的表达都是偏至的，片面的，唯独人"心"对天地之"心"的表达是全面的和圆融的。

第三，圣王。人类共同体是需要圣王的。人类也许最开始是在一个相对天真的状态，他们不大有需要王者的感觉，正如古传的《击壤歌》所云："帝力于我何有哉！"所以人类最初的那个纯朴的状态，按老子的说法，如同婴儿一般。最初的"大同"之世，原本没有"王"。但是在人类作为共同体和个体的自我觉悟彰显了之后，对"王"的需要就成为必然。"王"当然是一个个体的人，但是王的地位和作用不是从他作为个体的人来理解的，而是从他作为共同体主义的"天下"的代表而界定的。在此，最关键的是王个人的德行修养，其仁、智、勇，尤其是他个人内在的仁义之德，能否足以表率和引领天下共同体和谐生活之道。儒家认为圣人躬行仁礼，则能无为而治，"恭己正南面而已。"(《论语·卫灵公》)但是"恭己"并非自成己，己立己达而已，而是成人成物，立人达人。王者心怀天下，与天下人忧乐与共。老子云："是以圣人云，受国之垢，是谓社稷主，受国之不祥，是谓天下王。"(《老子》第七十八章)王者之位立基于其大仁大义之"德"。故《易·系辞下》中说，"圣人之大宝曰位，何以守位曰仁"。

第四，"天下"不可执为。这是古典儒家道家共同持有的观点，最经典表述在《老子》第二十九章："将欲取天下而为之，吾见其不得已。天下神器，不可为也。为者败之，执者失之。"这句话，告诉我们"天下"所具有的神圣性质。从内在的角度看，也可以说，道所生出来的这个作为人性内在世界的"天下"具有神圣性——它超越于任何人的欲念和力量之上，既不可为，又不可执。天下之谓"神器"，就是道之器。所谓"神"，即是道的妙用。"天下"根源于"道"，存在于人性之中，是人性有待开发的一个无限的德性世界和无上的境界。如果人能够觉悟自己本有的德性，能够不断地成长，人的个体和群体必然会拥抱作为生命共同体的"天下"。所以，"天下"这样一个神妙的"道"之"器"，没有任何人可以把它作为一种一己的权位来据为己有，作为谋取私利之工具来利用，同时，也没有任何人可以按照他自己的意志去左右"天下"。

四、大同共同体主义历史观

大同社会"天下一家"，天下一统，以共同体及其道德之"一"统率万邦(国)、家、个人之"多"。人所服膺者为"共同体主义"。大同的天下，因其共同体主义在人心中的与时消息，而在世易时移中显现出治乱交迭的历史世运。

人类最初是以共同体的方式生活的，民族国家和自由个体是后起的现象。"天下一家"是最先出现的人类生活的历史。甚至可以这样看，今天人们所依然生活于其中的"家"，是人类的"天下"裂散和衰落了以后，留下的一种具体而微的"天下"之"孑遗"。所以，我们中国人根深蒂固的对于"家"，即这个"天下"之袖珍原型的注重，与我们对"天下"始终不渝的信仰是一致的。大同之"天下"不是虚构和幻想之物，它是人类曾经体验过的历史。人们在潜意识中还保有大同天下，天下一家的记忆，但是"天下"在现实生活中又已经早已裂散了，如今惟有人类的小家庭之"家"及家所能安居的良风美俗的乡土社会，还保留有"天下"的余绪。

古典儒家认为，天下大同是人类历史的原点也是人类历史的归宿。历史的进程不是一个单线突进的无限过程，历史的演变是一个有治乱，有升降的无限的"循环"震动和律动。历史变动轨迹是一种"循环"。历史治乱升降的变迁作近似圆周的开放的螺旋运动。

孔子在《礼运》中实际上描述了一个大道渐隐的历史轨迹：大同—小康—乱世。这是古典儒家循环历史观之"圆环"中象征"下降"的半环。另据孔子《春秋》，有张三世，通三统之大义。"通三统者，言治法有忠质文之递嬗。故王者当封先代二王之后以大国，使服其服，行其礼，以保存其治法。待本朝治法之弊，而取用焉。其说见于《春秋繁露·三代改制质文》篇。《史记·高祖本纪赞》曰：'夏之政忠。忠之敝，小人以野，故殷人承之以敬。敬之敝，小人以鬼，故周人承之以文。文之敝，小人以僿，故救僿莫若以忠。三王之道若循环，终而复始。'即此义也。张三世者，《春秋》二百四十年，分为三世：始曰据乱，继曰升平，终曰太平。据乱之世，内其国而外诸夏。升平之世，内诸夏而外夷狄。太平之世，远近大小若一。《春秋》所言治法，分此三等，盖欲依次将合理之治，推之至于全世界也。"[1]《春秋》三世，其运行从所传闻世，到所闻世再到所见世，由远及近，由乱

---

[1] 吕思勉：《先秦学术概论》，东方出版中心1985年版，第57页。

而渐进于治，其世运道德日隆，此为古典儒家循环历史观之"圆环"中象征"上升"的半环。

《春秋》三世说与《礼运》大同小康说略相对应。孔子《春秋》三世义，为汉人何休注《公羊传》所述。孔子三世之说其向往治世，"志于道"之象征意味，超出历史实际的表象之外。熊十力先生认为：据乱世，为列国林立，互相竞争之世，故各国之民不免于狭隘之国家思想。其时社会种种不平，统治阶级独擅其利，而大多数劳苦之民常安穷困，无由自觉自拔，此诚衰乱之世也。于所闻之世，见治升平者，实非升平，而《春秋》寄意于此时革命，以著见升平之治，故说此世为升平世。至所见之世，著为太平，实非太平。今谓之太平者，孔子盖假托以明其理想，其意以谓，于据乱之世拨乱而起治，本欲为全人类开太平，而太平不可以一蹴遂至，故必经过一升平之渐次，诸夏勇于改造，既进升平，决无停滞，太平之治，当及吾身而亲见之矣。❶熊先生认为："总之《春秋》三世说是革命而蕲进太平盛治之总略，其以所见世为太平世，可见孔子之志期于在据乱世举革命之事，而即身亲见太平盛治之成就，故曰：'我欲载之空言，不如见之行事'。知行合一，确乎其不可拔也！"而且，"圣人革命之志，要在造时，毋待时也。造时者，惩过去与现时之弊，与其颓势之所趋，而极力拨去之，惟顺群情之公欲公恶，行大公至正之道，以创开一变动、光明、亨通、久大之新时代，所谓'先天而天弗违'是也。"❷熊先生曰：《春秋》立三世义，与《易》之《鼎》《革》二卦，互相发明。革，去故也。鼎，取新也。《系辞传》曰：'变动不居'此虽言天化，而人治实准之。三世义者，明治道贵随时去故取新，度制久而不适于群变，故宜随时变易，以有功也。《易》曰：日新之谓盛德。富有之谓大业。承时兴变，故德业富有日新而无穷也。三世者，通万世无穷之变，而酌其大齐。假说三世，实不可泥执三世之言，而谓万古只此三变也。"❸

---

❶ 熊十力：《原儒》，上海书店出版社2009年版，第127—129页。
❷ 熊十力：《原儒》，上海书店出版社2009年版，第130页。
❸ 熊十力：《读经示要》，上海书店出版社2009年版，第361页。

以大同的"天下为公",以及仁义的道德精神为准则,天下的历史可以从四个方面来观察和评价:一、正与变;二、和与仇;三、家与公;四、治与乱。"正"是所谓"天下大同"和"王天下"的状态。"天下大同"不一定有"王",孔子《礼运》的描述中就没有"王","天下大同"可以是"群龙无首",这是最高境界。第二个境界,略低一点,是"王天下",需要有一个统领,一个共同体的代表,这个代表是集德智于一身,大家都来推崇他,归附他,而他也能够引领大家,这是"王天下"。第三个境界是"霸天下",比"王天下"的境界再低一点。当此之时,"王"被诸侯国家所架空了。"霸"即"伯",所谓"方伯",就是主宰一方的诸侯中的某个老大,他代替"王"来主持"天下"的正义。因为此时"王"自己的权威已经衰落,方伯以自己的权威来帮助王维持天下,这就是"霸天下"。第四个境界最低,为"裂天下"。此际"天下"大乱,以至于"天下"之名都被人们所抛弃和遗忘。"天下大同"和"王天下",为天下之正。"霸天下"和"裂天下",为天下之变。于"霸天下"之时,天下就已经不那么正常了。当今世界相当于"裂天下"与"霸天下"之间的一个状态。所以今天的人们很难想象"王天下",因为当今并没有一个"王",所谓"联合国的秘书长",并非当今天下之"王"。对于"王天下"都已难以想象,那就更难以想象"天下大同","群龙无首"了。在"天下大同""王天下"和"霸天下"之世,能有天下之和;"裂天下"之世,天下纷争,国与国相互冲突竞争,以至于天下相与为"仇"。"天下大同"之世,当然是"天下为公"。在"王天下"的时候还存在"公天下",但是也正是在"王天下"之时,天下为帝王家传之物的"家天下"观念和制度都出现于世。在中国的历史上,夏禹传位于启,从此,选贤与能的禅让制被废止,这是一个关键的转折点。启是一个天下之"王",但是受位于其父,这已经是开始"大人世及"了,也就是说,已经开始把"天下王"之天命和王权掌握在家族内部,作为家族的私有物传承了。所以说,在"王天下"的时候已经出现了"家天下"。然而,"家天下"之初,也还依然是有"天下"的。所谓天下之"治",就是有"大道之行",有圣王,有礼乐,天道和人性能够贯通的状态;与之相反,就是天下之"乱"。《礼运》孔子述"小康"的一段,实际上兼涉天下的治与乱。"小康"本来含有治乱两种可能,若能居仁由义,循圣王德礼,就能上达于"治";反之,则天下衰"乱"。在这里,天下大同、王天下、霸天下,都可以有"治";而裂天下,则为天下之衰"乱"。

五、"大同"观的现实意义

"大同观"的历史和道德意蕴,到底有何现实意义?大致可以从六个方面来看。

第一,它能唤醒今天的人们,关于"道"和"德"的觉悟。今天的人们习惯于从个体出发,而不是从道和德出发。个体的人不是在先的,在先的是"道"。由于"道"是在先的,个体的人则需要从个体的立场上去考虑怎么样来承载"道",这就是所谓"德"的问题。人们需要恢复对于"道"和"德"的觉悟。我们今天重谈大同和天下的观念,显然有这样的意义在。

第二,唤醒关于人类共同体的一体性,和每一个个体作为共同体成员的自觉,对于人类共同体命运的自觉。我们今天多少已经失去了这种自觉,至少这种自觉已经沉睡或麻木了。今天许多人习惯于唯我独尊的个体主义,他们不是从共同体出发来理解自我,也不是把自己视为共同体中一个谦卑的,和谐的,有节制的,需要修养与教化以成就其德性的共同体成员。所以,许多人其实与真正的人类"仁义"之"性"与"命"隔膜了,也可以说是"不知道"天所赋予人类的共同体性及其命运:人类要作为一个生命共同体来生活,每个人要作为天人关系之中一个动态的,可以无限发展的创造性的生命,一种参赞化育的万物的灵长来生活。我们若不知道这个人类命运共同体之"性"与"命",就是"不知命",所以孔子说,"不知命,无以为君子也。"(《论语·尧曰》)这就要求吾人,无论是个体还是共同体,须在德行上修养。当然,今天的共同体是"天下"裂散之后的国家共同体,国家共同体显然与"人类命运共同体",及"天下大同"的共产主义尚有很大距离。所以国家共同体也得教化,以期不"失"而"德",由"德"而"道"。

第三,重温"大同"似乎在唤醒一种"共同体主义"的生态意识,就是

"各正性命,保合太和"。在生态破坏日益严重的今天,"太和"正为人类所急需。大同的太和共同体主义,不仅涵盖人类共同体也遍及人与万物的宇宙共同体。这样一种生态意识,对于当今我们要建设的生态文明无疑是有价值的。

第四,在新的世界秩序与天下文明的意义上,中国传统的天下共同体治理的历史经验,提供了很多制度、方法和智慧,这是值得今天的人类取法和借鉴的。儒家治道,如德性政治,利用厚生,礼乐教化,以及圣王与民的关系的观念和制度等,对于我们今天建设一个新的天下意义上的德性文明,或者复兴天下文明,建立一个新的"仁义"统率的"人类命运共同体",是非常有启示意义的。古典儒家的很多传统和经验,甚至可以直接拿来,因时损益而运用。这些经验特别集中地包含在《周礼》和《尚书》之中。

第五,"大同"观从命运共同体的角度,为我们明确标示了一种足以成就人性的道德精神、价值体系和伦理准则。前文对此已有所论述,在此只需略再点明。比方说,仁义,比方说礼、中、和、恭、宽、信、敏、惠等。按照古典儒家提供的这个以"仁义"为核心的价值体系和伦理准则体系,我们可以找到无论是身,还是家、国和天下治乱、兴衰、善恶的标准。可以说,中华数千年德性文明传统为人类衡定了真正"文明"之准则。

第六,唤醒每一个人心怀天下的责任意识。顾炎武曾论"天下兴亡,匹夫有责"曰:"有亡国,有亡天下,亡国与亡天下奚辩?曰:易姓改号,谓之亡国;仁义充塞,而至率兽食人,人将相食,谓之亡天下。……保国者,其君其臣,肉食者谋之;保天下者,匹夫之贱与有责焉耳矣!"(《日知录》卷十三《正始》)所谓"亡天下",就是天下的道义败坏了,也就是人性中那个德性的世界泯灭了。天下兴亡,即人类共同体的道德命运,于每一个人都有责任。因为这关乎每一个人的人性的成与失。

古典儒家的大同观,实际上向当今世界提出了这样一些重大的问题:我们难道不需要一种新的历史哲学,一种新的政治哲学和政治学,一种新的自我意识,新的道德和伦理,以及新的价值体系吗?而所有这些新需要可行的答案,都蕴含在古典儒家德性文明传统中。也就是说,我们需要从这个传统中把这些新的道德、价值、制度和方法等开发出来，为今天和后世所用。

在今天这个天下分裂之势尚待扭转的时代，人们以国家、民族、种族、宗教、文化、阶级、性别等为阵营彼此纷争。种种不同之间的不"和"，正是人类所陷入的大多数冲突、战争、混乱、困境、衰败和危机的根源。不同而欲强同之，这是渗透在当代经济、政治、文化、价值观、信仰等领域的相当盛行和强势的一种意识形态。正如人们所见，这种意识形态反而使困局愈来愈不可解。于是，寻求一种"和而不同"的人类共同生活与和谐相处的智慧，成为我们面临的一个迫切而现实的需要。当今列国纷争的时代，"大道既隐"，适为"地火明夷"之象。这实际上是一个非常的，文明面临重重危机的时代。孔子《易·明夷·象》曰："内文明而外柔顺，以蒙大难，文王以之。利艰贞，晦其明也。内难而能正其志。箕子以之。"处于这样一个时代，"内文明"不能丢掉，人内心的文明，仁与义不能丢掉；"外柔顺"，即是说虽然外面的世界危机四伏，但是人们必须要用包容的，柔顺的，求和的方式去处世，不仅个体当如此，国家亦然。"以蒙大难"云云，即用这种态度来承受大难，困局，危险，乃至灾祸；在历史上周文王和箕子曾经就是这么做的，他们为后世立下了榜样。纵观中华德性文明所处之世界时局，我们当今身处天下德性"明夷"之际，文明正蒙大乱，我们需要向文王和箕子学习，"内文明而外柔顺"，"内难而能正其志"，居仁由义，确乎其不可拔；我们当自强不息，革故鼎新，力拨天下乱世，而图人类返乎文明正道。

今天的局面是人们以国家为单位，在世界中相互交往，或者相处，而国家又是"世界"的相对封闭的一个部分，其彼此之间的关系是"分"，这样的世界能够走向"和"吗？因为设立现代国家的基本的理念，是以各自分离的各个国家为基本单位，而拼接成一有"裂隙"的世界。这个现代世界本身没有一统和谐的"天下"信仰。现代国家是从世界中分出一块，据为己有，然后彼此相对，这种基本理念决定了现代世界国际的"游戏"，主要不是合作与和谐，而是竞争与冲突。也就是说，主要不是"和"，而是"仇"。于是，国际纷争和文明之间的冲突，就成为不可避免的事情。也就是说，现代国家理念已经很大程度上决定了现代世界演化的过程和趋势。事实上我们看到，近500年来西方影响全面东渐之后，尤其是在东方和西方密切交往之后，国家之间和文明之间冲突的"波浪"越来越大，以至于今天到了这样一种地步：几乎所有国家都试图用核武器来瞄准对手。

说到这里，有必要稍微补充一点，就是关于儒家的"华夷之辨"。古典儒家有文明与野蛮之分。熊十力先生认为："《春秋》于升平世，分别民族，只依其文野，判为诸夏夷狄二类。夷狄凶狡，无人道，同之鸟兽。诸夏则隆礼义而立人极者也。夷夏之分，乃人禽之界，此不可不严也。若夫以同一种类为一民族者，此乃极狭隘之种界观念，迷生人之性，启争乱之端，则不通《春秋》之过也。"[1]

德性文明意义上的"中国"和"华夏"是一种自然而然的资格吗？因为我们出生在中国的国土上，会说中国话，认识中国字，拥有中国国籍，我们就自然而然地是德性文明意义上的"中国人"或"华夏人"吗？古典儒家认为，"华夏"有礼仪之大，有服章之美。也就是说，"中国"有"仁义"之道，服膺"大道之行，天下为公"的信仰和理想，是按照这种"天下大同"的观念，肯认自己作为天下之一国，立于天地之"中"，当仁不让地以承载和弘扬"天下为公"之道为己任，所以称为"中国"或"华夏"。那么，也就是说德性文明意义上的"中国"，其实质不在于她的地域是在天地之"中"，也不在于她的人种，也不在于她特有的语言文字，而在于她所承载的道义是不是"仁义"和"天下为公"。如果服膺"仁义"，遵循"天下为公"，"夷狄"之人可以进为"中国"；而"中国"之人如果失去了道义的话，可以退为"夷狄"。在今天这个国际关系错综复杂的世界中，"华夷之辨"实际上是一个道德上的标尺，它指示了某种方向，也给了作为中国人的我们以某种警示：我们不要沦为"夷狄"！它同时也告诉我们，世界在趋向"天下大同"的过程中，"夷狄"是可以通过教化，自我修养和学习进化为"中国"和"华夏"的。如果到了某一天，天下的"夷狄"都进化为"华夏"和"中国"了，"天下大同"也就实现了。

---

[1] 熊十力：《读经示要》，上海书店出版社2009年版，第382页。

以"天下大同"的道德准则为参照,我们发现国与国是不一样的,在性质上简直可谓天壤之别。认同或者不认同这个作为生命共同体,尤其是作为人类生命或命运共同体的"天下",这一点无论是对于个体的人,还是对于作为群体的国家,还是对于国际之间的关系,都具有决定其性质的意义。像历史上发动两次世界大战的国家,以及当今不断挑动和制造争端,乃至有可能挑起第三次世界大战的某些帝国主义国家——现代世界的暴力利益集团,它们奉行的价值标准是利益至上和弱肉强食的"丛林法则"。我们知道,中国的道德精神传统一直是反对这种国家间的"丛林游戏",及其弱肉强食的"丛林法则"的,但是,今日中国处在这种世界"战国"局面中,为了生存和发展,不得不本着"仁"心,跟那些"丛林国家"在同一个世界中展开斗智与斗勇的周旋。然而,中国之所以为中国,其天下大同,民胞物与的"仁"道和"仁"心,历劫不磨,始终不渝。天下文明,虽曰夷伤沉沦,其剥极而复,必系于我中国与华夏德性文明的伟大复兴!

师严道尊：

《论语》和《学记》中的古典儒家师道

教师这一社会角色在今天市场化的职业分类中，往往被称为"脑力劳动者"或"知识分子"，但教师的主要工作和职责显然不只是传授知识和技能。当今社会依然流传着一些既带有期许又带有赞美意味的比喻："教师是人类灵魂的工程师"，或教师是培育文化生命之花的"园丁"。这些富有诗意的比喻，显然是在强调教师绝不只是一种无关乎人的心灵和德行的服务业从业者，或"为学术而学术"的知识"搬运工"。这些线索指示出，教师的形象和角色是某些复杂成分组成的复合之物，其中明显包含着一种超越了市场交易游戏规则的精神传统。在今天知识技术化和文化商业化的境遇中，这一传统面临着多方面的挑战，然而，与此同时，人们也能够真切地感受到，这一传统经受挑战顽强延续的力量亦是惊人。我们相信，今天的教师形象是一种历史演化的成果，它在很大程度上是昨天的教师形象的一种转化。

在中国文化的视野中，将其文化源头时期的古典儒家"教师"形象显影出来，或许会对审视我们今日的教师形象具有特殊的参照价值。一旦这一古典的教师形象清晰可辨，我们就可以反观今日的教师形象，无论是中国的还是外国的，东方的还是西方的，在多大程度上继承或背离了传统的精髓？更进一步，我们可以思考：为了保证今日和未来人类教育的持续健康发展，我们需要采取怎样的方式来引导教师角色，乃至整个教育体系从传统向现代的转型。或者，更准确地说，是从今天的所谓"现代"向"传统"的回归。

《学记》和《论语》堪称古典儒家教育哲学的两个经典文本。《学记》通过对古典儒家的精英教育的正式体系的描述，从一个侧面反映了儒家关于教师角色的基本理念：一个教师在理想的德治社会中负有怎样的职责？他如何以适宜的方法来履行其职责？《学记》同时提出并回答了这样的问题：社会应该赋予教师怎样的地位与权威，应当以何种方式尊重教师的教导与权威？《论语》可以视为是一本描绘孔子这位身体力行的儒家教师的画卷，它从实践性和经验性的角度，非常精彩而生动地展现了教师教育活动的完整概貌和精确细节。我们想知道，孔子的出现是如何继承了他以前的儒家传统关于教师形象的观念，又如何为这种源自先王的传统教师形象增添了新的内容？以《学记》和《论语》这两个经典文本为核心来加以考察，我们有望窥见一种神形兼备的古典儒家的教师形象。一种文化在其源头上对于教师角色的理解，关联着这个文化命脉延续与繁荣发展的最深层的期望、情愫与真理。因此，通过对古典儒家教师形的探究，我们有望对儒家教育传统的现代命运及其现代价值有所领悟。

一、"有教无类"

中国古代君主制社会的教育制度起源很早，《尚书·舜典》记载，舜任命契为司徒，在百姓中推行五常之教，即父义、母慈、兄友、弟恭、子孝[1]。夏商周三代承袭了这个在社会中普及伦理教育的制度，并且有所发展。一方面是学校体系的建立。《孟子·滕文公上》曰："设庠序学校以教之。庠者养

---

[1] 《十三经注疏·尚书正义·舜典》（卷第三），北京大学出版社1999年版，第75页。

也，校者教也，序者射也。夏曰校，殷曰序，周曰庠，学则三代共之，皆所以明人伦也。"❶另一方面是在内容上大为拓展，到周代已经演变为一种"德行"与"道艺"并重的教育。《周礼·地官·大司徒》："以乡三物教万民而宾兴之：一曰六德：知、仁、圣、义、忠、和；二曰六行：孝、友、睦、姻、任、恤；三曰六艺：礼、乐、射、御、书、数。"❷起初，在这些早期的官方教育体系中担任教师的主要是各种"司徒之官"，他们是后来的儒士的前身。《汉书·艺文志》曰："儒家者流，盖出于司徒之官，助人君，顺阴阳，明教化者也。"❸儒士是在孔子儒家学派创立之前就已存在的，具有文化知识，以"六艺"和社会伦理教民，从事相礼实践的人。❹如此看来，儒者作为教师是孔子之前中国教育史中的一个传统。

　　《学记》描绘了中国古代德治君主制国家中贵族学校教育的理想图景。这种图景的基本观念来源于先王的"德行"与"道艺"教育的传统。这种传统对教师形象的定位具有很强的道德意味。"师也者，教之以事，而喻诸德者也。保也者，慎其身而辅翼之，而归诸道者也。"（《礼记·文王世子》）从文献形成的年代来看，《学记》比《论语》要晚，然而，《学记》中呈现的却是孔子之前"学在官府"的教育面貌，其中的教师形象是"先王"时代的教师形象。我们从《学记》"三王四代唯其师"，和"是故古之王者建国君民，教学为先"的说法即可知道这一点。孔子所处的是一个"礼坏乐崩"的时代。随着周王室权威的衰落，出现了所谓"天子失官，学在四夷"的局面。❺这其实是一个学术与教育向全社会所有阶层普及的历史机会，正是在这种背景下，孔子"祖述尧舜，宪章文武"而创立的儒学，以及作为民间教师授徒讲学的私学兴起了。

　　孔子的出现开创了中国古代教育思想与实践前所未有的新篇章。牟复礼曾经非常精到地指出：孔子并非如他自己谦逊地表示的那样，只是"述而不

---

❶ 《十三经注疏·孟子注疏·滕文公章句上》（卷第五），北京大学出版社1999年版，第135-136页。
❷ 《十三经注疏·周礼注疏上·大司徒》（卷第十），北京大学出版社1999年版，第266页。
❸ ［汉］班固撰，［唐］颜师古注：《汉书》，中华书局2007年版，第1367页。
❹ 张立文主编：《圣境——儒学与中国文化》，人民出版社2005年版，第3页。
❺ 《十三经注疏·春秋左传正义》（卷第四十八），北京大学出版社1999年版，第1366页。

作"的文化转述者，而是一位以举世无匹的力度塑造了中国文明基本特质的伟大的文化创造者。他至少有三项创造，直到今天，仍然是中国文明中持久的特征。他的第一个创造就是私人讲学。孔子是中国历史上的第一个职业教师。他建立了一种跟现实世界息息相关的"师—生"模式，这一模式是如此有效，竟很快成了垂范整个社会的标准，历代沿袭，不可取代。孔子的第二个创造是他确立了教育的内容、方法和理想。孔子坚信教育意味着一种全面的开放的技艺的学习。孔子的教育包括研习经典，尤其是诗、书和礼等。对这些经典的研习既包括哲学层面，也包括实践层面，不仅涉及语言和文学，还有历史和伦理；研习的重中之重是为政之道。除了经典之外，教育内容还有音乐和体育。孔子确立的这些教育内容在此后中国两千五百年间一直是所有知识分子所要接受的。这种教育是一种理性的、开放的教育，它跟文明一起成长而不会变得贫瘠、僵化。孔子在其有生之年确立了这种教育的核心文本，传授这些文本的方法，以及衡量个人进展的理想标准。孔子教导的方法就是对经典的仔细研读或对经典的反复诠释。这种诠释的唯一的"权威性"就是智慧和学识的差异。正是这种方法让原始儒家的精神内涵在后世不断更新，而孔子的教育则被忠实地传承下来，不论朝代更迭，世易时移。孔子的第三个创造就是他一视同仁地接纳不同出身的弟子，"有教无类"的教育原则。牟复礼还进一步指出，孔子作为一个伟大教师的关键在于他卓异的人格力量。孔子其人，即之则温，仰之弥高，人们追随他，是因为他确实最能领悟那个时代的中国文明，知道她如何才能趋于完美。❶

这个带有文化史眼光的评价为我们提供了观察古典儒家教师形象的一些很重要的基本线索，但是我们的探究不同于这种历史学的方式，我们是出于一种也许可以称之为教育哲学的兴趣来探讨孔子所代表的儒家教师形象的，而且我们大体是循着《学记》所标定的儒家古典教育哲学的范围来提出问题的。尽管《论语》中的孔子"有教无类"的民间教师形象与《学记》中的官方教师形象有着诸多不同，但是，由于两者在根源上都属于同一个教育

---

❶ ［美］牟复礼：《中国思想之渊源》，北京大学出版社2009年版，第34–36页。

传统，《学记》中关于教师角色多方面的理论诠释，与《论语》中所描绘的孔子丰富生动的教育实践画面形成了一种高度契合的互补关系，从而将古典儒家的教师形象既抽象又具体地展现出来。如果说《学记》提供了古典儒家关于教育的基本理念，以及一种理解教师角色的教育伦理学的视野，那么，《论语》为我们展现了孔子这个中国教师第一人，是如何通过他伟大而厚重的生命创造性地诠释了儒家教育的理想和价值观，并且典范性地呈现了一位真正的儒家教师的智慧、情怀与美德。

孔子成为一个教师具有某种历史的偶然性，他本来想成为一个在君主的朝廷中直接执掌权力，治理国家的政治家。然而，除了在鲁国有过一段不长的从政经历之外，他虽然游历各国，奔波多年，却一直郁郁不得志。从某种意义上看，我们甚至可以将孔子最初的教学活动视为他的"业余爱好"。他不是一个由任何官方任命的教师，好像也从来没有主动地去招揽过任何人来当他的学生。倒是那些想成为他弟子的人，自己拿着拜师的礼物来求学，孔子只是欣然接纳而已。那么，他的弟子们为何要汇聚到他的身边？很显然，是因为他作为一个有德行的学者而具有的魅力，吸引了作为求知者和仰慕者的弟子们。当然，我们可以进一步说，是孔子身上所承载的文化本身具有强大的吸引力。有了主动来求学的弟子之后，他不得不成为一个授徒讲学的教师。由于越来越多的弟子们的追随，据说他先后有过人数多达三千的弟子，于是，他最终成为一个私人办学的职业教师。

子曰："自行束脩以上，吾未尝无诲焉。"（《论语·述而》）

子曰："有教无类。"（《论语·卫灵公》）

子曰："爱之，能勿劳乎？忠焉，能无诲乎？"（《论语·宪问》）

孔子之所以教导他人，不是因为他要教导他人，或者说不是为了教人而教人，而是因为对弟子的"爱"与"忠"，即是出于关怀弟子和为了满足弟子的心愿而教。

孔子和弟子所结成的这种非官方的师生关系是非常独特的，他们之间既像慈孝相连的父子，又像志同道合的朋友。彼此之间相互敬重和关爱是师生关系的实质，也是决定师生关系存在与否的根据。于是，孔子师生群体的性质也显得很特别，这主要表现在维系师生群体的纽带不是任何外在规定的权威、组织结构和学校制度，而是师生拥有共同的学习兴趣和一致的学习目的，以及一种基于对德行和学问的敬重与服膺而自然形成的类似于家庭中的父子与兄弟关系的伦理上的凝聚力。孔子的师生群体是一个志同道合的"好学者"们自组织的"修道"共同体。在这个共同体中每个人首先是一个"好学者"，这是每个人的基本身份。其次，在相互学习的意义上，大家结成彼此互为师生的动态关系。再次，在相对稳定的伦理格局中，孔子作为最好学的人，最有学问和德行的长者，被大家赋予了一种公认的教师地位和权威。

对孔子来说，教师的身份是师生群体所赋予的，因而并不是一个由他自己主动选择的身份。他自主选择的身份是"好学者"，他的这一身份与他的学生们的完全一样。孔子终身都是一个好学之人，他从少年起就立志向学，学而不厌、发愤忘忧，矢志不渝，不知老之将至。他曾经极其自信地称自己的好学是别人难以匹敌的。

子曰："十室之邑，必有忠信如丘者焉，不如丘之好学也。"（《论语·公冶长》）

何谓好学？子曰："君子食无求饱，居无求安，敏于事而慎于言，就有道而正焉，可谓好学也已。"（《论语·学而》）在《论语》中，孔子称赞过的好学的弟子，只有他最器重的颜回。（《论语·先进》）

达巷党人曰："大哉孔子！博学而无所成名。"子闻之，谓门弟子曰："吾何执？执御乎？执射乎？吾执御矣。"（《论语·子罕》）

子曰："加我数年，五十以学《易》，可以无大过矣。"（《论语·述而》）

子曰："德之不修，学之不讲，闻义不能徙，不善不能改，是吾忧也。"（《论语·述而》）

孔子博学无方，学无常师，人们能清楚地感受到他的博大高明，但是却似乎无从说出到底什么是他的专长。孔子是他那个时代无与伦比的融渊博和精深为一体的圣贤。这与他一贯的谦虚好学息息相关。其实，孔子的"执御"之说，不过是一种或许带有自嘲意味的孔子式的幽默：我这么多年驾着车东奔西走，至少该算得上是一个驾车的高手吧。

志道篇

那么，孔子孜孜以求的最为重要的学习对象是什么呢？孔子念兹在兹，梦寐以求的是古代流传下来的文化。

子曰："周监于二代，郁郁乎文哉！吾从周。"（《论语·八佾》）

卫公孙朝问于子贡曰："仲尼焉学？"子贡曰："文武之道，未坠于地，在人。贤者识其大者，不贤者识其小者，莫不有文武之道焉。夫子焉不学？而亦何常师之有？"（《论语·子张》）

孔子所学是先王的文明成就，尤其是周朝文王和武王时代所呈现的高度文明，这些文明在人间传承，体现在从贤人君子到愚夫愚妇的各种人身上。孔子不论何人，只要有可学之处，就虚心向人学习。

孔子所学习的文化精髓集中体现为古代流传下来的"六艺"——礼、乐、射、御、书、数。在整理先代文化典籍的基础上，孔子逐渐将先王的"六艺"改造成《诗》《书》《礼》《乐》《易》《春秋》为主的新"六艺"。孔子的"六艺"之教包含着一个精神实质或核心价值，那就是"仁"道。所谓仁，孔子最简洁明了的解释就是"仁者爱人"（《论语·颜渊》）。孔子的一贯之道，即"仁"道。他的高足弟子曾参将仁道理解为"忠恕"之道。"恕"的伦理法则是"己所不欲，勿施于人"；"忠"的伦理法则是"己欲立而立人，己欲达而达人"。❶ 如果从社会的立场来看，仁道的社会理想即是孔子在《礼记·礼运》中所述"大同"盛世。大同盛世的本质在于社会的文明化，由圣贤君子所形成的相互关爱和谐有序的圣贤君子之国及天下。这一伟大理想，并非只是一种关于古代的黄金时代的神话，而是一种社会批判的准则的象征，代表着现实的社会通过实践和变革可以达成的一种社会品质。"齐一变，至于鲁，鲁一变，至于道"（《论语·雍也》）。可以说古典儒学的重点在于社会理想的建立。古典儒学具有极强的社会批判力和文化创造力。❷ 社会文明化的实现，自有其伟大气象："大道之行也，天下为公，选贤与能，讲信修睦。"（《礼记·礼运》）然而，落实于仁人的内心却极其平凡，不过即是"老者安之，朋友信之，少者怀之"。（《论语·公冶长》）

---

❶ 张荫麟：《历史上的孔子》，载黄河选编《儒家二十讲》，华夏出版社 2008 年版，第 242-243 页。
❷ 成中英：《现代新儒学建立的基础》，载黄河选编《儒家二十讲》，华夏出版社 2008 年版，第 317 页。

仁道的自然基础是人与人之间本来具有的相互依存关系和每个人倾向于关爱他人的向善天性。❶然而，这种相互依存关系是否能够实现为和乐的社会生活，这种向善的天性是否能够表达为人与人之间的爱与关怀，却取决于人类的历史经验和历代积淀的创造性智慧能否被完整地继承和创造性地弘扬。由于在孔子所处的时代，他所醉心的周代的文明已经陷入"礼坏乐崩"的局面。面对诸如季氏"八佾舞于庭"和"三家者以《雍》彻"（《论语·八佾》）的僭越礼制的乱象，孔子一方面感到非常愤慨，另一方面也产生了深深的忧患。因为他意识到如果不极端珍视并且充分吸收前人的文化遗产，中国将陷于"天下无道"的野蛮与蒙昧之中。从这个意义上讲，孔子很容易被人们视为一个汲汲于恢复或维护周礼的守旧者。其实，周礼以及先代夏商之礼等被孔子所珍视者不在于它们的礼仪，而在于它们所包含的前人的伦理精神和伦理智慧。子曰："礼云礼云，玉帛云乎哉？乐云乐云，钟鼓云乎哉？"（《论语·阳货》）孔子的所作所为并不是在恢复或维护周礼，而是着眼于继承以周礼为典范的古代文化的精髓，从而古为今用，并且发扬光大传之后世。

孔子对古代文明采取的是一种"述而不作"的态度。他的确曾经有取舍地编辑整理《诗》《书》《礼》《乐》《易》《春秋》，并将它们用作教材来研习讲授。孔子的教育非常重视学习见于载籍的古代文化。子曰："博学于文，约之以礼，亦可以弗畔矣夫。"（《论语·颜渊》）他认为前人文明传统的浸润是后人立身处事的基础。子曰："兴于诗，立于礼，成于乐。"（《论语·泰伯》）他曾教导儿子孔鲤："不学《诗》，无以言"；"不学《礼》，无以立。"（《论语·季氏》）他曾经尖锐地批评过那种认为读书与否无所谓的观点。

子路使子羔为费宰。子曰："贼夫人之子。"子路曰："有民人焉，有社稷焉。何必读书，然后为学？"子曰："是故恶夫佞者。"（《论语·先进》）

然而，他绝没有简单地在生活中搬用古代的礼乐文明传统，或者甚至不

---

❶ 参见傅佩荣：《孔子的教育思想》，载黄河选编《伟大的传统》，华夏出版社2008年版，第376–382页。

合时宜地试图在社会上推行。孔子的立场，也许正如《中庸》所说："非天子，不议礼，不制度，不考文。……苟无其德，不敢作礼乐焉；虽有其德，苟无其位，亦不敢作礼乐焉。"子曰："吾说夏礼，杞不足征也。吾学殷礼，有宋存焉。吾学周礼，今用之，吾从周。"（《中庸》）孔子明确反对那种食古不化，教条株守所谓"古之道"的愚昧做法。子曰："愚而好自用，贱而好自专，生乎今之世，反古之道。如此者，灾及其身也。"（《中庸》）

孔子认为对前人文明传统的继承是一条贯穿中国历史的主线，同时，在朝代更替的过程中，被继承的前代传统也被后代予以"损益"，即根据现实条件因时因地制宜，去粗取精地调整。

子张问："十世可知也？"子曰："殷因于夏，礼所损益可知也；周因于殷，礼所损益可知也；其或继周者，虽百世可知也。"（《论语·为政》）

"损益"是在"因"的基础上进行的适当的革故鼎新的改造，既不是彻底的革命，也不是原封不动地照搬。孔子是文化传统的保守者与文化传统的维新者的一种精妙的融合。❶人们如果偏执于保守与维新的任何一方，都会误解了孔子对于传统的理解与对待传统的分寸。

孔子对待文化传统的方式可以从三个层面来整体性地予以解释。以周代的礼乐文明为代表的先王之道有其本，有其体，有其用。道（先王文化传统）之本根源于天地生生之德，体现为人的生命成长的本能与向善合群的天性。本由天所生，不可移易，人人性情相通。子曰："性相近也，习相远也。"（《论语·阳货》）道之体是夏、商、周等各代的典章制度与礼仪规范。在孔子看来，道之体在各代更替之际一直都是与时俱进，因革损益的。道之用则需要以圆满达成人们现实生活所必需的价值为目的。道之用在方法上的准则是"守经用权"，即在不违背道的人性之本，并创造性地变通道之体的基础上，要结合具体条件恰当灵活地运用变动的道之体。综上所述，简而言之，道之本不变，人之性相近；道之体相对可变，典章制度须随时因革损益；道之用须守经用权，随机应变，"不可为典要，唯变所适"。

---

❶ 李山：《先秦文化史讲义》，中华书局 2008 年版，第 232–233 页。

(《易·系辞下》) 这种智慧难以掌握，孔子为此曾颇有感慨。子曰："可与共学，未可与适道；可与适道，未可与立；可与立，未可与权。"(《论语·子罕》)

学是贯穿孔子一生的。孔子之所以学而不厌，是因为他将学视为成己成人的根本。

子曰："古之学者为己，今之学者为人。"(《论语·宪问》)

子曰："生而知之者，上也；学而知之者，次也；困而知之者，又其次也；困而不学，民斯为下矣。"《论语·季氏》

子曰："我非生而知之者，好古敏以求之。"(《论语·述而》)

子曰："莫我知也夫！"子贡曰："何为其莫知子也？"子曰："不怨天，不尤人。下学而上达。知我者其天乎！"《论语·宪问》

孔子下学而上达，是学为君子。他曾说："君子上达，小人下达"(《论语·宪问》)。

孔子通过不懈的学习所达成的境界在后儒看来已经达到既明且哲的境界。君子上达，是期于成圣。虽然孔子自谦："若圣与仁，则吾岂敢？抑为之不厌，诲人不倦，则可谓云尔已矣。"(《论语·述而》)

二、"君子如欲化民易俗"

通观孔子的一生，他生命历程的轨迹大致可以描述为：由学而政，由政而教，由教而化。

子曰："吾十有五而志于学，三十而立，四十而不惑，五十而知天命，六十而耳顺，七十而从心所欲不逾矩。"(《论语·为政》)

"四十不惑"与"五十而知天命"也许与孔子在盛年仕途受阻的遭际有关："再逐于鲁，消迹于卫，穷于齐，围于陈蔡，不容身于天下。"(《庄子·盗跖》)他的"不惑"表现在他形成了一种与当世的政治和社会之间既在俗又超脱的，若即若离的关系，"知天命"意味着他对于自己的文化使命具有一种清醒的自觉和明确的自信。于是，他将终生的志业从汲汲于"为政"，转向了致力于传承和弘扬"斯文"的教育。

子畏于匡。曰："文王既没，文不在兹乎？天之将丧斯文也，后死者不得与于斯文也；天之未丧斯文也，匡人其如予何？"（《论语·子罕》）

孔子自信是整个古代文化命脉的托命之人。同时，孔子将自己所倾心致力的教育理解为一种天职：关乎他的"后死者"，即在他之后的人类是否能够获得文化生命。这种自觉和自信何其伟大卓绝！孔子的这种"上下与天地同流"的精神气象的确是"仰之弥高"的。

孔子认为人类的文化慧命是人类生命的根本所在。历史上所创造的文明成就为世世代代的人们提供了滋养生命的生活方式与智慧源泉。孔子为什么而从事教育？教师的职责何在？他显然不是只着眼于为当世培养治国的人才和专业性的人才；他强调"君子不器"（《论语·为政》），并且告诫弟子"女为君子儒，勿为小人儒。"（《论语·雍也》）。他的教育是德才兼备的，然而，与才具相比，他更看重德行。孔子的教育旨在"振民育德"（《易·蛊·象》）。孔子教育是德性文明传统的传承和延续。孔子所教的是"为己之学"。这种学问所关注的核心问题是"人如何成为自己？"，相对来说，"如何成为人才？"，只是教育中第二位的问题。"为己之学"是立足于个体而言的教育或学习，而它的意义不限于个体的自我修养实践。在"己欲立而立人，己欲达而达人"的人际关联中，"为己之学"展开为一个社会性的塑造伦理共同体的实践。就对君子德性之"己"与对伦理共同体之"群"的塑造而言，孔子的教育乃是双重的"振民育德"。

更为重要的是，"为己之学"与伦理共同体的文化命脉相通，每一个作为仁人君子的"己"负有承载和传承共同体文化精神的使命。子曰："人能弘道，非道弘人"（《论语·卫灵公》）他明白"苟非其人，道不虚行"（《易·系辞下》）孔子的学生中有几位可谓深谙老师的心迹。

曾子曰："士不可不弘毅，任重而道远。仁以为己任，不亦重乎？死而后已，不亦远乎？"（《论语·泰伯》）

子张曰："执德不弘，信道不笃，焉能为有，焉能为亡。"（《论语·子张》）

子夏曰："百工居肆以成其事，君子学以致其道。"（《论语·子张》）

德性文明论：
古典儒家礼乐教化及其当代价值

孔子如何弘道？他的行为表现出某种让人困惑的矛盾性：一方面，他是积极入世的，不愿作瓠瓜"系而不食"，似乎不放过任何能够从政以使文明振兴的可能的机会。另一方面，他又是超脱的，洁身自好，不卑不亢，以至于"不事王侯，高尚其志。"（《易·蛊·小象》）

子曰："不在其位，不谋其政。"（《论语·泰伯》）

子曰："笃信好学，守死善道。危邦不入，乱邦不居。天下有道则见，无道则隐。邦有道，贫且贱焉，耻也。邦无道，富且贵焉，耻也。"（《论语·泰伯》）

子曰："直哉史鱼！邦有道，如矢；邦无道，如矢。君子哉蘧伯玉，邦有道，则仕；邦无道，则可卷而怀之。"（《论语·卫灵公》）

子曰："邦有道，危言危行；邦无道，危行言孙。"（《论语·宪问》）

子曰："宁武子邦有道则知，邦无道则愚。其知可及也，其愚不可及也。"（《论语·公冶长》）

从这种意义上讲，他是一个社会现实的严厉批判者，甚至是具有明显避世倾向的愤世嫉俗者。然而，他终究不是一个逃离社会现实的隐逸者，因为他作为仁者对于社会和他人具有"民胞物与"的深切关怀：

夫子怃然曰："鸟兽不可与同群，吾非斯人之徒而谁与？"（《论语·微子》）

与此同时，孔子身上具有一种"为天地立心，为生民立命，为往圣继绝学，为万世开太平"（张载语）的社会责任感和文化使命意识，这使他与当时的社会及其政治保持了一种批判和引导所必需的距离，从而形成了一种与之若即若离，亦即亦离的关系。孔子的风范正如《中庸》所言：

故君子尊德性而道问学，致广大而尽精微，极高明而道中庸。温故而知新，敦厚以崇礼。是故居上不骄，为下不倍；国有道，其言足以兴；国无道，其默足以容。《诗》曰："既明且哲，以保其身。（《中庸》）

孔子是一位"圣之时者"，他不仅在当时能应机而作，"无可无不可"，随遇而安；而且能超越其所处之世的局限，"知其不可而为之"，守死善道。

子曰："君子之于天下也，无适也，无莫也，义之与比。"（《论

语·里仁》)

孔子私人讲学具有两个层面的意义：其一是在直接的和即时的层面，孔子对弟子有言传意义上的教诲。其二是在体道为学方法和人格典范的意义上，孔子以身行道的践履对当时和后世之人有化民易俗的教化作用。这两者当然是相辅相成的，但显然可以分开来理解。从一定意义上讲，孔子自己对于这种"不言之教"更为看重。

子曰："予欲无言。"子贡曰："子如不言，则小子何述焉？"子曰："天何言哉？四时行焉，百物生焉，天何言哉？"（《论语·阳货》）

王夫之《思问录》曰："圣人体天以为化，故欲无言。言者，人之大用也，绍天有力而异乎物者也。子贡求尽人道，故曰：'子如不言，则小子何述焉？'"❶即是说，孔子欲践行天地刚健不息厚德载物的精神来感化他人，所以不想拘泥于言教。子贡追求尽心尽力遵循人之为人之道，所以看重孔子对道理的言说。其实，言有限；言所不及者无限。言说之教诲人者有限；天之不言，而以"四时行焉，百物生焉"昭示人者无限。孔子虽极端重视教师对弟子的言教，因为，"不知言，无以知人也。"（《论语·尧曰》）非言教不可以阐释文明之奥秘。言教对于传达人道以及天道是必要的，然而，无论如何，是不充分的。于是，孔子不执着于"言教"，而是以身教和直接指示天地的不言之教，来导人自行体悟，以成就其天赋的"人皆可以为尧舜"的人格。

孔子"祖述尧舜，宪章文武"（《中庸》）从一方面看，是孔子承担了作为"圣人之道"的中国文化的命脉。从另一方面来看，孔子所学的圣人之道也造就了孔子这个能够弘道的至德之人。正如《中庸》所说："大哉！圣人之道洋洋乎！发育万物，峻极于天。……待其人而后行。故曰：苟不至德，至道不凝焉。"作为斯文的化身，和载道弘道之人，孔子显现出了极其伟大的人格力量："动而世为天下道，行而世为天下法，言而世为天下则。"（《中庸》）子贡谓："仲尼，日月也，无得而逾焉。"又曰："夫子之不可及

---

❶ 王夫之：《思问录》，《船山全书》（第十二册），岳麓书社2011年版，第424页。

也，犹天之不可阶而升也。夫子之得邦家者，所谓立之斯立，道之斯行，绥之斯来，动之斯和。"（《论语·子张》）孟子曰："自有生民以来，未有孔子也。"又引宰予之言曰："以予观于夫子，贤于尧舜远矣。"（《孟子·公孙丑上》）

孔子并非神，他只是一个不免有过之人。然而，他善于改过。因此，在他身上作为人的标志的过错，在改正之后反而更加凸显了他人格的伟大。

子贡曰："君子之过也，如日月之食焉：过也，人皆见之；更也，人皆仰之。"（《论语·子张》）

三、子以四教：文行忠信

"师者，所以传道，授业，解惑也。"❶一般说来，"传道"与"解惑"都依托于有相对明确对象的"授业"，即教学内容的传授。孔子作为一个教师，当然也有其教学理念、教学体系、教学科目与教学方法。

子曰："志于道，据于德，依于仁，游于艺。"（《论语·述而》）

这是孔子的教育宗旨。

"艺"是孔子的教学中最外在的部分，它有明确的"课堂"教学形式和规范可循。但是，教学并不停留在"艺"事的表面，而是含有文化传承、道德修养、社会和谐的意蕴。朱熹曰："艺，则礼乐之文，射、御、书、数之法，皆至理所寓，而日用之不可阙者也。"（《四书章句集注》）其实，孔子所授而游于其中之"艺"也包括孔子所"述"的《诗》《书》《礼》《乐》《易》《春秋》六经。"六艺"是古代文化精华的凝聚，"六艺"之学也是有悠久历史的教学传统的延续。朱熹认为孔子所言四者之间有"先后之序，轻重之伦"。王夫之说："志道、据德、依仁有先后而无轻重；志道、据德、依仁之与游艺，有轻重而无先后。"并且说"德为道之实，而仁为德之全；据与依，则所以保其志道之所得，而恒其据德之所安。若艺，则与道相为表里，而非因依仁而始有。"❷孔子的教学活动以"六艺"的传授为中心。然

---

❶ 孙昌武选注：《韩愈选集》，上海古籍出版社1996年版，第225页。
❷ 王夫之：《读四书大全说》，《船山全书》（第六册），岳麓书社2011年版，第701页。

而，他的教学又不限于"六艺"，而是从这个中心辐射到整个生活世界与历史文化的时空，以及万物共生的自然天地。不仅如此，他的教学目的在于由"艺"达"道"，由"艺"修德，由"艺"为仁。

《学记》曰："记问之学，不足以为人师，必也其听语乎。"孔子的教学就通过他与弟子们之间的"听"与"语"而展开。"听语"只是教学的枢轴或焦点，它汇聚了遍布于广大的生活世界与文化语境中的"学"。透过"听语"，我们能看到孔子无所不包的大教学体系。举凡个人日常的言行、家庭生活的伦常、国家社会的治理，以至天下与文化的命运都是孔子师徒的教学载体与教学内容。孔子的教学完全没有课堂与社会之间的壁垒，可以说，孔子实际上是以"天地"及"天下"为课堂，以生活为教育过程。

孔子的教学科目可以从多个角度来理解。总体而言，它集中体现为贯通文化之"道"、人格之"德"、社群和谐之"仁"爱的"艺"。从孔子所培养的弟子们所显示的才德的多样性而言，可以分为德行、言语、政事、文学四科。

子曰："从我于陈、蔡者，皆不及门也。"德行：颜渊，闵子骞，冉伯牛，仲弓。言语：宰我，子贡。政事：冉有，季路。文学：子游，子夏。（《论语·先进》）

与此相似，对孔门教学还有另一种理解。

"子以四教：文、行、忠、信。"（《论语·述而》）

"教人以学文修行而存忠信也。忠信，本也。"[1]这四者可以分为内外两个方面，"忠信"属内，"文行"为外。见之于外的教学只有"文"和"行"两个门类。可以将"忠信"视为主要是内涵于"行"的。也就是说孔子的教学分为"文"和"行"两个相互联系的科目。"文"就其广义而言，涵"天文"与"人文"，"观乎天文，以察时变；观乎人文，以化成天下。"（《易·贲·彖》）天文如"四时行焉，百物生焉。"人文如尧"焕乎其有文章！"如从狭义而言，"文"即"六艺"或"道艺"。"行"即德性修养实践

---

[1] 朱熹引程子语，见《四书章句集注》，中华书局1983年版，第99页。

或"德行"。可见，孔子的教学是古代"道艺"与"德行"兼修的教学传统的延续。在"行"和"文"的相互关系中，孔子是以"行"为本，以"文"为末，以"行"统"文"，以"文"辅"行"。"行"是学的主要方式，"行"有所得是学有所成的标准。

子曰："文，莫吾犹人也。躬行君子，则吾未之有得。"（《论语·述而》）

子曰："弟子入则孝，出则弟，谨而信，泛爱众，而亲仁。行有余力，则以学文。"（《论语·学而》）

子曰："兴于《诗》，立于礼，成于乐。"（《论语·泰伯》）

孔子所教之"行"是君子之"行"，就其广度而言，它无所不包，从洒扫应对，到修身齐家，再到国家天下的治理。就其所涉及的主要伦理关系而言，"天下之达道五"，即君臣、父子、夫妇、昆弟、朋友之交。（《中庸》）从这个意义上讲，孔子教"行"的重点不在于具体"行"事的类别与技能，而在于强调君子所"行"任何事都必须达到应有的道德"品质"，这就是内合"仁"道，外合"礼"义。"行"合乎仁礼，也就是"文质彬彬，然后君子"。（《论语·雍也》）

子曰："君子义以为质，礼以行之，孙以出之，信以成之。君子哉！"（《论语·卫灵公》）

君子之"行"有"仁"道一以贯之。"仁"在人我社会关系中达成，其高远之志是"己欲立而立人，己欲达而达人。"（《论语·雍也》），其平凡之事则在于"己所不欲，勿施于人。"（《论语·卫灵公》）"君子之道，辟如行远必自迩，辟如登高必自卑。"（《中庸》）君子之"行"见之于日常言行，以孝悌为本。君子之行，未免会有过错，然而，君子之所以区别于小人，就在于是否善于改过，以至于能"不贰过"。改过之法，犹如学射，"失诸正鹄，反求诸其身。"（《中庸》）君子之"行"所欲成就的美德有三："仁者不忧，智者不惑，勇者不惧。"（《论语·宪问》）

君子之行，虽不离百姓日用，庸言庸行，但是要"行"有所得，达到"中庸"境界，却殊为不易。

子曰:"可与共学,未可与适道;可与适道,未可与立;可与立,未可与权。"(《论语·子罕》)

子曰:"道之不行也,我知之矣:知者过之,愚者不及也。道之不明也,我知之矣:贤者过之,不肖者不及也。人莫不饮食,鲜能知味也。"(《中庸》)

"行"虽难达"从心所欲不逾矩"之境,然而,行贵有恒,进而不止。

子曰:"譬如为山,未成一篑,止,吾止也。譬如平地,虽覆一篑,进,吾往也。"(《论语·子罕》)

子谓颜渊:"惜乎!吾见其进也,未见其止也。"(《论语·子罕》)

从孔子教学的基本理念、教学体系和教学内容来看,孔子的教育是一种以德为首的全面的教育。他把最高的道德追求与最广博精深的文化、知识与技能的学习紧密结合起来,并且将道德教育置于整个教育的核心与最重要的地位。孔子的教育"文""行"并举,落实于"行",以"行"为其过程、实质和目的。这种教育完全不是脱离实际生活的说教,而是为了培养一种作为实践智慧的道德。

如果说孔子的教学思想"致广大而尽精微",那么,孔子的教学方法可谓"极高明而道中庸"。孔子的教学方法是灵活多样的。颜渊叹曰:"夫子循循然善诱人"。(《论语·子罕》)所谓"诱"就是启发学生"学"的自觉性和主动性,使学生能够自我成长,达到《学记》所谓"离师傅而不反"的境界。孔子的"善诱"正是《学记》所言,"能博喻然后能为师"。他最著名的教学方法大体包括因材施教、教学相长、循序渐进、举一反三、启发诱导、学而时习、学思并重等。❶这些方法并非一些零散的技巧,而是共同构成了一个刚柔并济的完整的教学方法体系。

孔子的教学方法与他的人格和性情是相通的。《论语·述而》篇描述孔子"温而厉,威而不猛,恭而安。"孔子的这种人格和性情,是他终身自我修养的产物,从一定意义上讲,是他践行"先王"传统中的"正直、刚克、

---

❶ 秦彦士:《诸子学与先秦社会》,河北人民出版社2003年版,第288页。

柔克"这"三德"的成就。"三德"运用之法为"平康正直，强弗友刚克，燮友柔克，沉潜刚克，高明柔克"（《尚书·洪范》）。从这样的人格和性情出发，他的教学方法一定具有刚柔并济的特点。其具体表现形式则或刚、或柔、或刚中有柔、或柔中略刚、或刚柔和合。这就使他的教学富有人情味，乃至具有某种庄谐兼味的幽默感。

"季氏富于周公，而求也为之聚敛而附益之。"子曰："非吾徒也。小子鸣鼓而攻之可也！"（《论语·先进》）

厩焚。子退朝，曰："伤人乎？"不问马。（《论语·乡党》）

子贡问友。子曰："忠告而善道之，不可则止，毋自辱焉。"（《论语·颜渊》）

子曰："道不行，乘桴浮于海。从我者，其由与？"子路闻之喜。子曰："由也好勇过我，无所取材。"（《论语·公冶长》）

或曰："以德报怨，何如？"子曰："何以报德？以直报怨，以德报德。"（《论语·宪问》）

孔子刚柔有致的教学方法是其独特人格和性情的自然流露。孔子的方法具有某种"苟非其人，道不虚行"的特点。从这个意义上讲，他的方法无所谓方法，不可直接照搬和简单模仿。勿宁说孔子的教学启示我们，真正的方法存于在技术或技巧之外；若要掌握圣人的方法，唯有先学习圣人的人格和性情。

四、古典儒家师道的弘扬

孔子是中国古代"先王"礼乐文化传统，尤其是"周文"最伟大的继承者和弘扬者。在他所处的那个"礼坏乐崩"的时代，他或许是最后一位能够全面接续"先王之道"的具有"师保"精神的教师。

庄子曰：

古之人其备乎！配神明，醇天地，育万物，和天下，泽及百姓，明于本数，系于末度，六通四辟，小大精粗，其运无乎不在。其明而在数度者，旧法世传之，史尚多有之。其在于《诗》《书》《礼》《乐》者，邹鲁之士、搢

绅先生，多能明之。(《庄子·天下》)

但是自孔子之后，"……其数散于天下，而设于中国者，百家之学时或称而道之。天下大乱，圣贤不明，道德不一……判天地之美，析万物之理，察古人之全……是故内圣外王之道，闇而不明，郁而不发……后世之学者，不幸不见天地之纯，古人之大体，道术将为天下裂。"(《庄子·天下》)不仅在当时孔子儒家之外的百家如此"往而不反"，在孔子之后的儒家中，仍然能保持孔子教育之全体的大儒，至孟子、荀子往后亦渐为稀有。其后的儒者对于孔子教育之全体，也如"百家"一般"各为其所欲焉，以自为方"而已。孔子"有教无类"，本着"人皆可以为尧舜"的信念，首开私人讲学的风气，将王官之学，"师保"之教，普遍施于社会，从这个意义上讲，孔子又是中国古代开创了文化普及和大众教育先河的第一人。

由于孔子远远超出于他的时代之上，也远远超出于常人的眼界，因此，孔子很容易被人"错过"，哪怕是思想的巨人也会在某种傲慢或轻忽的引诱下，错失与孔子的心灵相遇的机会，并且留下可笑而幼稚的误解。黑格尔就曾说："孔子只是一个实际的世间智者，在他那里思辨的哲学是一点也没有的——只有一些善良的、老练的、道德的教训，从里面我们不能获得什么特殊的东西。"[1] 而我们却是坚信从孔子那里不可能不获得许多特殊的东西的。

孔子，一代圣哲，万世师表。他所建树的不仅是一个德行崇高的人的典范，也是一种"致广大而尽精微"的教育的理想。他本着"人能弘道"和"人皆可以为尧舜"的信念，"有教无类"，建设了一个修道者的共同体。作为中国历史悠久的古代文化理想的继承者、创造者与实践者，他以"天下归仁"为己任，以身作则，化民易俗，载道弘道。

孔子的师道及其"人文化成"的教育之道，是任何时代的教育都不可忽视和遗忘的历史经验和实践智慧的结晶，我们这个时代当然也不例外。概括起来，孔子及其教育的精髓主要体现在如下几个方面：

（一）教育是人文化成的"自然"过程，它关乎人类的文化慧命的成

---

[1] ［德］黑格尔：《哲学史讲演录》(第一卷)，生活·读书·新知三联书店1956年版，第119页。

长。教育的目的在于"成人",即通过将人的生活导入历史形成的"仁道"文化之流,从而使人在一种生机活泼的文化生态中,自然地习染而成为一个具有仁德的人。孔子相信人"性相近,习相远",教育对于"成人"的作用是至关重要的。这正是《学记》所谓"人不学,不知道"。教育的本质是营造一种健康的人文生态,从而让人性在文化环境中自然地"成长"。因此,教育不是出于任何功利性的目的,用机械加工的方式对人的训练或塑造。在人文化成的教育中,教师的教不仅仅是直接的传授,也包括以身作则的模范感化,以及教师指引学生在文化生态中自然成长。从这种意义上讲,教包含着化,化是教的升华,也是教的归宿。

(二)教育应该是一种以德为首的全面的教育。孔子的基本教育理念集中体现在他所表述的"志于道,据于德,依于仁,游于艺"宗旨中。这一宗旨的含义在于,以"仁义"之"道"的继承和延续为指针,以自我德行的修养为基础,着眼于创造性地参与建设仁爱和谐的共同体,广泛地学习一切有价值的人类文化成就。孔子不仅提供了一种道德修养的教育,而且提供了他那个时代最全面的文化、知识与技能的教育。他把最高的道德追求与最广博精深的文化、知识与技能的学习紧密结合起来,并且将道德教育置于整个教育的核心与最重要的地位。与这种教育观对"继善成性"极端重视相关,"德行"或道德实践成为这种教育关注的重心。"子以四教:文、行、忠、信"。孔子所教的主要内容可以分为两大类:"文"和"行","忠信"可以视为内含于"行"。"行"是学的主要方式,也是学成与否的检验标准。道德与知识上的成就都取决于"行"有所得。

(三)孔子的教学体系是一种遍及生活世界的大教学体系。孔子将生活世界与教育活动完全打通。或者说孔子直接在社会生活中开展教育。在他的教学体系中,讲堂、家庭、朝廷、民间、山水、天地之间都是学习修养的场所,教学无所不在。在他与弟子的教学互动中,日常言行和社会生活的方方面面都可以作为教学的内容和载体。孔子的教学实践生动而具体地展现了一种古典类型的"生活即教育"与"社会即学校"的大教学观。从更广泛的意义上讲,这种教学体系也将天地的"不言之教"包括在内。正如《礼记·孔子闲居》所言："天有四时，春秋冬夏，风雨霜露，无非教也。地载神气，神气风霆，风霆流形，庶物露生，无非教也。"

（四）孔子确立了"教书"与"育人"并重的教师典范形象，他成为了中国古典儒家师道的化身。孔子秉承先王"道艺"与"德行"并重的教育传统，身体力行地确立了一个"学而不厌，诲人不倦"的教师典范，堪称"万世师表"。他"祖述尧舜，宪章文武"，服膺"周文"，终身学习，不知老之将至，下学而上达，最终成为最为"博学"与"多能"的人，一个能全面地继承和弘扬先王礼乐文化传统之"文"或"道"的托命之人，和一个集智慧、仁德和勇毅于一身的君子乃至圣人。他所体现的师道，就是一以贯之的仁道，或君子之道。这种师道伦理原则表现在"修己以安人"（《论语·宪问》），"己欲立而立人，己欲达而达人"（《论语·雍也》），"君子求诸己，小人求诸人"（《论语·卫灵公》），以及"己所不欲，勿施于人"（《论语·颜渊》）等多个方面。在"经师易得，人师难求"的时代，在"教书"与"育人"严重脱节的教育环境中，孔子所示范的"师道"和"师德"无疑是我们应该尊奉的圭臬。

（五）教育及其师生共同体应该具备美德与智慧。孔子与弟子所结成的师生关系，以志同道合为前提，这是一个仁道传统的"修道者共同体"，教师是修道的"先生"，学生是修道的"后生"。在这种关系中，学生将指导自己智慧和品格成长的绝对权威和信任交托给"先生"，而"先生"也将自己的关爱、耐心与期望寄予"后生"。这个修道者的共同体本身具有一种道德的属性。在当时"礼坏乐崩"的文化荒漠中，这个修道者共同体的存在有如一片文化的"绿洲"。不仅如此，孔子的师生团体有一种"化民易俗"的文化觉悟与社会责任感；这种意识尤其鲜明地体现在孔子本人身上。他心忧天下，周游列国，慨叹"天下有道，丘不与易也"（《论语·微子》）。孔子师徒的教育实践，在教育与政治，教育与文化的关系上，提出了两个值得每个时代的教育思考的问题：教育如何与政治保持一种内在的张力？教育如何既继承文化传统同时又与时俱进地发展文化传统？孔子对这两个问题都作出了堪称典范的创造性的回答。孔子"君子不器"的告诫与文化随时"损益"

的观点,对我们是深有启发的。

（六）教育是一种"艺术",它应该具有美的内涵和乐的品质。教育之美与乐体现在孔子师徒生活与交往的方方面面。我们可以从《论语》描绘的诸多"速写"画面中体会到这种美与乐:"子在齐闻韶,三月不知肉味"(《论语·述而》);"饭蔬食,饮水,曲肱而枕之"(《论语·述而》),"浴乎沂,风乎舞雩,咏而归"(《论语·先进》)。孔子"天何言哉"的感叹,是对天地万物的壮美,以及乾健坤顺精神的体验。孔子对尧舜人格的景仰,表达了教育目标的崇高之美。孔子在教导方法上刚柔并济,循循善诱,显示出教学艺术之美。孔子对弟子们品行和才能的欣赏,透露出"得天下英才而教育之"的欣慰之乐。安贫乐道,学而时习,远方朋来,弦歌不辍,这些都是学习过程之乐。"智者乐水,仁者乐山",反映了修道者智慧和仁德自然流露之乐。教育作为一种培养人的智慧与德行的"艺术",也作为修养和教学的"艺术",它必然渗透着崇高、优雅、愉悦、和谐等美与乐的价值和意义。

我们已经重温了孔子作为中国古代最伟大教师的形象,以及他所实践的人文化成教育的非凡面貌。"温故"而"知新"是我们的目的。孔子的教育所提供的启示是整体性和全方位的,而不是零散和片面的。如果说现代教育已经在功利化、市场化、"方术"化的方向下,驶入了"道术为天下裂"的迷途,那么,孔子的教育本身具有"道术为天下合"的特质,这将是可为今天及未来的教育指示航向的"北辰"。我们需要全面地回到孔子的教育传统,唯有在全面继承和弘扬孔子的师道师德与"人文化成"的教育之道的基础上,我们的教育才能在德性文明的康庄大道上推陈出新,日新又新。

圣德王道：

当代中国政治的传统文化根基与人类命运共同体

当代中国政治的核心领导力量是中国共产党。近年来，中国共产党通过大力反腐、精准扶贫、生态文明建设，实施"一带一路"战略，弘扬社会主义核心价值观，传承和发展中华优秀传统文化，倡导"人类命运共同体"新理念等，在治国理政和国际事务上展现出富有活力的新生面。这些政治思想和实践上的新创造和新面貌，一方面在具体的事务层面，表现出与时俱进的"变化"性；另一方面在深层的政治理念和政治传统上，也保持着不忘初心的"恒常"性。可以看到，中国共产党作为国家政治权威的道德自觉、为人民服务的宗旨、代表最广大人民利益的立场、以马克思主义为指导，坚持走中国特色社会主义道路的政治方向是始终一贯的。如果我们想要更进一步探究：当代中国政治之所以体现出这种相当稳定的政治理念和政治传统的连续性，是否根源于历史悠久的中国政治文化传统？我们发现，古典儒家的内圣外王之道，在一定意义上正是当代中国政治的传统文化根基之所在。当代中国政治是古典儒家德性政治文明的继承者和弘扬者。

一、圣王"与天地合其德"

中华圣哲自上古以来，即形成根深蒂固的"天地人万物一体"的整体生命观。先哲"道通为一"的道德智慧，视身心、我他、群己、家国、天下、人物、天地，内外之道合一贯通。体验性地践行这种整体生命智慧，尽心知性以知天，穷理尽性以至于命，从而成己成人成物，参赞天地之化育，这就是所谓道德修养与教化相统一的"内圣外王"之道。圣王是"内圣外王"之道的伟大开创者和典范践行者。圣王是中华民族生命历程中涌现出来的伟大领袖人物，是曾为中华文明物质和精神生活史作出过开创性和引领性贡献的伟大发明家、思想家、政治家和教育家。

圣与王，名义略有别：圣以内圣外王之道成其德；王以内圣外王之道成其治。古昔圣与王为一，圣者王而王者圣，故往往合而称之。

圣王为人之至伟大者。神明通达谓之圣。庄子曰："圣有所生，王有所成，皆原于一。"又曰："以天为宗，以德为本，以道为门，兆于变化，谓之圣人"。（《庄子·天下》）天下归往谓之王。圣王效天法地，中得于人，通天地人三才之道。《易》曰："立天之道曰阴与阳，立地之道曰柔与刚，立人之道曰仁与义。"（《易·说卦》）圣人以仁义之道立人，而迭用天地之阴阳柔刚。董子亦曰："古之造文者，三画而连其中，谓之王。三画者，天地与人也，而连其中者，通其道也。"（《春秋繁露·王道通三》）

圣王必有巍巍之德，赫赫之功，而圣王之道蕴含于盛德大业之中。

宰我问于孔子曰："昔者予闻诸荣伊曰'黄帝三百年'。请问黄帝者人也？亦非人也？何以能至三百年乎？"

孔子曰："……黄帝者，少昊之子，曰轩辕。生而神灵，弱而能言。幼齐叡庄，敦敏诚信，长聪明，治五气，设五量，抚万民，度四方。服牛乘马，扰驯猛兽。以与炎帝战于阪泉之野，三战而后克之。始垂衣裳，作为黼黻。治民以顺天地之纪，知幽明之故，达生死存亡之说。播时百谷，尝味草木，仁厚及于鸟兽昆虫。考日月星辰，劳耳目，勤心力，用水火财物以生民。民赖其利，百年而死；民畏其神，百年而亡；民用其教，百年而移，故

曰黄帝三百年。"(《孔子家语·五帝德》)

宰我从"黄帝三百年"的神奇传说引出话题，然后又一一问及帝王颛顼、帝喾、帝尧、帝舜和大禹。孔子一一述其德业而盛赞之。

孔子赞颛顼曰：

"疏通知远，养财以任地，履时以象天。……动静之神，小大之物，日月所照，莫不厎属。"

赞帝喾曰：

"博施厚利，不于其身。聪以知远，明以察微。仁以威，惠而信，以顺天地之义。……日月所照，风雨所至，莫不从化。"

赞帝尧曰：

"其仁如天，其智如神。就之如日，望之如云。……四海之内，舟舆所及，莫不夷说。"

赞帝舜曰：

"孝友闻于四方；陶渔事亲。宽裕而温良，敦敏而知时，畏天而爱民，恤远而亲近。……"

赞大禹曰：

"敏给克齐，其德不爽，其仁可亲，其言可信。声为律，身为度。亹亹穆穆，为纪为纲。……四极之民，莫敢不服。"(《孔子家语·五帝德》)

从古典儒家统摄天人，贯通古今的道德视野来看，政治与道德在广义上可以等同，而狭义的治国理政意义上的政治，也就成为道德的一个特定领域与范畴。古典儒家的"政治"概念，很大程度上意味着先修己以正己之德，而后教化以正人之德。孔子曰："政者，正也。子帅以正，孰敢不正？"（《论语·颜渊》）从这个意义上讲，中华政治传统可以称之为一种德性政治文明的传统。这一传统集中体现为古圣先王道德智慧凝成的内圣外王之道。

古典儒家的内圣外王之道，始于传说中的古圣先王。从孔子"祖述尧舜，宪章文武"的道统继承来看，尧舜以来的政治文明与政治智慧，当是内圣外王之道的典范和精华。

《庄子》述内圣外王之道曰：

德性文明论：
古典儒家礼乐教化及其当代价值

"古之人其备乎！配神明，醇天地，育万物，和天下，泽及百姓，明于本数，系于末度，六通四辟，小大精粗，其运无乎不在。"（《庄子·天下》）

钟泰先生曰："'配神明，醇天地'，言圣人之体。'育万物，和天下，泽及百姓'，言圣人之用。'明于本数，系于末度，六通四辟，小大精粗，其运无乎不在'，则合体与用而言之，所谓其备也。'本数'者，道德仁义是也。'末度'者，法名参稽是也。"❶ 王夫之曰："盖君子所希者圣，圣之熟者神。神固合于天均。"又曰："且夫天均之一也，周遍咸而不出乎其宗，圜运而皆能至。能体而备之者，圣人尽之矣。"❷

圣与王，圣人与王者之谓也。圣王，内圣外王，盛德大业，体用合一。圣言其德，体也；王言其业，用也。圣王通天地人三才之道，参赞天地之化育，泽及百姓，天下之民归心向往而来，故"王"与"往"音谐义通。

内圣外王之道，贯通天地人三才，与天地相准，而系于人之性命身心，合外内之道于一，而行乎天人之际：与天，则休乎天均，参赞化育，保合太和；与人，则修己安人，为政以德，协和万邦，化成天下。

圣王有首出庶物，人文始祖之义。古圣先王有制作创建之智德功业，惟圣者王，而王者必以其圣。圣人即是王者，圣王备于一人之身。《尚书·洪范》曰"睿作圣"。孔安国传曰："于事无不通之谓圣。"古圣先王之制作，仰观俯察，取法天地人之道，近取诸身，远取诸物，通神明之德，类万物之情，领人类出榛莽草莱，而入农耕礼乐。

《易传》称，古者包牺氏之王天下也，取法天地万物与人，"于是始作八卦，以通神明之德，以类万物之情。作结绳而为网罟，以佃以渔。"神农氏"耒耨之利以教天下"。日中为市，天下"交易"，各得其所。而后黄帝、尧、舜氏作，"通其变，使民不倦，神而化之，使民宜之。……垂衣裳而天下治，盖取诸《乾》《坤》"。（《易·系辞下》）

王夫之曰：

"兼言三圣者，上古之世界，人道初开，法制未立，三圣相因，乃以全

---

❶ 钟泰：《庄子发微》，上海古籍出版社2002年版，第758–759页。
❷ 王夫之：《庄子解》，《船山全书》（第十三册），岳麓书社2011年版，第465页。

体《乾》《坤》之道而创制立法，以奠人极，参天地而远于禽狄。所以治天下者，无非健顺之至理，而衣裳尤其大者也。'不倦'者，《乾》之健行。'宜民'者，《坤》之顺德。……此三圣之创制立法所以利百姓之用而上承天佑也。……故《乾》《坤》毁而《易》道不立，衣裳乱而人禽无别，三圣之立人纪而参天地者在焉，故他卦不足以拟其大，而取诸《乾》《坤》。"❶

孔子所作《易·大象》曰："天行健，君子以自强不息；地势坤，君子以厚德载物。"孔子所寄意圣王德业，如此而已！船山先生言圣王，可谓与孔子之心戚戚然契合无间。

《论语》亦载孔子赞圣王语数则，莫非仰圣王德业如天之大，如地之厚。

子曰：大哉尧之为君也！巍巍乎！唯天为大，唯尧则之。荡荡乎！民无能名焉。巍巍乎其有成功也！焕乎其有文章！（《论语·泰伯》）

子曰："巍巍乎！舜、禹之有天下也，而不与焉。"（《论语·泰伯》）

子曰："禹，吾无间然矣。菲饮食，而致孝乎鬼神；恶衣服，而致美乎黻冕；卑宫室，而尽力乎沟洫。禹，吾无间然矣！"（《论语·泰伯》）

依船山先生之说，圣王未兴，天地只为一"自然"天地。赖圣王聪明睿哲，创制立极，华夏之民从此"参天地而远于禽狄"，于是，"自然"天地中乾坤再辟，始生成一人文"天下"。

圣王为生民立命，作之君，作之师，作民父母。

子夏曰："三王之德，参与天地。敢问如何斯可谓参（于）天地矣？"孔子曰："奉'三无私'以劳天下。"子夏曰："敢问何谓'三无私'？"孔子曰："天无私覆，地无私载，日月无私照。奉斯三者以劳天下，此之谓'三无私'。"……天有四时，春秋冬夏，风雨霜露，无非教也。地载神气，神气风霆，风霆流形，庶物露生，无非教也。（《礼记·孔子闲居》）

王夫之曰："道之大原惟天，万物之大原惟天地，天下之大原惟君，人之大原惟父母。……故天地父母万物，而元后不任为万物父母，而惟'作民父母'。天地无作，而父母之道固在；元后不作，而父母之道旷矣。……天

---

❶ 王夫之：《周易内传》，《船山全书》（第一册），岳麓书社2011年版，第582—583页。

地、元后、父母，其道均也，理之一也。理一而分殊，此之谓也。"❶

二、"天下为公"与"民归于德"

内圣外王之道，圣德王道也。圣德以"天下为公"，王道则"民归于德"。圣王为天下建中立极，圣王居天下之大位以公，守天下之神器以仁。孔子所究心于圣王者，首在圣王治世之道。大禹以往的五帝德行功业，彰显的是"天下大同"之世的治道。

孔子曰："大道之行也，天下为公，选贤与能，讲信修睦。故人不独亲其亲，不独子其子。使老有所终，壮有所用，幼有所长，矜、寡、孤、独、废疾者皆有所养。男有分，女有归。货恶其弃于地也，不必藏于己；力恶其不出于身也，不必为己。是故谋闭而不兴，盗窃乱贼而不作。故外户而不闭。是谓大同。"（《礼记·礼运》）

大道之行，天下为公。王者与民，莫不为公。"公"为天下共同体之大德，王者必以至"公"与天下人同心同德。"天下"为天地人共生之"公器"，载天地万物之道，故老子谓之"神器"。圣王为天下"神器"之守，从天之命而得其位，守其位以德行之"仁"。

孔子与子夏论世运，从"大同"言及"小康"，曰：

"今大道既隐，天下为家，各亲其亲，各子其子，货力为己。大人世及以为礼，城郭沟池以为固，以贤勇智，以功为己，故谋用是作，而兵由此起。"（《礼记·礼运》）

王夫之以为，"城郭沟池以为固"下，原文有错简。于是，将"礼义以为纪……以立田里"与"以贤勇智……而兵由此起"，这两段文字的位置对调，定文句如上。可见，孔子以为，历史发展到一定阶段，"大道既隐"，大"公"为家"私"所替，"和"为"仇"所易。然而，大道隐而未息。故孔子又曰：

"礼义以为纪，以正君臣，以笃父子，以睦兄弟，以和夫妇，以设制

---

❶ 王夫之：《尚书引义》（上），《船山全书》（第二册），岳麓书社2011年版，第323—324页。

度，以立田里，禹、汤、文、武、成王、周公，由此其选也，此六君子者，未有不谨于礼者也。以著其义，以考其信。著有过，刑仁讲让，示民有常。如有不由此者，在势者去，众以为殃。是谓小康。"（《礼记·礼运》）

孔子以为，"大道既隐"，为时势之变，此时天下众人"私"己之心张盛，而继圣王之"君子"不为时习所动，修道循礼以为教治。所谓"禹、汤、文、武、成王、周公"，此六君子"示民有常"，是指贤圣君子不恤时势之"不可"，而一以"天下为公"之大道为己任，化裁推行，与时变通，举礼乐政刑而措诸天下之民。如此勉力导民于大道既隐之世，而行其大道。于是，大道实隐于众庶而显于君子，故未坠于地，宜乎其有"小康"。王夫之曰："'康'，安也。'小康'者，民不能康而上康之，异于'大同'。……大道之行，三代之英，相为表里，所以齐天下而共由于道，其继起为功而不可废者有如此。"❶

孔子在《礼运》中所表达的历史哲学，与马克思的历史哲学遥相呼应。马克思曾将人类的天然整体生命状态，称之为人类历史的第一阶段——"人的依赖性"。在这个原始的"相依为命"的阶段，中华圣王为中华民族和人类确立了"天下为公"的道德准则。人类作为一个命运共同体，无论在其最初的历史阶段，还是在后来发展到"物的依赖基础上的人的独立性"阶段，"天下为公"的道德准则实际上都是不可改变和不可违背的。而且，正是在人类当下所处的这个"异化"的阶段，有肩负大道而反对资本主义的社会主义运动兴起！人类今天面临着诸多按"天下为私"的游戏规则显然无法解决的困境，这也正好反证出"大道之行，天下为公"有着万世不可移易的恒常性。马克思的历史哲学预见到，人类必然走向一个"人的自由而全面发展"的新阶段，在这个阶段，"天下为公"之大道，出"明夷"而复彰，人类以"天下为公"为准则，结成一个"自由人的联合体"，即一个共产主义的人类命运共同体。"在那里，每个人的自由发展是一切人的自由发展的条件"。（《共产党宣言》）

---

❶ 王夫之：《礼记章句》，《船山全书》（第四册），岳麓书社2011年版，第540页。

"民归于德,德则民戴,否则民仇。"(《逸周书·芮良夫》)

尧曰:"咨!尔舜!天之历数在尔躬。允执其中。四海困穷,天禄永终。"舜亦以命禹。(《论语·尧曰》)

圣王治道:本于太一,法于天地;作民父母,天下为公;修己安人,参赞化育;由仁义行,允执其中。

子贡曰:"如有博施于民而能济众,何如?可谓仁乎?"子曰:"何事于仁,必也圣乎!尧、舜其犹病诸!夫仁者,己欲立而立人,己欲达而达人。能近取譬,可谓仁之方也已。"(《论语·雍也》)

圣王德业之至盛,在于贞性情、叙彝伦、行常道。历代圣王立身治世之行事与制作,以时变化,代有累积;然而,圣王修养为治之道,前后一贯,古今不易。圣王以其随时"损益"之事业,已为中华民族凝成万世不移之道德生命内核。中华德性文明的根本心性气质、伦理秩序、道德准则、价值观念等,都可溯源自圣王为天下建中立极之功。

老子曰:"夫物芸芸,各复归其根。归根曰静,是谓复命。复命曰常,知常曰明,不知常,妄作,凶。知常容,容乃公,公乃王,王乃天,天乃道,道乃久。"(《道德经》第16章)

老子"知常"之明,明"道"而已。圣王之道,容、公、王、天、道、久。"容",圣王之德;"公",圣王之制;"王",圣王之位;"天",圣王之化;"道",圣王之政;"久",圣王之教。其中大旨,略述如次:王德,仁也。亲亲仁民而爱物,天下莫不保爱亲和,故曰"容"。王制,礼也。君臣、父子、夫妇、兄弟、朋友,"五者天下之达道",圣王制礼作乐而天下共由,故曰"公"。王位,中也。王者处大位于天地之间,贯通天地人三才之道,中天地而立,为天下建中极,"允执其中",故曰"王"。王化,参天者也,而行之以权。王者参赞天地之化育,从天之所以"保合太和,各正性命"之化而用其权,故曰"天"。王政,正也。"正德、利用、厚生,惟和。水火木金土谷,惟修"(《尚书·大禹谟》)。此天下之所以政而治之道也,故曰"道"。王教,化成天下,元善之继也。"天命之谓性,率性之谓道,修道之谓教。"(《中庸》)圣王之教,继善成性,化民易俗,长治久安之本，有恒不息之基，故曰"久"。

孔子言圣王之道德政教，亦与老子之义相通。

孔子曰："能行五者于天下，为仁矣。""恭，宽，信，敏，惠。恭则不侮，宽则得众，信则人任焉，敏则有功，惠则足以使人。"（《论语·阳货》）

《尧曰》篇亦载：

"谨权量，审法度，修废官，四方之政行焉，兴灭国，继绝世，举逸民，天下之民归心焉。所重：民、食、丧、祭。宽则得众，信则民任焉，敏则有功，公则说。"（《论语·尧曰》）

王夫之于此见圣王建中立极，精一执中，中和位育，平治天下之义，曰："帝、王之定天下，让伐异时，文质易用，其要所以承天心、合民志者，主术虽密，而其存诸中以发为用者，则所谓宽也，信也，敏也，公也，无不秉此以为德，而大用皆自此而出也。"❶

观圣王之行，亦有刑威征伐。圣王以武止戈，禁暴治乱，乃不得已而用之。用兵以仁，所谓"无畏而恶不仁"者，如其仁也。

孔子尝与鲁哀公言用兵之义。

公曰："用兵者，其由不祥乎？"

子曰："胡为不祥也？圣人之用兵也，以禁残止暴于天下也。及后世贪者之用兵也，以刘百姓，危国家也。"（《大戴礼记·用兵》）

孔子亦谓武王之乐《武》："尽美矣，未尽善也。"而舜之《韶》乐，则"尽美矣，又尽善也。"（《论语·八佾》）

兵合于德，顺天而应人，乃成天下之义，王者之威。可以备患御侮，可以止暴治乱。反此之道，则邦国之害，天下之危也。故穆王欲妄征犬戎，祭公谋父谏曰："不可！先王耀德不观兵。夫兵戢而时动，动则威，观则玩，玩则无震。是故周文公之《颂》曰：'载戢干戈，载櫜弓矢，我求懿德，肆于时夏，允王保之。'先王之于民也，懋正其德而厚其性，阜其财求而利其器用，明利害之乡，以文修之，使务利而避害，怀德而畏威，故能保世以滋

---

❶ 王夫之：《四书训义》，《船山全书》（第七册），岳麓书社2011年版，第994页。

大。"(《国语·周语上》)

中华圣王行"内圣外王"之道，中华文明为"由仁义行"之德性文明。圣王盛德大业可念可怀，圣王至道绝学可述可弘。德与业为圣王之迹，而道与学为圣王之所以迹。二者本末相通。观圣王者，须以本贯末，志于其道而据于其德。

三、以教统政与为政以德

古圣先王，自伏羲、神农，至黄帝、尧、舜、禹，皆依据德业，以行禅让。至于大禹，禅让不再，传位于子，圣王合一之迹遂微，而圣人不王。周文王圣，周公亦圣，皆非天下之王。孔子"祖述尧舜，宪章文武"，集古圣先王之大成，为圣之时者，然而不得王位以行其圣王之道。

圣王之迹稀，圣王之道其息乎？不然也。后世圣王不世出，圣王之道，内外合一，内圣而外王，未坠于地，存乎其人，载乎史乘，见乎六艺，代有传述。惜乎至于孔子之时，"道术将为天下裂"，"内圣外王之道，暗而不明，郁而不发。"（庄子语）

《庄子·天下》曰："神何由降，明何由出？圣有所生，王有所成，皆原于一。"神与明，天地之妙用也；圣与王，人文之创制者；"一"者，道也。道，统会天地万物之体用，生生不息而恒运，通天地人三才而一以贯之，故曰"一"。

又曰："以天为宗，以德为本，以道为门，兆于变化，谓之圣人。以仁为恩，以义为理，以礼为行，以乐为和，薰然慈仁，谓之君子。"（《庄子·天下》）

圣人与君子，德行之境界有差等，而所宗之道不异。圣人君子皆以身承载与弘传人文化成之道，其所念兹在兹者，同一道德仁义。大禹之后，圣王相分。圣尊于德智，王尊于权位，圣人与王者，相辅乃能相成。然而，圣王之道未绝，系于圣人应时而出。

孟子曰："由尧、舜至于汤，五百有余岁。若禹、皋陶，则见而知之。若汤，则闻而知之。由汤至于文王，五百有余岁。若伊尹、莱朱，则见而知之。若文王，则闻而知之。由文王至于孔子，五百有余岁。若太公望、散宜生，则见而知之。若孔子，则闻而知之。由孔子而来至于今，百有余岁。去圣人之世，若此其未远也，近圣人之居，若此其甚也，然而无有乎尔，则亦无有乎尔！"（《孟子·尽心下》）

孟子忧圣人之道不得其传，有当仁不让之意。朱熹曰："此言虽若不敢自谓已得其传，而忧后世遂失其传，然乃所以自见其有不得辞者，而又以见夫天理民彝不可泯灭，百世之下，必将有神会而心得之者耳，故于篇终历序群圣之统，而终之以此，所以明其传之有在，而又以俟后圣于无穷也。其旨深哉！"（《四书章句集注》）

圣人与王者政治角色及职能由一统变成二分，以及教统和政统的分化，其实只是政治生态演化的一个表层现象，圣王之间的体用、内外、本末关系恒定而无改，才是深层实质。从实质上看，无论是圣王合一，还是圣王相分，圣与王的关系仍然是内圣外王，圣王一体，圣德王道，圣体王用，圣本王末。因而，对于任何人来说，无论是圣人还是王者，是士君子还是庶民，都可以通过每一个人的"修己安人"，来践行其内圣外王之道。而政治的根本其实就依托于每一个人的这种"为己之学"。古典儒家的德性政治文明，一方面有赖于圣王，或圣人王者的德行；另一方面也有赖于人类共同体中每一个人普遍的道德修养实践的成果。内圣外王之道，通贯乎圣王德业与民之秉彝。由此可见，古典儒家德性政治文明具有道德觉悟的普遍性和上下一贯的特点。政治权威的道德至上属性，与百姓和万民"民之秉彝，好是懿德"的道德天性相贯通，从而生成一种尊道贵德的共同体政治生活。这正是内圣外王之道所蕴含的中华传统德性政治文明的本质特征。

圣王相分之后，圣与王的关系问题凸显为中华政治伦理的关键问题。圣与王的关系，一方面表现为政治权威上圣人道德与王者权位之间的关系，另一方面又表现为礼乐教化的"教统"与治国理政的"政统"之间的关系。从中国政治的历史实践来看，其中所体现的伦理原则是德尊于位，教统尊于政统，以教统政。

以教统政，从个体关系的角度看，体现在王者之师对王者的教导，以及

德性文明论：
古典儒家礼乐教化及其当代价值

王者对王者之师的尊重和恭敬上。其典型的礼仪表现如《礼记·学记》曰："是故君之所不臣于其臣者二：当其为尸，则弗臣也；当其为师，则弗臣也。大学之礼，虽诏于天子，无北面，所以尊师也。"

从政治制度体系上看，以教统政，体现为以教化性制度主导治理性制度的中国传统政治制度结构。《周礼》作为古典儒家"天下大同"之政治制度"蓝图"，其王官的设置反映了以教统政的伦理原则。

《周礼》六官，天官冢宰掌邦治，以佐王均邦国；地官司徒掌邦教，以佐王安扰邦国。春官宗伯掌邦礼，以佐王和邦国。夏官司马掌邦政，以佐王平邦国。秋官司寇掌邦禁，以佐王刑邦国。冬官缺佚，实为百工事职，以富邦国。《周礼》的政治制度体系，体现了德礼先于政刑的制度伦理秩序。这也是在政治价值观上以德礼为本，以政刑为末的体现。

子曰："道之以政，齐之以刑，民免而无耻。道之以德，齐之以礼，有耻且格。"（《论语·为政》）

朱熹曰："政者为治之具，刑者辅治之法，德、礼则所以出治之本，而德又礼之本也。此其相为终始，虽不可以偏废，然政、刑能使民远罪而已，德、礼之效，则有以使民日迁善而不自知。故治民者不可徒恃其末，又当深探其本也。"（《四书章句集注》）

王夫之亦曾感叹："奈何今之言治者，竞以政刑为尚，而置德礼于不讲，乃曰民愚而不可化，非严为之督责而不可也。使其修德明礼，而天下不从，则其说是已。使其修政明刑，而天下能顺，则其说是已。未尝从事于德礼，而其尚政刑也又如此，则奈之何其徒求之民也！"[1]从孔子的观点来看，德礼政刑的本末不容颠倒。此本末关系所决定的政治制度的内在德性，是决定政治制度本身之善恶的根本。同时，在政治制度运行过程中以德性的力量为主导，对于天下国家的治理具有决定性的意义。以教统政既是政治制度设计的原则，也是政治伦理的价值秩序。在此制度原则和伦理价值的规范下，政治行为的正义性和政治行为的正确方法，也就必然指向"为政以德"了。

---

[1] 王夫之：《四书训义》（上），《船山全书》（第七册），岳麓书社2011年版，第281—282页。

为政以德，其义为圣王效法天地生生之德，修己治人，以仁义为政，善政养民。"德惟善政，政在养民。水、火、木、金、土、谷，惟修。正德，利用，厚生，惟和。"（《尚书·大禹谟》）

《易》曰："天地之大德曰生。圣人之大宝曰位。何以守位曰仁。何以聚人曰财。理财正辞，禁民为非曰义。"（《易·系辞下》）

王夫之曰："天地之为德，即立天立地之本德，于其生见之矣。位也，财也，仁也，义也，圣人之立人极不偏废者也，所以裁成辅相乎天地，而贞天下之动者也。……君道止于仁，唯为民父母，而后可为元后，仁所以守位也。仁者，位中所有之德也。义者，取舍而已。非义而取，则上有匿情，虽责民以善而辞不昌，民乃不服。财散民聚，而令下如流水矣。义者，于财而著者也。仁义之藏生于人心一阴一阳之成性，而此于守位聚人言之者，自其效天下之动以利用者言也。仁义并行，而后圣人之尽人道者，配天地之德以善天下之动，则六位以尽三才，其效益著明矣。"❶如此看来，为政以德，合外内之道，亦是内圣而外王。

王者承受天命，天之所命，不违人性。从人性上讲，"天生烝民，有物有则。民之秉彝，好是懿德。"（《诗·大雅·烝民》）天命靡常，惟德是辅。天之意即从民之心，故《书》曰："天视自我民视，天听自我民听。"（《尚书·泰誓》）

为政以德的政治，其内在根据在于每个人的德行修养："自天子以至于庶人，壹是皆以修身为本"（《大学》）作为一种德性政治文明，中华传统圣王政治必然不会局限于国家的边界之内，而有遍及天下的人文教化之功业。故《易》曰："观乎天文以察时变，观乎人文以化成天下。"（《易·贲·彖》）

王夫之谓："此言圣人用《贲》之道也。刚柔杂糅，交错以致饰，既为天道人情之所固有，圣人观而知其必然，而所以用之者，则不因天之变而易其纯一之道，不随人之变而伤其道一风同之至治。故天人虽《贲》，而圣人

---

❶ 王夫之：《周易内传》，《船山全书》（第一册），岳麓书社2011年版，第579—580页。

之治教自纯。天合四时而一致，而当寒暑相授之际，则一雨一霁，一温一凉，与夫日月五纬之交错于黄道内外，圣人观而察之，以审时之变，节宣以行政令，乃以当变而不失其常。人之风气习尚，粲然殊致，而各据其所安；圣人观风施化，因其所长，济其所短，不违其刚柔之则，而反之于淳。"[1]

圣王"为政以德，譬如北辰，居其所而众星共之。"（《论语·为政》）圣王之化，协和万邦，万国咸宁，天下归仁。

四、圣王政治传统的当代形态与人类命运共同体

中华优秀传统文化是我们的"根"和"魂"。中华民族伟大复兴所依托的坚实文化根基，在于我们的中华文化自觉和自信。从一定意义上讲，深层的问题是文化自觉。文化自信源于文化自觉，文化自觉是文化自信的前提和基础。

中华文明是一种源远流长的德性文明。其根本道德宗旨，是追求人与天地万物整体和谐共生，生生不息。其恒常不易的道德准则，是"立人之道曰仁与义"。其独特道德智慧的内核，是贯通身心群己物我天人的整体生命观，及继善成性，修己安人，协和万邦，天下归仁，参赞化育，保合太和的"内圣外王"之道。"一体同仁"的整体生命观与"内圣外王"之道，一知一行，相辅相成，从而凝为中华德性文明"知行合一"的道德智慧之内核。中华文明以"成己成人成物"为主题，以每个人和人类共同体的"人性"在天地万物和谐共生过程中创造性地实现为其价值目标。"圣王"，即"圣"人和"王"者，是在绵延不断的中华德性文明史中具有开创性贡献和典范性教化意义的伟大共同体领袖。圣王是古往今来开创、践行、倡导和弘扬"内圣外王"之道的典范。由"圣王"的盛德大业所确立的"圣王"形象，作为一种文化象征，直接标志着中华德性文明的精神特质及其道德境界。理解"圣王"形象，尤其是理解圣王德业所蕴含的"内圣外王"之道，是理解中华德性文明特质的一把"钥匙"。透过这种理解所获得的中华文化自觉，是我们

---

[1] 王夫之：《周易内传》，《船山全书》（第一册），岳麓书社2011年版，第215页。

今天所需要的文化自信的基石。

我们要理解当代中国的政治，必须从中国政治文化传统的根源入手。否则，既难以理解当代中国政治的现状，也难以看清其未来走向，以及当代中国正在开辟的政治道路与正在生成的"天下主义""人类命运共同体"德性政治文明，对于中国和全人类的意义。

圣王政治传统由当代中国政治所继承。我们可以从如下几个方面来观察这种传统的连续性，及其在当今的创造性"延伸"：首先，今天中国共产党强调人民当家做主，人民利益至上和"全心全意为人民服务"，这是与传统政治天民一体的德政"天命"观一脉相承的。其次，中国共产党对党员的道德修养及其社会表率作用的重视，是延续了"修身为本"和"政者，正也"的修己安人传统。其三，在全球交往中，中国所秉持的不同而和，和而不同，不霸而强，强而不霸，与人为善，善为与人的"天下主义"准则，以及中国的"一带一路"战略和建构"人类命运共同体"等"共享"和"共赢"的倡议及举措，彰显了让天下人耳目一新的政治、经济、文化与道义引领力量，昭示了中国德性政治文明在当代复兴的勃勃生机。

据德篇

为己之学：
古典儒家生命的学问及其启示

一、"为己""为人"之辨

古典儒家道德智慧所指向的根本问题是什么？一言以蔽之，就是人"如何成为我（们）自己"！换句话说，人怎么样彰显自己与生俱来的人性，在天地之间做一个堂堂正正的人；人类如何成就自己得天独厚的天赋，参赞天地之化育，保合太和，生生不息。

"如何成为我（们）自己"，即如何"做人"的问题是古典儒学乃至整个中国传统文化的核心问题！这也可以说是中国传统哲学作为一种哲学的特质之所在。"为己"或"做人"是一种学问，生命的学问和生活的艺术，而这学问和艺术始终围绕"成为自己"而展开，这就是"为己之学"。

儒者所谓"学"，源自历代圣王所传的德性修养与礼乐教化，以人性的彰显和人道的践履为其内核。"学"之传统，由来久矣。古圣先王历代累积，于夏、商、周三代而达其鼎盛。朱熹《大学章句序》曰："盖自天降生民，则既莫不与之以仁义礼智之性矣，然其气质之禀或不能齐，是以不能皆有以知其性之所有而全之也。一有聪明睿智能尽其性者出于其间，则天必命之以为亿兆之君师，使之治而教之，以复其性。此伏羲、神农、黄帝、尧、舜所以继天立极，而司徒之职、典乐之官所由设也。"朱子曰：三代礼乐兴隆，学校广设，教法详明，小学教之以洒扫应对进退之节，礼乐射御书数之文，大学教以穷理、正心、修己、治人之道。"而其所以为教，则又皆本之人君躬行心得之余，不待求之民生日用彝伦之外，是以当世之人无不学，其学焉者无不有以知其性分之所固有，职分之所当为，而各俛焉以尽其力。此古昔盛时所以治隆于上，俗美于下，而非后世之所能及也。"（《大学章句序》）

"学"至于周代盛极而衰。朱子曰："及周之衰，贤圣之君不作，学校之政不修，教化凌夷，风俗颓败，时则有若孔子之圣，而不得君师之位以行其政教，于是独取先王之法诵而传之。以诏后世。"（《大学章句序》）

子曰："古之学者为己，今之学者为人。（《论语·宪问》）

夫子感叹古之学者与今之学者有异，舍"为己"而"为人"，正当周衰之时势也。此时，"学"之名与形尚存，而其实与神变矣。

王夫之曰："夫子曰：欲进今人而效古人之志业，学而已矣，而不谓学之欲成乎今而异于古也。诵习之文，言行之迹，不可信为义利公私之准也，亦问其所为者之何如耳。"❶ "学"什么是一回事，"学"为了什么是另一回事。孔子分辨古今之"学"的差异，关键不是看表面上"学"什么，而是看"学"的目的何在。学者立定的目标和方向，决定了学者所学内容的性质。孔子以六艺教学；《论语·述而》又说，"子以四教：文、行、忠、信。"夫子"今"时所教者，其实与"古"圣先王时代的礼乐教化，在内容上并无根本差异，只不过今者"有教无类"，学在民间，古者治教合一，学在官府而已。正是学者本着不同的目的，在"为己"和"为人"这两个不同的目的和方向之间的取舍，决定了其所学究竟为何"学"：为己之学，学为成己；为人之学，学为从俗。两者貌似而神离，同途而殊归。

---

❶ 王夫之：《四书训义》（上），《船山全书》（第七册），岳麓书社2011年版，第796页。

德性文明论：
古典儒家礼乐教化及其当代价值

"为己"与"为人"相对而言，划出了正与邪、光明与黑暗、道德与伪善，两条天壤有别的人生道路之分际。为己者，知己而成己；为人者，无自知之明而逐物丧己。

程子曰："为己"，欲得之于己也；"为人"，欲见知于人也。

程子曰："古之学者为己，其终至于成物；今之学者为人，其终至于丧己。"

朱熹《四书章句集注》从程子之说，只加一按语："圣贤论学者用心得失之际，其说多矣，然未有如此言之切而要者。于此明辨而日省之，则庶乎其不昧于所从矣。"

程朱解此章，在"己"与"人"之间，分内外两途，辨古今学者为学方向之异。这可谓一"空间"维度的诠释。无独有偶，也有一"时间"维度的诠释。王夫之从圣贤学脉古今贯通与否，看学者在为己工夫与当世名利之间的分际：

古之学者，念己之有耳目，而必尽其聪明；己之有心思，而必致其明察；己为臣子，有不忍不事之君父；己为君子，有不容不治之野人；而恐率行吾意之未中乎理也。乃取效于先觉，以求慊于心之所安；是故敬业而乐群，惟恐其不及也。

今之学者，以利之所资，必藉人而始遂；名之所成，必待人而始著；君父亦邀名之地，功名原厚实之归；而见当世所尚之相许以文也，乃问业于师友，以求合乎时之所贵；是故从师而问道，不卹其劳焉。

呜呼！为人也，而何以学为也？学而且以为人乎哉？其情变，其志移，至于学而尤远于古人，抑将何以救之哉！❶

综观先儒对"为己之学"与"为人之学"的辨析，可见儒家古今一贯之道都是教人要以"成己"为为学鹄的，不可趋俗逐物而丧己。

其实，正如朱子所说，"圣贤论学者用心得失之际，其说多矣"，故而，可取夫子常言君子小人之辨，以对观"学而为己"与"学而为人"的差

---

❶ 王夫之：《四书训义》（上），《船山全书》（第七册），岳麓书社2011年版，第797页。

异，亦可以说君子"学而为己"，小人"学而为人"：

子曰："学而时习之，不亦说乎？有朋自远方来，不亦乐乎？人不知而不愠，不亦君子乎？"（《论语·学而》）

子曰："君子不器。"（《论语·为政》）

子曰："君子上达，小人下达。"（《论语·宪问》）

子曰："君子喻于义，小人喻于利。"（《论语·里仁》）

子曰："君子和而不同，小人同而不和。"（《论语·子路》）

子曰："君子泰而不骄，小人骄而不泰。"（《论语·子路》）

子曰："君子病无能焉，不病人之不己知也。"（《论语·卫灵公》）

子曰："君子求诸己，小人求诸人。"（《论语·卫灵公》）

孔子曰："君子有三畏：畏天命，畏大人，畏圣人之言。小人不知天命而不畏也，狎大人，侮圣人之言。"（《论语·季氏》）

子曰："君子而不仁者有矣夫，未有小人而仁者也。"（《论语·宪问》）

当然，关于"为己之学"与"为人之学"，孔子于君子小人之辨外，还有古今之叹：夫子洞察当世学问风向的腐化，深感今不如古。学风变质不是偶然的现象，而是"礼坏乐崩"的诸多时代症候之一。可从孔子论古今之异的另一现象关联来看，以见当时民风之衰败，且不学之民性情上的偏失，古今相较，甚至都有变异。

子曰："古者民有三疾，今也或是之亡也。古之狂也肆，今之狂也荡；古之矜也廉，今之矜也忿戾；古之愚也直，今之愚也诈而已矣。"（《论语·阳货》）

"为人"者，在小人中厮混，不知有"明明德，亲民，止于至善"的德性自觉与自我完善之道。其典型是作为"乡原"的，左右逢源的伪善者。这种人的价值准则，是所谓"生斯世也，为斯世也，善斯可矣。"（《孟子·尽心下》）所以，"为人"者，其生活的游戏是不断获取现世流俗所趋奉的"好东西"，其人精于占有，名利双收，从其占有"好东西"这个外在的方面来看，他是个作为"好东西"之主人的"好人"。但是，就德行而言，这种人实质上是典型的"缺德"之人，因为他的生活整体性地背离了德性自觉与自我完善的内在成长之道，因而在德行上不仅毫无成就，而且"负债累累"。

子曰："乡愿，德之贼也。"(《论语·阳货》)

孟子曾与弟子讨论孔子斥乡原的本义：

万子曰："一乡皆称愿人焉，无所往而不为原人，孔子以为德之贼，何哉？"曰："非之无举，刺之无刺也。同乎流俗，合乎污世。居之似忠信，行之似廉洁。众皆悦之，自以为是。而不可与入尧舜之道，故曰'德之贼'也。孔子曰：'恶似而非者：恶莠，恐其乱苗也。恶佞，恐其乱义也。恶利口，恐其乱信也。恶郑声，恐其乱乐也。恶紫，恐其乱朱也。恶乡原，恐其乱德也。'君子反经而已矣，经正则庶民兴；庶民兴，斯无邪慝矣。"(《孟子·尽心下》)

反观现代生活，今天的人好像根本容不下"如何成为自己"这个问题，而是关心"我拥有什么"。今天许多人围绕"拥有"而活，用"拥有"替代"成为"，用"我有什么"冒充"我是谁"。这种倾向在很大程度上，不仅左右了个体生活，也左右了社会生活的走向和基本价值观。在孔子那里，要首先在"成为自己"上有了根基，才会带来应得的"拥有"。正如钱穆先生所说，"我们如能圆满我的天性，完成我的天性，自会得到安乐两字做我们人生最后的归宿。"❶

二、"学"所为之"己"

如何达成人的自我觉悟，即人如何确立正确的自我意识，这是古典儒家"为己之学"的首要问题。

子曰："不患人之不己知，患不知人也。"(《论语·学而》)

我该知道什么？缺乏何种知识对我来说真正是"性命"攸关的？常人或患默默无闻，己不为人所知。观孔子之意，则可曰：人之知己与否，何有于己？为名乎？为利乎？人不知己而何患？唯己之知人与否为值得萦怀之大问题！何谓"知人"？非知他人之琐屑细故，乃是要知"人之所以为人"这个

---

❶ 钱穆：《人生十论》，广西师范大学出版社2004年版，第88页。

根本问题！或曰须知"何谓人？"

大哉问！此乃吾人忧患所系之真问题。孔子在此实谓：你要认识人本身！所谓"知人"，其问往来于人己之间，"何谓人？"亦关联着"我是谁？"，直指吾人自知之明。这与老子"知人者智，自知者明"（《老子》第三十三章）有异曲同工之妙。

人有一己之感，而人非自一己而始有。个人主义以为个人"私我"之自存天经地义，其自由自主自利皆从一己之私而出发，大昧于生人与人生之实际。古典儒家确信，人有其根：为道；为天地；为人伦。究其极致，曰："形而上者谓之道，形而下者谓之器。"又曰："一阴一阳之谓道，继之者善也，成之者性也。"（《易·系辞上》）若以万物之一类而论，人之根亦同于万物，曰"天地之大德曰生"。（《易·系辞下》）若以人而为群体言，自见其夫妇、父子、君臣、兄弟、朋友五伦，相依相继，彝伦攸叙。人若仅从一己出发而言其为人，古典儒家必视其为不知"道"，不知"天"，不知"伦"！如此，则终至于不知人。

古典儒家曰知人，亦即自知己，即问何谓人？即问何谓人之性与人之道？《中庸》曰："天命之谓性，率性之谓道，修道之谓教。"其论人性，自"天命"而说；其论人道，以为循乎天性，"成性存存"而已；而"修道之谓教"，教学相通，则言人类共同体世代相续，修养教化，人文化成。

人之生活于世，本天命之性情，循人伦之礼义，依人文之文明。故子曰："不知命，无以为君子也。不知礼，无以立也。不知言，无以知人也。"（《论语·尧曰》）知人或知己，一也。其要在"知命"，或曰"知天命"。

知人知己之知，须行而成之方为真知。人生为一"率性之谓道"的生命历程，一生命成长的道德实践过程。故古典儒家"知人"，乃是在吾人生命历程中，以"学"，即修养与教化为方法，以"止于至善"为鹄的，无限升进之"知己"与"成己"的统一。

子曰："吾十有五而志于学，三十而立，四十而不惑，五十而知天命，六十而耳顺，七十而从心所欲不逾矩。"（《论语·为政》）

德性文明论：
古典儒家礼乐教化及其当代价值

王夫之解曰："吾自十有五年，当古人入大学之时，而知夫性之必尽也，而不可恃也；所以因吾性而成之者，其在学矣。"❶ 又曰：习是而通焉，至于五十，而始知夫理之必于此者，人所当然也，而实天也；性所自具也，而实命也。天以此理而为天，即以此理而为命；天以为命，而吾之所志、所立、所不惑者，固皆一因乎健顺化生、品物流行之实，而非但循人事之当然，乃所以为人事之当然也。❷

王夫之先生释"五十而知天命"如此：人性中有当然之理，源于天地健顺化生，品物流行之道，吾所志而学、所行而立、所体验而不惑者，正为此人生所以然之"天命"！

王夫之又合十五志学，以至于七十不逾矩而通说，曰：

十五之所志，早有一从心之矩在吾规量之中，此吾之始之也，有若是者。三十以后之所进，不舍所志之学，而不敢期从心之获，以渐通之，以渐成之，吾之中之也，有若是者。七十之从心不逾，尽协乎吾志之所求，博通于所学之大，知与行自信诸心，天与物不在乎外，吾之终有若是者。则诚哉，性之不可恃，而学乃以尽其性也。吾之学如是，凡与我共学者，其亦尚如是乎！❸

知人者，知人之大体，能率性修道，学以成人之大。不知人者反此，则为小人，乃至沦为禽兽。古典儒家于是有大人圣贤君子与小人之辨，有人禽之辨；基于此，就邦国群体而言，又依其行圣人君子之道与否，而有华夏夷狄之辨。

"夫大人者，与天地合其德"。（《易·乾·文言》）大人之大，古典儒家多所论述。今仅引《论语》一则，以见大人之规模。

尧曰："咨！尔舜！天之历数在尔躬。允执其中。四海困穷，天禄永终。"舜亦以命禹。（《论语·尧曰》）

古圣所传之心，乃人道充分彰显之人心。心含天之历数，则此心即为天

---

❶ 王夫之：《四书训义》（上），《船山全书》（第七册），岳麓书社2011年版，第284页。
❷ 王夫之：《四书训义》（上），《船山全书》（第七册），岳麓书社2011年版，第284–285页。
❸ 王夫之：《四书训义》（上），《船山全书》（第七册），岳麓书社2011年版，第285–286页。

地之心，心系生民福祉，则此心为天下之心。张载"为天地立心，为生民立命"，所指亦正是此大人之心！

古典儒家论"知人"，即论知己与成己。其人之自我觉悟或自我意识，乃是本具天命之性的人类共同体乃至天地万物共同体之成员，与人为徒，与天地万物和处，民胞物与，居仁由义，"人能弘道"之大人。

古典儒家的"己"，既非"唯我"主义画地为牢的小人，亦非没有个性的乌合之众中的群氓，而是人类和天地万物共同体中相互关联的包容性的个性主体。"民胞物与"之己，"民"与"物"容于"己"，为"己"人性中本有的内容，而"己"之独立人格、特有个性、主体创造性，则是"己"之不与"民""物"混同，而能容之载之且作为一"己"而生活的根据；也是"己"之为"己"特有的意义和价值之所在；也是"己"之"成己"，即"穷理尽性以至于命"的独特命运与天命之所以然。

而且，古典儒家的"己"具有贯通"性"与"命"，体与用的辩证内涵：既有百姓日用之现实生活的，形下之"器"的层面，又有"性与天道"的，形上之"道"的层面，两者之间，即形下即形上，道器合一，体用一如，性命相通。故无觉醒地片面执实人生活的现象和现状而论"己"，以"己"现存之"是"为"己"生命所"性"，为古典儒家所反对。孔子曰"君子不器"，即不可将人（君子）仅作一形而下的"器用"意义来理解，而是需透及人的形而上之本体，即从"性与天道"之根据处来理解人。据此而言，人为体道之器，具有无限深邃的"明明德亲民止至善"的潜能。

古典儒家所谓"己"，是指每个人天人贯通，性情兼备，身心一体的自我生命。儒家之"己"作为在天地之间和人伦之中生活着的人，是亘古恒运的天人之"道"的生命载体，和自觉而有创造性的主体。

古典儒家之"己"，即儒家对人的自我认识，与今天我们习以为常的个人主义及唯我主义所理解的"私我"之自我，不可同日而语，两者之间不啻天壤之别。

个人主义及唯我主义皆从抽象的"个人"理念出发，而并非从真实的人的生命实际出发，将人理解为孤立的、"原子"化的个体。今天这种现代

"人"的概念，即抽象、孤立、"原子"化的"个体"自我理念，成为了几乎所有现代西式人文社会科学的理论根基，最典型的如经济学中的理性"经济人"概念，政治学中的"自然状态的人"的概念等。不仅如此，这种个人主义的抽象个体，也已经成为人们习惯性的日常自我意识的根基。现代生活中的人，已然是模糊了伦常关系的，似乎无限"自由"的，讲求权利"平等"的人。

古典儒家所认识到的"己"，作为吾人的真实的自我觉悟，无论从人性内蕴的天赋还是从生命历程的展开来看，都具有如下四个特点，一是共同体性，二是创造性，三是人文性，四是生成性。

第一，共同体性。古典儒家的"己"并非抽象"个体"之自我，而是作为共同体成员的"仁"者自我：每一个具体的活生生的"仁"者自我，是各不相同的"多"，而又源于"道"之整体的"一"，故从其本性而言，能在现实中构成共同体之"一"。每一个"己"就其独特性而言是"一之多"，就其整体性根源而言又是"多之一"。正如太阳的光线，每一根光线都根源于太阳，这些光线共同构成一个整体，但彼此都不尽相同，各具独特个性。

人所从属的共同体有多个层次。最广大的一层是宇宙共同体——"天"。这个"天"，不是天空之天，而是天地万物构成的一个宇宙性的"自然"整体，人是其中一员。人是宇宙共同体的成员，此乃"天人合一"的含义之一。其次是"天下"共同体，所有人都包括在内的人类共同体。再次是"国家"共同体。最后是家庭共同体。人也是天下、国家和家庭共同体的成员。

第二，人文性。每一个人的自我生命意识，都自然地与其所赖以生长的族群共同体的文化生命相贯通。族群的历史文化一代代积淀和传承，灌注于其成员的心灵之中，从而形成每一个成员自我的文化认同。活着的人和祖先之间仍保留文化上的关联，通过长辈对幼辈的教诲，族群生活的经验得以传承；通过生者祭祀先人之礼，以"慎终追远"与"报本反始"，后人和祖先之间可以保持着活跃的精神沟通。这种沟通意味着每一个人不仅生活在他所生活的这个时期，而且也生活在族群文化的历史源流之中。

第三，创造性。《中庸》曰："天地之道，可一言而尽也：其为物不贰，则其生物不测。"《易传》亦曰："天地之大德曰生。"(《易·系辞下》)古典儒家看到的天地，总是生机活跃的。"生物不测"是不断涌现新的生命，生生不息。"为物不贰"，则意味着每一个生命都是独特的，不重复的。宇宙是生生不息的，活的共同体；人类共同体亦然。人作为生命共同体的成员，人作为天地间的一个主体，要配合天地"生生"之道而生活。儒家认为人负有在天地间化裁变通，开物成务的职责，以及参赞天地之化育的使命。很显然，儒家将人视为一个创造性的主体。至于人如何承担起自己的创造性职责和使命。孔子强调，"人能弘道，非道弘人"，(《论语·卫灵公》)即要尽量发挥人的主观能动性。当然，主观能动性的发挥，也应该是"从心所欲不逾矩"。人不可违背和破坏了自然"生生"的根本。在这一点上，儒家无疑也赞同老子"辅万物之自然而不敢为"的原则。

第四，生成性。古典儒家从人性彰显的动态变化过程去理解人的生命形态。人性出于天之"生"与"命"。《易》曰："天地之大德曰生"(《系辞下》)，又曰："生生之谓易"(《系辞上》)。王夫之曰："人无不生于天，则性与生俱生，而有一日之生，则一日之性存焉，人固宜法天以建极矣。于是而有道焉，则率循此性之谓也。率其阴之至顺者，则能知之道出焉；率其阳之至健者，则能行之道出焉；率其五行之理气各成其能者，而仁义礼智信之道出焉。"❶ "而天日在人中，性日在心中，道日在性情中，教日在天下，而非其人不能体也。"❷

古典儒家从来不局限于人一时一地的现有状况判断和理解人，而是从可能性，从发展趋势，看到人总是在不断地成长。古典儒家论人之成长性，不胜枚举。如《大学》引用汤之《盘铭》曰："苟日新，日日新，又日新。"《中庸》曰"天命之谓性，率性之谓道"，直透人能成长之根本，在于吾人有天命之性。《论语·为政》中夫子自言"十有五而志于学"，以至于"七十而从心所欲不逾矩"，更是典范性地呈现了圣人不断成长的生命历程。

---

❶ 王夫之：《四书训义》(上)，《船山全书》(第七册)，岳麓书社2011年版，第105页。
❷ 王夫之：《四书训义》(上)，《船山全书》(第七册)，岳麓书社2011年版，第109页。

天命之性为成长之本，而成长之实现还有待于自我在"率性"上的智慧。《论语·子罕》曰："子绝四：毋意，毋必，毋固，毋我。"此语道出了夫子之所以能上达乎圣境的心要。张载曰："意，有思也；必，有待也；固，不化也；我，有方也。四者有一焉，则与天地为不相似。天理一贯，则无意、必、固、我之凿。四者尽去，则直养而无害矣。"（《正蒙·中正篇》）

三、"为己"之"学"

为己之学，是体道见性，修身成德之学。儒者曰内圣、修身、修己、行己、成己、立己、达己者，皆"为己之学"也。在内圣外王之道中，为己之学以内圣为本，外王为末，治其本而已。在修己治人德业中，为己之学以修己为体，治人为用，明其体而已。本治则末不乱，明体自可达用。

为己之学的学问对象是每一个人主体性的自我——"己"，但是为己之学的目的是双重的，一体两面的：一方面是成德的个体，另一方面是"为政以德"的共同体。这意味着成己与成人相统一，追求成为"圣人"与实现天下"大同"相统一。"为己"之学是人己相通，群己一体的学问，每个人的"成己"与天下所有人的"成己"互为条件，整体关联。于是，"成己"不只是独善其身，也包括兼善天下，时或有穷达，而道无亏缺。

为己之学的宗旨为"志于道，据于德，依于仁，游于艺"。（《论语·述而》）此宗旨中"志于道"为其核心，下学而上达，游艺依仁为下学，据德之行为上达。"志于道"，贯通天地人之道，而无不得其正。"据于德"，本着对"道"的把握，勉力在生活中彰显人性本具的美善，以成为一个有德行的人。子曰："君子以成德为行，日可见之行也。"（《易·乾·文言》）"依于仁"，立身行事必出于仁爱之性情。仁者爱人，亲亲仁民而爱物。居仁由义，依于仁而行，义在其中矣。"游于艺"，自"礼、乐、射、御、书、数"，及《诗》《书》《礼》《乐》《易》《春秋》，以至于人官物曲之理，利用厚生之能，其有益于德行修养者，皆可学而时习之。以"游于艺"而融入广大精微的德性文明传统，技可进乎道，艺可通乎德。

"为己之学""为己"于身心、人己、物我之间，日见于人伦日用之常行。为己之学为"学"于日常生活，是为日常生活的艺术。吾人日常生活可作三层来观：最内一层为心性，中间一层为人伦，最外一层为德业。

（一）心性。情有喜、怒、哀、乐，性有仁、义、礼、智，而性之端为恻隐、羞恶、辞让、是非之心。心性修养之要，在《大学》曰"格物、致知、诚意、正心"；在《中庸》曰"率性""慎独""致中和"。在《论语》曰"修己以敬"（《宪问篇》），"克己复礼"（《颜渊篇》），"为仁由己"（《颜渊篇》）、"兴于诗，立于礼，成于乐"（《泰伯篇》）。在《孟子》曰："君子所性，仁、义、礼、智根于心。"又曰："居仁由义，大人之事备矣。"（《孟子·尽心上》）

（二）人伦。"天地君亲师"，为自然、人际、文化三维伦理之全体，其核心为"君臣、父子、夫妇、兄弟、朋友"，人际之五伦。《大戴礼记·礼三本》曰："礼有三本：天地者，性之本也；先祖者，类之本也；君师者，治之本也。无天地焉生，无先祖焉出，无君师焉治，三者偏亡，无安之人。故礼，上事天，下事地，宗事先祖而隆君师，是礼之三本也。"（《荀子·礼论》）

（三）德业。仁人君子希贤希圣，而圣贤必有盛德大业。吾人参天地而立，行身于天下，于物有化裁变通，开物成务，利用厚生之职，于人有修己安人，仁者爱人，近悦远怀之义。故吾人修己、立己、成己，乃是于成人成物之中成己。《中庸》曰："唯天下至诚，为能尽其性；能尽其性，则能尽人之性；能尽人之性，则能尽物之性；能尽物之性，则可以赞天地之化育；可以赞天地之化育，则可以与天地参矣。"参赞天地之化育，乃是盛德充沛自然昭显之境，其根本在"尽己之性"而已，若舍"为己"而外务于造作，则背道而驰。

诚者非自成己而已，所以成物也。成己，仁也；成物，知也。性之德也，合外内之道，故时措之宜也。(《中庸》)

夫仁者，己欲立而立人，己欲达而达人。(《论语·雍也》)

《中庸》曰：五伦为天下之五达道。智、仁、勇为天下之三达德。所谓德业，不离乎君子人伦日用常行，其微末可见于童稚洒扫应对，其亹亹大观则为圣人博施济众，立德、立言、立功，修己以安天下。故《中庸》曰："君子之道，造端乎夫妇；及其至也，察乎天地。"

为己之学所涵心性、人伦、德业三者，内本外末，以心性修养工夫为至要。孟子曰："大人者，不失其赤子之心者也。"（《孟子·离娄下》）赤子之心，天性具足而斐然成章；赤子之心，果行育德而可期贤圣。大人久经生活磨砺，而不失其赤子之心，足见其性全德备而与道偕行。故《易》曰："成性存存，道义之门。"（《易·系辞上》）

为己之学，其实质为"修身"，而修身之鹄的为《大学》之"明明德"，与《中庸》之"率性"。为己之学，乃是为自己真实具有的天命之性，开通一条彰显其美善德性的人生大道。

《大学》曰：吾人"壹是皆以修身为本"。王夫之曰："谓夫大学者，所以教人修己治人而成大人之德业者也。"❶"若夫修身者，修其言使无过言焉，修其行使无过行焉，修其动使无过动焉，盖责之躬者备矣。"❷《大学》以格物致知正心诚意，言修身之要。而此四条目之根本则在格物致知。

"格物致知"非对象性地认识外在事物之客观"真理"，而是体验性地省察明辨事物感触于吾人性情所具有的道德意义，从而心知善恶之几微于应物之初。格物而致知，致知在格物，物无不格，则知无不致。王夫之释"格物致知"至为精当：

而古人之致知，非虚守此灵明之体而求白也，非一认吾聪明之发而自信也，以为凡吾之理皆一因乎万物固然之理，则物物有当然之则；凡天下之物接于吾身者，皆可求其得失顺逆之则，以寓吾善恶邪正之几，故有象可见，有形可据，有原委始终之可考，无不尽吾心以求格，则诗书礼乐之教，人官物曲之事，皆必察焉，而大学之为学，于斯焉极矣。此学之始事必于格物，而详略大小精粗得失无不曲尽，故足以为身心意知之益而通乎天下国家之理。❸

---

❶ 王夫之：《四书训义》（上），《船山全书》（第七册），岳麓书社2011年版，第43页。

❷ 王夫之：《四书训义》（上），《船山全书》（第七册），岳麓书社2011年版，第47–48页。

❸ 王夫之：《四书训义》（上），《船山全书》（第七册），岳麓书社2011年版，第48页。

"格物致知"为学亦为教。"格物致知"之为教,即孔子"文、行、忠、信"四教之"信"教。王夫之曰:"物有理,人不能循也,子则教之以推诚而无逆于情;物之情,人或能循也,子则教之以顺物而无违其理。"❶物即事,事物也。格物致知,即于事物中经验与审察,以明事物之情理。

极而言之,格物致知之中,"格物"为"大学"之大始。"夫自身而心,而意,而知,以极乎物,莫不极致其功,而格物之为大始,则详于求格者,知至善之必于此而备也,于是而格之功已深,则物可得而格矣。"❷王夫之曰:"盖求详于格致者,知明新之理,大无不备而小无可略,故求详于始,而以修身为成德之终;推及于天下者,则本明德以新民之道,化以之行而道以之广,故急图其本,而惟修身为力学之先。"❸

《大学》格致诚正的心性修养工夫,为"内圣外王"之道的内圣之学,省察于吾人情感、意欲、思虑与事物应触之间,以求得天性之体"中"用"和",实与《中庸》一脉相通。

天命之谓性,率性之谓道,修道之谓教。道也者,不可须臾离也,可离非道也。是故君子戒慎乎其所不睹,恐惧乎其所不闻。莫见乎隐,莫显乎微,故君子慎其独也。喜怒哀乐之未发谓之中,发而皆中节谓之和,中也者,天下之大本也;和也者,天下之达道也。致中和,天地位焉,万物育焉。(《中庸》)

"中和"即"中庸"。"以实求之:中者体也,庸者用也。"❹若就时变之宜而言,"中庸"或"中和",亦可谓之"时中"。

性情之中和,静存动察乎喜怒哀乐之未发与已发之际。朱子曰:

喜、怒、哀、乐,情也,其未发,则性也;无所偏倚,故谓之"中"。发皆中节,情之正也;无所乖戾,故谓之"和"。"大本"者,天命之性。天下之理皆由此出,道之体也。"达道"者,循性之谓,天下古今之所共

---

❶ 王夫之:《四书训义》(上),《船山全书》(第七册),岳麓书社2011年版,第506页。
❷ 王夫之:《四书训义》(上),《船山全书》(第七册),岳麓书社2011年版,第48页。
❸ 王夫之:《四书训义》(上),《船山全书》(第七册),岳麓书社2011年版,第50页。
❹ 王夫之:《四书训义》(上),《船山全书》(第六册),岳麓书社2011年版,第453页。

由，道之用也。(《四书章句集注》)

王夫之曰：

惟性有当然之则，故可以生天下之动，而作其一定不易之经，是礼乐刑政之原也，而性之为功亦大矣。……惟情有大顺之美，故可以利天下之用，而成乎无往不适之宜，是人伦物理之归也，而性之为功于情者亦盛矣。❶

惟吾性之为静为动皆函天下之理，而道为体为用皆不离乎性情，故有其德必有其业，而但在君子之能致之也。……然则吾性之大中即天地之正理，故尽其情而德建乎天地；吾情之至和为万物之托命，故慎其情而德行乎万物。推致夫道之所备，而知德之所自成也。此中庸之德所以盛也。而天日在人中，性日在心中，道日在性情之中，教日在天下，而非其人不能体也。吾将求夫能明行之者，而岂易言哉！❷

"中庸"之道，究天人之际，合外内之道，通性情之理，其要归则存乎一心。故《大学》论"修身"主于"正心"。朱子释"致中和，天地位焉，万物育焉"亦曰："盖天地万物本吾一体，吾之心正则天地之心亦正矣，吾之气顺，则天地之气亦顺矣。"(《四书章句集注》)

朱子甚至将《中庸》之"心"，溯及《尚书》"精一执中"。

《中庸》何为而作也？子思子忧道学之失其传而作也。盖自上古圣神继天立极，而道统之传有自来矣。其见于经，则"允执厥中"者，尧之所以授舜也；"人心惟危，道心惟微，惟精惟一，允执厥中"者，舜之所以授禹也。(《中庸章句序》)

"为"己就是"行"己。为己之学，重在修身之行，须在人伦庶物之事上磨练，不可离乎躬行实践。子张问善人之道。子曰："不践迹，亦不入于室。"(《论语·先进》)"践迹"，一步一个脚印。此为成德之门。行于平常，一言一行是也。故《易》曰："庸言之信，庸行之谨"(《易·乾·文言》)行以成德，知易行难。

君子之道，辟如行远必自迩，辟如登高必自卑。(《中庸》)

---

❶ 王夫之：《四书训义》（上），《船山全书》（第七册），岳麓书社2011年版，第108页。
❷ 王夫之：《四书训义》（上），《船山全书》（第七册），岳麓书社2011年版，第108-109页。

仁者先难而后获。(《论语·雍也》)

"先难"意味着在生命的境遇中确有实践性地"成为自己"的艰苦奋斗，行身而体道，尽性而成德；"后获"则意味着与德相配之生命的福乐，自然而然地从中产生，为有德者所享有。"先难"之德行，与"后获"之福乐，有其不可颠倒的本末。先"获"而后"难"。无"难"而亦"获"，终为虚妄。若福无德主，岂是真福？

船山先生曰：

故"知之非艰，行之惟艰"，艰者先，先难也。非艰者后，后获也。此非傅说之私言也。禹曰，"后克艰厥后，臣克艰厥臣"，行之谓也。皋陶曰，"慎厥身，修思永"，行之谓也。伊尹曰，"德无常师，主善为师"，行之谓也。子曰，"知及之，仁不能守之，虽得之，必失之"，行之谓也。颜子"末由"之叹，叹其行也，竭才以行，不但求知其高坚也。孟子"中道"之教，教以行也，能者能从，不但知绳墨彀率而即能从也。千圣合符，"终日乾乾夕惕若"，乾坤之德业在焉。❶

行难，难在不知不行，亦难在不知而行；难在知而不行，尤难在行而无恒。

子曰："圣人，吾不得而见之矣；得见君子者，斯可矣。"子曰："善人，吾不得而见之矣；得见有恒者，斯可矣。亡而为有，虚而为盈，约而为泰，难乎有恒矣。"(《论语·述而》)

朱子曰："有恒者之与圣人，高下固悬绝矣，然未有不自有恒而能至于圣者也。"(《四书章句集注》)

行实难，而获诚不易。

子曰："可与共学，未可与适道；可与适道，未可与立；可与立，未可与权。"(《论语·子罕》)

行之积累与获之境界，一一对应。在《易》有《乾》之"龙"潜见跃飞之象；在《论语》有夫子亲证"志于学""而立""不惑""知天命""耳

---

❶ 王夫之：《尚书引义》，《船山全书》(第二册)，岳麓书社2011年版，第313–314页。

顺""从心所欲不逾矩"之渐进生命历程。

若论为己之学的方法，可一言以蔽之曰："反求诸己"。《中庸》曰："射有似乎君子，失诸正鹄，反求诸其身。"张载曰："作圣之功，反求诸身心而已矣。"（《正蒙》）

"反求诸己"，非逐物外求，而是向内向己身心而求。其准则出于天道之诚与性情之真，而不为外物时势风习所惑乱，故能不怨天，不尤人，故能"克己复礼"。

"反求诸己"合外内之道，身心与礼义相统一，亦是"克己复礼"。礼者，理也，通乎天人之道。礼者，履也；复，亦履也。"克己复礼"，谓吾人须履行天下之礼，立身行事合乎礼中所蕴含之天则。

古典儒家为己之学将心性、人伦、德业修养融入吾人生命历程，化为日用常行，以至于平易浅显，淡而无味，故《中庸》曰："君子之道，淡而不厌，简而文，温而理"。

四、"为己之学"的当代价值

古典儒家重"己"，有"知己""为己""修己""立己""克己""行己""成己"等说，极言吾人道德与人性上的自觉自为，自立自强，实有一整套安身立命，修己安人，内圣外王，人文化成的生命的学问。这种生命的学问，因其核心和要领在于自我的道德觉悟与修为，依孔子"古之学者为己"之言，可谓之"为己之学"。很显然，古典儒家"为己之学"与当今流行的个人主义和利己主义自有天壤之别，恰是对后者之反对、克服与超越。

古典儒家为己之学依托于一整套德性文明的信仰、伦理、价值秩序、生命形态、自我意识。在现代境遇中创造性地恢复和重建古典儒家生命的学问，及其心灵与性情修养的方法，乃至在古典儒家道德智慧的指引下整体性地重建一种统御理性文明的德性文明，是于现代资本主义、理性主义和个人主义德性匮乏之各种顽症困扰中拯救人类的希望之所在。

理性主义文明将人局限于一种"渺小性"，一种"物化"，或"非人性"的"异化"中。唯我主义者或迷失于社群的"群氓"，皆不能"为己"，因为他们都还不具备天性完足的自"己"。"为己"者的尊严乃在"人能弘道"，在成"己"所本具的人性之中的"神"性，成为大人！现代人的"渺小性"与"物化"的克服，将来自"为己之学"的复兴所承载的人类德性自觉之普遍苏醒！

　　道德教育必须触及现代人无根的"私我"所盘踞的内心！当代中国的大学德育要培养"担当民族复兴大任的时代新人"，培养"新时代中国特色社会主义"接班人，决不是以无根的"私我"为其自我的人，而是古典儒家"为己之学"所昭示了的顶天立地"民胞物与"的人。因此，我们迫切需要接续古典儒家的道德传统，将"为己之学"融入大学德育之中，从自我教育和主体性的维度来充实大学德育的内涵。具体说来，古典儒家为己之学经创造性转化而可以融入当代中国大学德育的核心内容，大致有如下五个方面：

　　（一）为己之学以"己"为载道之器，以体道成德为生命的理想，以"人能弘道"，人文化成，参赞天地之化育为信仰，从而体现出一种大中至正的自我意识。此"己"以生生之"道"为根本，以天命之"性"为实体，以吾人生命历程为形相，以成己成人成物之德业为功用。无根"私我"，正需以"己"对治。"学"以"为己"为首务，则"明明德"之德性修养与教化可以统率知识技能的训练，如此才有以德为首，德体智用的教育。

　　（二）古典儒家所为之"己"具有适于彰显生命意义的整全的伦理体系。"天地国亲师"，正是礼之三本：天地、父母、君师，构成一个自然、人际与文化的立体伦理世界。而在此世界中的人际伦理也不是平面的"平等"互动关系，而是长幼有序、尊卑合宜的"君臣、父子、夫妇、兄弟、朋友"五伦。现代人若不愿生活于一种以物质利益争夺为主题的伦理废墟之中，要恢复生活世界本来的全面性、丰富性、及人性特有的温情，则重建儒家"礼乐"实质所蕴含的整全伦理体系，就不容回避。

　　（三）"为己之学"依托于合乎人性的健全的价值秩序。在物与人，个体与共同体之间，人的本性中自有其价值尺度与价值秩序。人们在道德直觉中，会把生命与人的价值放置在高于物的价值的地位；而与其他生命相比，人的价值当为最高。在个体和共同体之间，共同体的价值包容个体的价值，且超越于个体的价值之上；但是真正的共同体并不以损害个体的价值来维护共同体的价值。这是古典儒家所确认的基本的价值秩序，符合人类正常的道德觉悟。但是流俗的现代意识恰恰颠倒了这一正常的价值秩序，以至于让物的价值高于生命和人的价值，个体的价值僭越于共同体价值之上！将颠覆的价值秩序重新颠覆过来，是复兴"为己之学"的要义之一。

（四）"为己之学"的心性修养功夫，为古典儒家内圣之学。为己于"心"，格致诚正，精一执中，中庸和谐，至为广大而精微。反观当今现代人心灵的不安、空虚、迷惑与混乱，我们不难发现，现代道德教育对现代人无根"私我"的内心往往鞭长莫及，因此，它急需古典儒家"为己之学"之"心学"的启迪与贯注。

（五）"为己之学"以整个生命的践履为学，"为"己即"行"己，君子成德之学日可见之行，行于日用平常，一言一动之际，不离人伦庶物，且以"止于至善"为理想，以"反求诸己"为方法，贯穿于整个生命历程，持之以恒，精益求精，永无止境，体现了突出的实践品格和主体自觉性。坐而论道的道德教育，知行脱节，此不可谓不是现代道德教育的通病。何以疗救？须代之以躬行实践为实质的"为己之学"！

不言之教：
《易传》中的儒家道德修养思想

今本《易传》据传是孔子所作。汉代司马迁在《史记·孔子世家》中写道："孔子晚而喜易，序《彖》《系》《象》《说卦》《文言》。读《易》，韦编三绝，曰：'假我数年，若是，我于《易》则彬彬矣。'"现在看来，司马迁的说法基本上是可信的。可以肯定，孔子与《易传》有着密切的关系，《易传》的思想主要来源于孔子。[1] 我们认为，《易传》是孔子的"性与天道"之学，集中而突出地体现了孔子在形上之道及道德哲思方面的伟大成就。尤为重要的是，《易传》包含着一种关于道德修养的"不言之教"。这种"不言之教"主要诉诸人面对天地万物的自然体验，体现为一种感悟天地精神和效法天地而行的道德智慧。从一定意义上讲，是一种反映了人类教育的原初状态和整体状态的"元教育"和"元方法"。透过"不言之教"这个视角，从一定意义上揭示孔子《易传》所代表的中国古典儒家道德智慧的面貌和特质，与此同时，从先哲道德智慧中寻找启迪是本章的落脚点所在。

---

[1] 廖名春：《〈周易〉经传十五讲》，北京大学出版社2004年版，第220页。

一、孔子"予欲无言"与《易传》

一般说来,《论语》向我们展现的是一个"循循然善诱人"的孔子。但是在《论语》中还能瞥见孔子教育的另一面——沉默,或者说对言诠的离弃:

子曰:"予欲无言。"

子贡曰:"子如不言,则小子何述焉?"

子曰:"天何言哉?四时行焉,百物生焉,天何言哉?"(《论语·阳货》)

语言的限度是孔子晚年在体悟"性与天道"这一道德修养主题时的一大"发现"。虽然语言不能从"是什么"的意义上描述"性与天道",但是可以在"怎么样"的意义上指示把握"性与天道"的方法。为了揭示"天"的无言之道,指示性的语言仍然是必需的。孔子并没有完全废弃语言,他正是通过"予欲无言"的感叹,通过反问"天何言哉?四时行焉,百物生焉,天何言哉?"而指明了人应该静心谛听无言的天道。在这里,我们看到了孔子的一种教育方法:语言表意功能被最大限度地否定了,语言的指示功能被最大限度地精简了,并且这点必需的语言"残余"所指向的也是"不言"或"无言"的静默,指向"不教"或"无教"的自然之教或天地之教。这里透露了一种人作为自我教育者直接观照万物而"与天地精神相往来"的状态和过程。用老子的话来说,这就是"不言之教"。❶ 不言之教不同于通常的师生之间言传身教的文化传习。这种教育,在方法上超越了语言同时又超越了教学的常规;在内容上超越了文化而进入作为文化源头的人与自然或人与宇宙万物相处的体验。

在有了语言并主要依靠语言进行的教育中,语言虽然是教育的工具,但是它同时也构成了人与自然直接沟通的屏障,整个教育全体的无限领域也被区隔为语言文化之内的狭义的"教育"与语言之外神秘的未知。因此,孔子

---

❶ 老子曾经说:"不言之教,无为之益,天下希及之。"(《老子》第四十三章)《庄子·知北游》也说:"天地有大美而不言,四时有明法而不议,万物有成理而不说。圣人者,原天地之美而达万物之理,是故至人无为,大圣不作,观于天地之谓也。"

在《易传》中所谈的哲理大约是不曾为他早年的弟子们所闻的。《论语·公冶长》中记子贡之言："夫子之文章，可得而闻也；夫子之言性与天道，不可得而闻也。"当然，孔子在晚年研究《周易》之后肯定是要言"性与天道"的，《易传》就是为此而作。然而，人性与天道，或者说人道与天道及其关系问题的确是一个特殊的话题，《易传》所言者也有其限度，因为，正像老子"道可道，非常道"所表达的那样，毕竟天道从根本上是具有不可言说性的。《易传》是孔子对不可言说者的一种言说，它努力指向天道；同时，它也是对可言说者的一种清晰的言说——它透彻地表达了人道，以及人道与天道的关系。

在孔子看来，超出言语范围之外的存在并未超出圣人的理解，《周易》的卦象和卦爻辞正是圣人借以把握世界全体的一种本质上非语言的象征符号系统。《易·系辞上》云：子曰："书不尽言，言不尽意。"然则，圣人之意，其不可见乎？子曰："圣人立象以尽意，设卦以尽情伪，系辞焉以尽其言，变而通之以尽利，鼓之舞之以尽神。"人与自然在"意"这个层面的沟通，其最高目标当然是得意忘象，但是其实践上的起步之处和基础是"言以指象"，其体验上的要领在于"得象忘言"。不言之教实为"离言之教"，即逐渐脱离语言的束缚，从而自由地渗入语言所指的情境（象），乃至意义（意）本身的过程。语言并没有被彻底放弃，语言作为人类与自然沟通的桥梁和特有的方式不可避免地被保留下来，但是在服务于人与自然自由沟通的目的之际，这里所运用的语言本身，及其运用的方式都是独特的——通过语言来超越语言，从语言走向象，从而最终忘掉语言，或者说在语言把人引到象之境的时候，最终让象取代语言。因此，在这里，使用语言的方向不是为了进入一个语言的世界，如文献和典籍构筑的符号化的人类历史，也不是为了进入一个语言作为人际交往手段的社会生活世界，而是为了走进一个似乎是人类在没有形成语言之前的无言的世界，一种人与自然默然相向的经验关系和体验过程。这种没有语言的单纯的关系，并不因为语言的产生而失去其存在的价值。在这种"自然"的关系中，包含着人类在宇宙中生活的全部可能性，它们是超越语言的，它们有着不被既有的语言所"沾染"的必要性。

因此，在这里，语言因传达"形而上"之道的需要，其概念高度抽象，其逻辑高度精练，其言辞高度简洁。在《易传》中，所用的基本概念就是易、太极、两仪（乾坤或阴阳）。由此，可以进入"八卦"之象。八卦是天地人三才合体的时空运行之"象"。在进入"象"世界之后，语言已经失去用武之地，对"象"的观察和理解，已经是一种非语言概念的思维形式，一种直觉思维、悟性思维、或"象"思维，一种超越了普通的演绎逻辑的思维，一种类似于艺术创作和艺术欣赏的灵感思维。最终，连"象"本身也应该忘掉，其至高境界是人与情境之间在精神之"意"上的高度契合，这也就是所谓天人合一之境。王弼曾经非常精当地指出："言生于象，故可寻言以观象；象生于意，故可寻象以观意。意以象尽，象以言著。故言者所以明象，得象而忘言；象者，所以存意，得意而忘象。"❶

《易传》的"不言之教"其表层是人与自然的对象关系，其深层还是落实于人类的历史文化和社会生活。从表层到深层的转换与联通所借助的是一种"象征"或"隐喻"的修辞方法。正是通过这种象征或隐喻修辞方法的桥梁，所有的"自然之象"都能够折射出"文化之义"，都能够成为一种道德修养上的启示或"教导"。如《周易》中《大畜》卦，下乾上艮。艮为山为止，乾为健动，所以有外静内动，积蓄力量之义。其《象》辞云："君子以多识前言往行，以蓄其德。"这里从自然之象跃进到文化和社会历史领域，象征君子应沉潜涵泳于文化历史之中，好古敏求，从而培养美德。同时《大畜》象辞其实也特别明显地提示了不言之教包含着文化上的言传身教。显然"多识前言往行"属于言传身教，这不是《大畜》卦自然之象的本义，而是其在文化上的引申义或象征义。从这个意义上讲，如果自然之象不被象征性地转化为文化之象，如果自然之象的道德隐喻含义不被彰显出来，那么，人与自然之间的"不言之教"就不能真正得以完成，就只是一种无"教"的"不言"或"失语"状态。一言以蔽之，不言之"象"需要通过象征性的转换，从而与言传身教相贯通，才能最终成为不言之"教"。

---

❶ 楼宇烈：《王弼集校释》，中华书局 2009 年版，第 609 页。

二、《易传》的道德形而上学与教育旨趣

《易传》对《周易》的诠释虽然没有脱离卦爻符号及其文本系统的卜筮意义，但其核心旨趣却在于反映孔子关于"性与天道"的哲学。可以说，《易传》对《周易》进行了一种形而上学和伦理化的改造，将它变为了一个担负儒家道德形而上学及其道德修养实践智慧的载体。[1]《易传》在一定意义上保持了《周易》巫史数术，趋吉避凶，前知后验的传统，但是《易传》将《周易》隐含的天人关系及其互动过程的观念推究到前所未有的形而上学的高度，普遍化为一种"致广大而尽精微"的宇宙过程论，发展为一套关于天地万物变易之"道"的形上智慧。

"生生之谓易"，这是孔子《系辞传》对宇宙的第一个最基本的判断：宇宙是一个生生不已的创造过程，充满生命、生机、生气。"生生"意味着产生生命的生命，"易"意味着变化，因此，从一定意义上讲，变化着的宇宙就是一个生生不已的大生命。接下来的一个重要判断是"一阴一阳之谓道"。阴阳表示构成天地万物变化的两种基本气几。"阴阳"也称为"乾坤"：乾为天，为阳，表示创生的气几和健动的性质；坤为地，为阴，意味着滋养的气几和顺承的性质。这两种基本力量形成相对的动静、刚柔、内外、上下、往复、显隐、冷热、虚实等，就足以产生变化。《易·系辞上》云："乾坤其《易》之缊邪！乾坤成列而《易》立乎其中矣。乾坤毁，则无以见《易》。《易》不可见，则乾坤或几乎息矣。"《易传》强调阴阳两种基本力量是一体两面的关系，它们在性质上相对区分，彼此相互依存，相互包含，并且能相互转化，从而共同构成事物动态的消长变化过程。阴阳互根互动的关系作为宇宙变化的根本原则，这就是具有普遍性的宇宙之"道"，即宇宙存在和变迁的基本方式。《说卦》云："立天之道曰阴与阳，立地之道曰柔与刚，立人之道曰仁与义。"就三者关系而言，人道是《易传》关注的核心。《易传》上溯人道的宇宙根据而有天道地道；天道地道固然为人道之根源，但究其实，《易传》何尝脱离人道而言"非人"的天地之"道"，故通

---

[1] 参见牟宗三：《周易哲学演讲录》，华东师范大学出版社2007年版，第21–23页。

观《易传》全篇，找不到像老子那样"天地不仁"，和像庄子那样"鼓万物而不与圣人同忧"的纯乎"自然"主义的"道"。故《易传》中孔子所论的天地之道，是人性化的和伦理化的，是"天行健，君子以自强不息"的天道，以及"地势坤，君子以厚德载物"的地道，是"天地之大德曰生"的天地之道。由于《易传》的宇宙观和形而上学是伦理化的，也就是带有人类生活意义，具有人性色彩和人情味的，从这个意义上讲，我们也可以将这种形上之道视为一种作为道德根源的信仰，不过这不是一种非理性的迷信，而是一种以道德智慧为根基的信仰。

更为重要的是，在这种具有道德意味的形而上学基础之上，《易传》解说和利用《周易》这套强调悟性的思维符号和象征性的言辞系统，目的在于实现人"与天地精神相往来"，让人与宇宙之"道"直接沟通，从而获得体悟性的道德智慧。《易·系辞上》曰："极天下之赜者存乎卦；鼓天下之动者存乎辞；化而裁之存乎变，推而行之存乎通；神而明之，存乎其人。默而成之，不言而信，存乎德行。"也就是说，《易传》以《易》道智慧"存乎其人"和"存乎德行"为归趋，体现了鲜明的教育旨趣。《易传》不只是阐发《易经》之道的解释学文本，而是一种以《易》道智慧的养成为核心的教育宣言。

《易传》思想的形成使孔子"六艺"之教中的《易》教成为可能。《易》教注重的是人对天地万物的道德体悟。《礼记·经解》云："入其国，其教可知也。……絜净精微，易教也。"所谓"絜净精微"，体现的是人所具有的一种与宇宙大化流行，即与外部世界和环境（天）相处的体悟性的智慧。《易》教所围绕的一大问题是：宇宙万化犹如大乐，又犹如大海，人为天地所生，处身天地之间，如何和其韵律，奏成交响，如何任运出入，自由沉浮？换句话说，《易》教所关注的问题可以表述为"如何作为一个真正有智慧和能力的人生活于天地之间？"用《易传》的话来说，就是如何成为一个"大人"——君子和圣人？为了深入地探讨这个问题，《易传》将它区分为三个相互关联的问题,：一、我们应该如何理解人所处的这个万物共生，变化不已的宇宙？《周易》六十四卦的结构，已经显示出中国先民将宇宙中天地人的变化归纳为阴阳两种在性质上相反相成的气几有序运动的周期，并且显示了他们对于宇宙整体的多元变化具有一个统一根源（道）的信念。正如上文所述，《易传》通过一种创造性的诠释详尽地阐发了《周易》的形上之道。二、我们应该如何理解人性和万物之性，以及应该如何养成与天地万物和谐相处的美德？《中庸》云："天命之谓性，率性之谓道，修道之谓教"。人和万物都是天地所生，天地赋予了其生命生存和发展的可能性，这就是生命的"性"。每一种生命存在都循着其天赋的可能性而成长，这就是生命存在的"道"。人如果能够反思性地把握自己以及万物生命的"道"，他就具备了与"道"相应的美德，这就是中国人传统意义上的"道德"概念的含义，从这个意义上讲，道德就是具有天赋禀性的人整个生活和成长过程的"得道"。观察和体会万物之性是理解人类自我之性的一面镜子，同时，美德形成与否或者道德与否的根本标准，在于是否能使人性与万物之性相和谐，即《中庸》所谓"万物并育而不相害，道并行而不相悖。"《易传》关于圣人仰观俯察，始作八卦，"以通神明之德，以类万物之情"（《易·系辞下》）的描述，提示了一种效法天地之道和模拟万物之性反思性地修养人自身美德的方法。三、我们应该如何培养创造性地行动的智慧，从而充分实现天赋人性的潜能并参赞天地的化育？无论是领悟天道的哲思与信仰，还是浩然与大化同流的人格及其美德，最终都要体现为日常生活世界的言行，都要落实为君子的"庸言之信，庸行之谨"的实践，也就是说，都必须形成一种关于如何创造性地行为的能力或经验性的智慧。《易传》的一个突出的特色就在于，它注重"精义入神，以致用也。利用安生，以崇德也。"（《易·系辞下》）

《易传》道德修养论中含有一个理想人格——圣人或大人。圣人或大人是儒家道德信仰中理想化的"先知先觉者"或典范。圣人或大人以具体的历史人物为原型，对其加以理想化，因此不是一种纯抽象的理念式的理想人格。儒家认为，有志于圣人之道，但德行尚不完美的人可以称之为"君子"。《乾·文言》曰："夫大人者，与天地合其德，与日月合其明，与四时合其序，与鬼神合其吉凶，先天而天弗违，后天而奉天时；天且弗违，而况于人乎！况于鬼神乎！"又说："其唯圣人乎！知进退存亡而不失其正者，其唯圣人乎！"《易传》所强调的道德修养就是对这种理想人格的仿效，就是要造就一种浩然与天地同流的伟大人格。这种理想人格所代表的是人性内在的神圣性的彰显，是人创造性地配合天地之道追求至善的表现，是一种日常化了的"从心所欲不逾矩"的生命智慧。《易传》所描述的圣人能够"究天人之际，通古今之变"，不假文字概念，而依观象以尽情伪，应阴阳变化以参造化，制用万物以尽其利，戒惧慎行以避危害，从而有万物之不废，有人道之兴盛。更为重要的是，《易传》认为探究与利用《易》道的过程，包含着人性的自我发现与展开，体现为一种伟大人格的塑造过程。

三、《易传》中的道德修养方法

《易传》的道德修养方法包括感悟比德和合道而行内外两个方面。从这个意义上讲，这正是儒家"内圣外王"之道的一种"自然主义"形态。内圣而成其性，外王而存其存，此为道义之门。所以，《易·系辞上》曰："夫圣人所以崇德而广业也……成性存存，道义之门。"

可以说《易传》提供了两套顿渐不同的修养方法：顿教可以称之为"善为易者不占"；渐教就是所谓君子"玩"易。顿教直接取法圣人，从《周易》之形成的原则出发，如同圣人那样直面天地万物，观天地之象，体悟万物之德，效法乾坤健顺之道而行，从而开物成务，崇德广业，德博而化。具体说来包括理智上的观象感悟，与行为上的效法天地。

《易·系辞下》曰："古者包牺氏之王天下也，仰则观象于天，俯则观法于地，观鸟兽之文与地之宜，近取诸身，远取诸物，于是始作八卦，以通神明之德，以类万物之情。"观象即观察人在天地间所处之"境"，辨识其阴阳形势，并感悟其道德象征意义。《易传》说"圣人有以见天下之赜，而拟诸其形容，象其物宜，是故谓之象。"（《易·系辞上》）从这里我们看到，《周易》的卦象系统来源于人对于天地万物现象的观察和概括，它反映的是天地人相互关联的变动过程和情境。八经卦和六十四卦的每一卦的卦象都反映了人在天地之间的某种典型的情境与状态。每卦自下而上都是六爻，上下中各两爻，分别代表天地人三才之道的变动。因此，《易·系辞下》说："《易》之为书也，广大悉备，有天道焉，有人道焉，有地道焉。兼三才而两之，故六。六者非它也，三才之道也。道有变动，故曰爻。"由此可以看出，《周易》的世界始终都是一个人处于天地之间的世界，同时又是天地人各循其道交错变动的世界。更为重要的是，这是一个道德视角所见的世界，一个与人的生活及其意义相关的世界。这种世界观关心的重点不是世界或宇宙的起源，而是人所能观察和感应到的世界的"变化"——"易"的本义。它似乎没有兴趣去追问一个无人的世界，也似乎没有兴趣去设想一个静态的世界图景，它所把握住的是人参与其中的天地万物变化的过程本身。

观象感悟意味着把所处之境与社会生活和文化意义上的道德范畴相联系，从而赋予其道德意义。孔子善于"观"，《论语·子罕》曾记载，子在川上曰："逝者如斯夫，不舍昼夜！"这描绘了孔子观水而有所感。孔子观水，实以观象比德而修身：

子贡问曰："君子见大水必观焉，何也？"孔子曰："夫水者，君子比德焉：遍与而无私，似德；所及者生，似仁；其流卑下句倨，皆循其理，似义；浅者流行，深者不测，似智；其赴百仞之谷不疑，似勇；绰弱而微达，似察；受恶不让，似贞；包蒙不清以入，鲜洁以出，似善化；主量必平，似正。盈不求概，似度；其万折必东，似志。是以君子见大水观焉尔也。"（《说苑·杂言》）

"观"是对"天道"或者说"天"之"教导"的感悟，不同于礼乐诗书言传身教，而是一种融入大化的美感体验，一种诗学意味的与"天"进行精神沟通的过程。这里的"教"不是文化内部通过人与人的教学而进行的文化传承，而直接就是天人之间的精神"呼应"。对于象的道德意义，《易·大象上下》传所论尤为详尽。如："天行健，君子以自强不息"。"地势坤，君子以厚德载物。""云雷，屯。君子以经纶。""山下出泉，蒙。君子以果行育德。""天在山中，大畜。君子以多识前言往行，以畜其德。""山下有雷，颐。君子以慎言语，节饮食。""风行天上，小畜。君子以懿文德。"又如："山上有泽，咸。君子以虚受人。""雷风，恒。君子以立不易方""雷在天上，大壮。君子以非礼弗履。""山下有水。蹇。君子以反身修德。""山上有木，渐。君子以居贤德善俗。""丽泽，兑。君子以朋来讲习。""山上有雷，小过。君子以行过乎恭，丧过乎哀，用过乎俭。"

《易传》不言之教的顿教体现在行为上主要就是效法天地。《易传》认为天地人三才之道都包含在《周易》之中："《易》之为书也，广大悉备，有天道焉，有人道焉，有地道焉。(《易·系辞下》) 人居于人道，应效天法地而行。人如何效法天地？天地之道，生生不息，乾健坤顺，君子学于天地，则以之"自强不息"且"厚德载物"。效法天地的关键，在于洞察几微或"知几"。所谓"几"也称为"玄机"，是一种隐微难辨的奥秘，是变化的枢纽。"子曰：知几其神乎，君子上交不谄，下交不渎，其知几乎？几者动之微，吉之先见者也。君子见几而作，不俟终日。"(《易·系辞下》)《易·系辞上》亦曰："夫《易》，圣人之所以极深研几也。"圣人洞察几微的旨趣在于："唯深也，故能通天下之志；唯几也，故能成天下之务；唯神也，故不疾而速，不行而至。"(《易·系辞上》)"知几"也就是《中庸》所谓："知远之近，知风之至，知微之显，可与入德矣。"正是通过把握几微，"圣人以通天下之志，以定天下之业，以断天下之疑。"(《易·系辞上》)

《易传》不言之教的渐教就是，"君子居则观其象而玩其辞，动则观其变而玩其占"。(《易·系辞上》) 这意味着借助《易经》的占筮活动，体会其伦理道德寓意，反身修德。孔子肯定学习过《易经》占筮的方法，并且会运用这种方法。但是孔子的一个根本兴趣并不在占筮，而是观其德义。马王堆帛书《易传·要》篇云：

子曰："《易》，我后其祝卜矣，我观其德义耳也。幽赞而达乎数，明数而达乎德，有仁[守]者而义行之耳。赞而不达于数，则其为之巫。数而不达于德，则其为之史。史巫之筮，乡之未也，始之而非也。后世之士疑丘者，或以易乎？吾求其德而已，吾与史巫同涂而殊归者也。君子德行焉求福，故祭祀而寡也。仁义焉求吉，故卜筮而希也。祝巫卜筮而后乎？"

孔子对占筮的态度是"玩"而已，而且其目的不是因为占筮活动本身的神圣性至高无上，或者占筮的结果有多么重要，而是因为这种古老的占筮"游戏"中含有启人哲思的趣味，占筮的结果也具有让人警醒谨慎的启发价值，于是，《易经》占筮活动以及《易经》的符号和文本系统本身可以作为一种修炼智慧和德行的手段来加以利用。由此我们可以看出，古典儒家对《易经》的兴趣超越了占筮本身，而进入《易经》符号文本系统及其占筮实践背后的世界观和伦理观念。

一卦的结果出来之后，事情的吉凶看似有了某种结论，但是，其实占筮的结果只是比较明白地提示了人所处的情境中阴阳两种基本气几相互作用的趋势，而并没有提供一个"命定"的不能改变的结果。在所处的"形势"和最终的结果之间，总是还有很大的一个"事在人为"的"空间"。也就是说，占筮结果所显示的吉凶，是因人而异的，如果深处其中的人具备足够的德行就能够趋吉避凶和逢凶化吉。反之，就会不吉。从这个意义上讲，德行完备的人甚至根本不必在意占卜的结果所示的吉凶，只需要凭着自己的德行和智慧就能无往而不利。因此，在儒家看来，人的道德和智慧从根本上决定着人生福乐和人事吉利，《周易》占筮甚至所有的占卜都只具有相对的参考价值，都不能决定和左右人的吉凶祸福。"初率其辞而揆其方，既有典常；苟非其人，道不虚行。"（《易·系辞下》）儒家的理解非常正确地把握了占筮的真意。儒家完全破除了对于《易经》的占筮活动及其结果的迷信。在这种清醒的道德意识基础上，儒家才能把《易经》及其占筮"游戏"转化为一种提升德行和智慧的教材。

事实上，所谓渐教和顿教在具体的道德修养过程中是交织在一起的，真正的博洽君子，既能玩易以观其德义，又能"善为易者不占"而直接与天地精神相往来。

四、"不言之教"对当代教育的启示

《易传》的不言之教对现代人类的生活仍然具有多方面的价值和深远意义。就本文所侧重的教育主题而言，其中引人瞩目的启示主要有如下三个方面：

其一，《易传》体现了人类原初意义上的教育。《易传》从一种人性化的自然观或宇宙观出发，以一种终极性的最广大的家庭意识，将自然（宇宙）与作为宇宙变化过程之现象的天地万物人性化，从而把宇宙自然和天地万物本身包括进人类的教育范畴。由于人被视为天父地母的孩子，万物中的一"物"，原初的教育意味着直接谛听和观察来天父地母的教诲，它直接表现为"仰观天文，俯察地理"，它是一种宇宙的教育。❶从这个意义上讲，《易传》的不言之教是一种具有生态意识的教育，它具有"非人类中心主义"的特质。《易·系辞上》）曰："《易》与天地准，故能弥纶天地之道。"对于君子道德修养的教育实践而言，必须遵循的原则是："其道甚大，百物不废。惧以终始，其要无咎，此之谓《易》之道也。"（《易·系辞下》）或者说，"夫《易》开物成务，冒天下之道，如斯而已者也。"（《易·系辞上》）这种原初的教育要培养以成己成物为己任，以天地万物为一体的仁者："与天地相似，故不违。知周乎万物而道济天下，故不过，旁行而不流。乐天知命，故不忧。安土敦乎仁，故能爱。范围天地之化而不过，曲成万物而不遗，通乎昼夜之道而知，故神无方而《易》无体。"（《易·系辞上》）

其二，《易传》的不言之教揭示出教育的核心在于创造一种智慧的生活方式——一种合"道"的人类生活。《周易》所包含的哲理和原则，从根本上超越了赋予人们预测未来的能力和行为上趋吉避凶的机巧，而是要实践一种"人与天地参"的最广大的和谐生活方式。《易传》透彻地理解了人道乃是创造性地整合天地之道，❷以形成天人合一，万物并育而不相害，道并行而不相悖的宇宙整体和谐。它理解人类行为的限度，以及人类必须效法天地精神，将刚健有为与和顺无为的美德统一起来，"阴阳合德而刚柔有体，以体天地之撰，以通神明之德。"（《易·系辞下》）更为可贵的是，这种智慧的生活方式，赋予日常生活的言行以深刻的道德价值，或者说，这种生活方式上的智慧就落实于日常生活的"庸言之信，庸行之谨"。（《易·系辞上》）云："言行，君子之枢机。枢机之发，荣辱之主也。言行，君子所以动天地也，可不慎乎？"于是，整个日常生活就变成了一种人性呈现的过程，一种

---

❶ 成中英：《易学本体论》，北京大学出版社2006年版，第139页。
❷ 成中英：《易学本体论》，北京大学出版社2006年版，第140页。

道德觉悟的过程，一种自我修养的过程，一种生命成长的过程。

其三，《易传》不言之教所追求的圣人理想人格具有神圣意味，它昭示了人的内在神性。人性源于天道，因而具有"道"的无限深邃与玄妙性，它体现了"阴阳不测之谓神"的特点。圣人是神圣的，但是他并非一个神秘的崇拜对象，或者一种具有神秘本质的想象的神灵形象。同时，圣人也是历史化的，以历史上的伟大人物如伏羲、黄帝、尧、舜、文王等人为原型，这就标志了后人通过修养而成圣的实践可能性。

概而言之，《易传》的不言之教，体现了一种具有宇宙整体意识并以道德修养为核心的"元教育"和"元方法"，能够为我们反思现代教育的缺失，并从根本上对治现代教育的弊病，重建新的现代教育提供丰富的启示。尽管我们无意于抹煞现代教育的成就，但是我们也不能否认现代教育中普遍存在的弊病：一是教育目的上的迷失，二是人的工具化，而这两者合在一起，就构成现代教育的"原罪"——把人变成盲目的工具。究其根源，可以追溯到现代教育中渗透的"人类中心主义"和"工具主义"的意识形态。《易传》的不言之教，教导人创造一种天人合一，"人与天地参"的生活方式。它洞见了人性内含的神圣之光，为我们呈现了一种我们今日似乎已经遗忘了的教育模式。它所包含的一些关于教育的基本观念、原则和方法，具有永恒的意义和价值，指明了我们今日和未来建设一种更为健全的教育的必由之路。

和而不同：
古典儒家和谐伦理与当代和谐教育

一、全球化的矛盾性对教育的挑战

人类今天在全球范围内的相互交往构成了所谓"全球化"的景象。这是一个全方位多维度的互动过程：从经济基础到上层建筑各个层面，长久以来彼此隔膜的族群与文明之间，展开了史无前例的相互联系与相互往来。全球化是人类生活的一种新境遇，其中包含的无数力量之间错综复杂的激荡，让身处其中的人们同时看到了它的两张面孔：一面是前所未有的理解与融合的契机，另一面是深不可测的仇恨与冲突的危险。

如果将全球化所体现的矛盾性，归结为人们之间源于宗教、文化、民族、国家、政治意识形态、阶级和性别等的差异，那么，在一定意义上，这种差异本身是必然存在和无法消解的。差异既是冲突的缘起，同时又是融合的根据。如何避免和化解冲突，如何让来自不同背景的人们和谐共处？这是全球化对人类智慧提出的最为严峻的挑战。因此，在全球化的境遇中，教育必须作出抉择：致力于教导冲突，还是致力于教导和谐？

以往的人类历史中既有教导冲突的传统，又有教导和谐的传统。相对而言，教导冲突的传统比比皆是，而教导和谐的传统则显得极为稀有和珍贵。即使在"全球化"的今天，我们依然被形形色色的群体"自我中心主义"所笼罩；它们片面地强调并利用人们彼此之间在众多方面必然存在的差异，从而导致人们互不理解，互不包容，互相歧视和互相仇恨。在这种充满危机的氛围中，我们需要重新接续人类教导和谐的传统。在中华德性文明传统中，以孔子为典型的古典儒家领悟并践行了"和而不同"的人类相与的智慧。如果说我们希望为已经进入21世纪的人类找到一种不依赖神启力量的教导和谐的传统，回归古典儒家的道德智慧，是一条必由之路。

二、古典儒家的"道德"概念及其和谐意蕴

中国古典儒家的道德思想是在"究天人之际"的维度上展开的。儒家认为人类的本性及其生活，从"天"的角度来看是关于人如何合乎"道"的问题；从人本身的立场来看，则是关于人在与"道"相合的过程中是否取得成就，即是否有所"得"的问题。"道"的概念所涉及的问题是：世界是如何运行的？或者说，如果有一种世界运行之法则（天道以及人道），这种法则是什么？"德"的概念所涉及的问题是：我如何参与世界的运行？或者说，我能通过与世界的配合而成就什么样的生活？中国古典道德思维就在"道"与"德"这关乎天人的两极之间展开。这种道德思维的核心是一系列需要反复追问的问题：人（类）是什么？人性是什么？我（们）是谁？我（们）应该怎样生活才能真正成为完善的人？

中国古典道德思维特殊的视角在于：这一系列问题指向人类的生命存在本身，而不是生命之外的非生命物的存在；指向人类（个体和群体）的自我认识和自我觉悟，是一种以人性的奥秘为对象的向内的探究，而不是一种向外的好奇性的涉猎；关注人类生活的法则与自然的法则之间的统一性，而不是妄图让"人为自然立法"。

古典儒家的"道德"概念具有一种和谐的意蕴。在古典儒家的传统中，"道德"的概念不同于通常所谓的"符合既有社会伦理规范"或"具有各种

人格上的美德或善良品格"的含义。首先，儒家"道德"之"道"，作为动词，与"导（導）"相通，有引导义，如"道之以德，齐之以礼，有耻且格。"（《论语·为政》）"道"（导）意味着对人的天性和生命力的引导，以使其符合天人之道——"自然"的节律、社会的伦理与文化传统。其次，"道"作为名词，指"道路"，即人所通行之途径，引申为方法、法则、规律或规范。再次，"道"作为动词与"蹈"相通，可理解为"行走"或"践履"。"道德"之"德"，亦有动词和名词两义，既是指"获得"或具有，又指所具有之"品格"或"德性"。因此，综合上述"道"与"德"的多重含义，儒家的"道德"就意味着：人顺应天性与文化的引导，遵循人生的律则，通过生活的实践展开自己生命道路的过程。同时，"道德"也是"德（得）道"，在这个意义上，"道德"意味着找到人生的正确道路，以及具备美德。在儒家的"道德"概念中，上述两种含义一侧重于"道"，一侧重于"德"，虽然形同两极，实则一体两面，相互贯通。

通观古典儒家的道德概念，可以说儒家的道德思想和实践，就是在追求人与天（地），人与他人（社会），人与文化（传统），以及人自己身心的和谐。❶因此，《中庸》描述道德的最高境界为："致中和，天地位焉，万物育焉"。

三、古典儒家的和谐之道

"形而上者谓之道，形而下者谓之器"（《易·系辞上》）。古典儒家认为形而下的天地万物源出于一种全体意义上的、根本性的统一与和谐；和谐是天地之本。此为形而上的本体和谐，即"太和"或"太一"。《庄子·天下篇》曰："'古之所谓道术者，果恶乎在？'曰：'无乎不在。'曰：'神何由降？明何由出？''圣有所生，王有所成，皆原于一。'"形而下的天地万物，以道为本，不离于宗，正如《中庸》所说："道也者，不可须臾离也。可离，非道也。"具体而言，和谐之道贯彻天人之际、身心之间，人我之

---

❶ 参阅张立文主编：《圣境——儒学与中国文化》，人民出版社2005年版，第58页。

（一）本体和谐：保合太和

古典儒家的道德，意味着"道"之"得"，或道的体现，其意义建立在一种自然主义的"根源意识"或本体意识之上；这种根源意识本身含有对于自然之道的"生机"和"和谐"的信仰。古典儒家道德智慧的基础就是这种生机盎然的"本体和谐"信仰。古典儒家的"道""生""和"这三个本体性的范畴之间具有内在的联系。道、生、和相通，可谓"三位一体"。

这里所谓"自然"或"自然主义"作为中华文化传统中的关键概念，不是今天自然科学所指的物质环境自然（界）及唯物主义意义上的自然主义。中国文字的"自然"，意思是"本来如此"。有无限生机的"本来如此"者存在着，而无以名之；就其过程性的体现而言，不得已而称之为"道"。故老子曰"有物混成，先天地生。寂兮寥兮，独立而不改，周行而不殆，可以为天地母。吾不知其名，字之曰道，强为之名曰大。……故道大，天大，地大，人亦大。域中有四大，而人居其一焉。人法地，地法天，天法道，道法自然"（《老子》第二十五章）。"自然"如其所是地呈现出来即是天地万物之"道"。与老子道法自然之义相通，《中庸》也曰："诚者自成也，而道自道也"。

本体意义上的"道"是指自然的有机整体性，或者说天地万物的多元一体性。"道"贯穿于自然这个动态变化，生生不息，开放的有机整体之中；儒家从其永恒变化的角度，称之为"生生之谓易"。"生生"的含义，既可以理解为"创生生命"，也可以理解为"生而又生"。[1] 前者从根本上肯定了自然整体蕴含生机，可以创生生命的能力；后者则肯定了自然全体在生命创造上的连续性、过程性和无限性。从一定意义上讲，"生生"观念是一种以母性为隐喻的有机生命自然观，或母性生命本体意识。当然，儒家的"道"论，并非只是对自然之母性的觉悟，同时也是对自然之父性的觉悟。《易传》云："一阴一阳之谓道。"（《易·系辞下》）《易传》强调自然所包

---

[1] 方东美：《中国哲学之精神及其发展》，中州古籍出版社 2009 年版，第 85 页。

含的本体性阴阳两性关系，具体体现为天地或乾坤的和合化生过程。"天尊地卑，乾坤定矣"（《易·系辞上》）；"天地氤氲，万物化醇。男女构精，万物化生。"（《易·系辞下》）"天地感而万物化生。"（《易·咸·象》）古典儒家肯定道贯通天地，而天地的美德、价值和功能就是"生"——产生、创造、生命、生机。儒家认为，"天地之大德曰生"（《易·系辞下》）。天地之大德即乾坤健顺之永恒精神与能力："夫乾，其静也专，其动也直，是以大生焉。夫坤，其静也翕，其动也辟，是以广生焉。"（《易·系辞上》）"天地之道，可一言而尽也：其为物不贰，则其生物不测。天地之道：博也，厚也，高也，明也，悠也，久也。"天地之大，则"万物并育而不相害，道并行而不相悖。"（《中庸》）

从"道"与"生"的关联中也可以看出，古典儒家将"生"或"生生"的内在机理和源泉，理解为阴阳或天地之"和"，即有差异的因素、事物和力量之间的协同作用与融合。"和"是以差异的共处共存和协作为基础的，是差异的调和，尤其是阴阳的相反相对与相辅相成；"同"则是对差异的消解，是不允许差异存在，是对构成有机整体的阴阳关系的割裂。在孔子时代的传统中，"和"与"生"相通的观念是根深蒂固的："夫和实生物，同则不继。以他平他谓之和，故能丰长而物归之。若以同裨同，尽乃弃矣。"（《国语·郑语》）

本体意义上的"和谐"，儒家称之为"太和"。《易·乾·象》曰："乾道变化，各正性命，保和太和"。意谓天道变化，大化流行，天地万物各循其天赋本性而生，相辅相成，协调一致，从而构成至大至极的根本和谐。"太和"是以万物各自对待分殊为条件和因缘的，是多元一体的和谐。"太和"是古典儒家追求的道德理想境界，同时也是根本性的道德准则。作为人文世界所以然和所应然的规范，"保和太和"意味着对人的生命和人生意义的关怀；这种关怀的价值取向是使人与自然、人与社会、人际及心灵际的冲突得以化解，从而获得和谐、协调和平衡。[1]

---

[1] 张立文主编：《和境——易学与中国文化》，人民出版社2005年版，第11页。

如果说本体和谐是古典儒家对"形而上"的"道"的理解，那么与之相应的"形而下"的具体的和谐则表现为自然与人类之间的天人和谐、个体的身心和谐、人际的伦理和谐，以及人与其文明的人文和谐。

（二）天人和谐：参赞化育

儒家天人和谐的观念，体现为一种"天人合一"的思想。《易·文言》即有"夫大人者，与天地合其德"之说。"天人合一"是从天人之道的统一性而言的天人和谐。"天人合一"既是自然的和谐，同时又是人所参与的创造性的和谐。从这个意义上讲，"天人合一"是天人协同作用，相互配合，"互构"性地创造和谐的过程。

古典儒家认为，天人和谐的关键在于"人与天地参"，也就是说，人通过主动的创造性的生命活动与天地化育万物之道相配合。在儒家看来，人不是一种作为"存在"的物类，而是一种具有"生成性"和"自我造就性"的生命。人生命的独特性在于：人必须配合天道，循其天性，不断地创造和再创造其"自我"。作为一种"自我造就"的生命，人必须参赞天地化育之道。唯有在与万物及他人的关系中，通过相互配合和协作，才能同时成物成人而成己。

人有天命之性，人性即是天道寄寓于人的真实存在。"诚者，天之道也；诚之者，人之道也。"（《中庸》）这正如《庄子》所说："物物者与物无际。"（《庄子·知北游》）主宰万物的天道与万物没有隔膜。而且，"诚者非自成己而已，所以成物也。成己，仁也。成物，知也。"（《中庸》）对人类而言，作为人类真实本性的自然创造性，体现为"自成己"和"成物"（他人及万物）的统一过程。也可以这样理解：成己意味着人类的同类一体关系和同类认同意识的充分实现；成物则体现了人类觉悟并参与天地化育万物的智慧。唯有通过充分实现人类的同类一体认同，才能成为真正的人；故《中庸》曰"仁者，人也，亲亲为大。"并且，唯有通过参与辅助成就天地万物，人才能成就真正的智慧和觉悟。所以，《中庸》将天人和谐之道描述为："唯天下至诚，为能尽其性；能尽其性，则能尽人之性；能尽人之性，则能尽物之性，能尽物之性，则可以赞天地之化育；可以赞天地之化育，则可以与天地参。"天人和谐的典范就是儒家的"圣人"。"以天为宗，以德为本，以道为门，兆于变化，谓之圣人。"（《庄子·天下》）作为一种道德上的理想人格，圣人的突出特点之一就是其生命创造性地体现了天人之间的统一性。《中庸》曰：天地之大，"万物并育而不相害，道并行而不相悖"，天地之道，"为物不贰，生物不测"。圣人效法天地之道而行，"与天地相似，故不违。知周乎万物而道济天下，故不过，旁行而不流。乐天知命，故不忧。安土敦乎仁，故能爱。范围天地之化而不过，曲成万物而不遗，通乎昼夜之道而知，故神无方而《易》无体。"（《易传·系辞上》）

（三）身心和谐：修身为本

追求个体生命之身心的和谐是古典儒家道德修养功夫的核心内容。身体与心灵是个体生命的阴阳两面。在儒家的观念中并没有一种对于身体的肉身性和来自于身体的本能欲望的贬低和恐惧；同时，心灵（或心、神、神明、神思）也不是一种高于身体或在身体之外的主宰身体的神秘存在物，而是与身体融合在一起的生命自觉或精神，它具有觉知、思维、情感和意志等方面的精神能力。个体生命是一种身心阴阳合一的整体，出于对个体生命的"为己"（个人与自己本身）关系的道德意义的重视，古典儒家对于个体身心关系所包含的生理—心理机能层面存而不论。因此，古典儒家所理解的个体身心关系，实际上不是一种属于时间现象的生理—心理关系，而是一种具有道德意味的涉及人的全部存在的，超越时间现象的，内在于自我生命整体的"形"与"神"的关系，或者说自我的肉身存在形式（身）与自我的本然存在形式（性）之间的关系，正是这种关系蕴含着个体生命的道德意义。

"身"和"心"作为个体生命所具有的两种功能性的存在——"体"（身体和心体），其道德上的"用"是古典儒家关注的焦点。身心的存在价值在于体现个体生命的道德意义。"身"作为生命之有形载体，其表现生命活动的主要形式为"言"与"行"。通过身体力行或身体性的生命践履，个体生命在生活中的道德创造或道德成就具体化为个性鲜明的个人言行。

"心"在个体道德意义形成的过程中所具有的功能为自觉之"知"。这是一种以对自我的本性的觉悟为核心的自知之明。《中庸》称之为"穷理尽性以至于命"。孟子称之为"尽其心者,知其性也。知其性,则知天矣"。(《孟子·尽心上》)

身心和谐的修养,统而言之为"修身",分而言之,则身与心之修养各有其内容和要领,其关键在于达成身心之"正"。《大学》将个体内在心性修养概括为"正心诚意格物致知"。就修养功夫实践过程的本末先后而论,则"古之欲明明德于天下者",必循"格物、致知、诚意、正心"之途而修其心。正身则需要在日常生活事务上磨炼。

儒家强调修身为本,将修身包含在"大学之道"中,而大学之道是"合外内之道",将个体的身心和谐与社会群体,家国天下的和谐贯通起来,融"内圣外王"为一体。修身之事,虽以个体一己身心为焦点,但是自始至终皆不可能并且不应该只局限于个体身心本身。古典儒家的修身总是将生命存在的内外打通,从个体身心通向"齐家、治国、平天下"之域。

(四)人伦和谐:齐家治国平天下

古典儒家对人的社会性本质有深刻的洞察。人的社会性本质主要体现在儒家的"仁"的观念上。孟子曰:"仁也者,人也。合而言之,道也。"(《孟子·尽心下》)"仁"意味着人类的同胞(同类整体)关系,同时,儒家极力肯定和推尊这种同胞意识的道德价值,将其作为人之为人的崇高美德。❶

《说文》曰:"仁,亲也,从人二。古文仁,从千心,或从尸。"这里透漏了"仁"的观念中包含的这样两层意思:一、"仁"是从人(自我)与人(他人、你)的关系视角对人的社会性本质的确认。人类中的任何一个"我"与作为同类的任何一个"你"之间具有本质性的互爱与共生的关系。这种关系从根本上决定和制约着人类的本性。"仁"之本始乃是人与人的亲爱之情,起于父母与子女之爱,其扩展与影响遍及于同胞(兄弟姊妹)、夫妇(男女)、朋友(伙伴),以及围绕生活事务形成的上下("君臣")之间

---

❶ 白奚:《先秦哲学沉思录》,中国社会科学出版社2007年版,第14页。

的关系。所有关于人之为人的定义，都必须建立在这种内在的彼此关联共生的关系基础之上。从这个意义上讲，人乃是"我—你"共生的人。从根本上讲，人类没有孤立的纯粹的"我"与"你"，表面上分立的"你""我"正是通过彼此互为生命活动的依托，并且唯有凭借人类内在性的相互关联之"仁"（爱）——相互尊重、关怀、分享与奉献等，才能互相达成自我生命的意义。同时，就现实而言，人类也不存在脱离具体的伦理和性别角色的抽象的个体：每一个人，作为一个具体的社会成员，一定是男人或女人，父或子（母或女）、兄或弟（姊或妹），以及彼此互为朋友（伙伴）等，具有鲜明的个体独特性与角色特定性。从整体上看，在彼此关联的意义上，正是通过每一个人的个性与具体性，体现出异彩纷呈的社会伦理关系和两性之间阴阳互构与和谐共生的关系。

"仁"又有身心统一之义。郭店楚简"仁"字的写法即为上身下心，融身心于一体。孟子曰："万物皆备于我矣"。(《孟子·尽心上》) 心无所不达，则身亦无所不在；充此身心之存在，则天地万物一统为一大身心，此即"太一"，为无所不包的自然统一体，上下与"生生不息"的创化过程相通。这种境界当然是"仁"的极致和最高理想。"仁"的两层含义合而言之，则作为人之道的"仁"，始于人与人的亲爱之情，终于"太一"天地万物生机一体和谐之境。

（五）人文和谐：与于斯文

文明传统与人的关系是古典儒家道德思想的一个重要主题。人的生命包含多重内涵，既是自然的或宇宙性的，又是人类性的和个体性的。人的类生命通过人类世代累积传承文明的过程体现出来。个体作为文明传统的一个参与创造者而存在。个体生命与作为类生命的文明如何统一起来，是人所面临的一个关于生命的文化意义和价值的问题。

子畏于匡。曰："文王既没，文不在兹乎？天之将丧斯文也，后死者不得与于斯文也；天之未丧斯文也，匡人其于予何？"(《论语·子罕》) 在孔子"文不在兹"的文化自信背后，我们同时还看到了以"与于斯文"为实质的人类的文化生命。对个体而言,人必须参与创造文化,才能具备文化生命;对群体而言,唯有通过个体对参与创造文化的使命与责任的承担,群体的文化命脉才能得以延续。

子曰:"志于道,据于德,依于仁,游于艺。"(《论语·述而》)从一定意义上讲,大体可认为"志于道"关乎"太和"和"天人和谐";"据于德""依于仁"关乎个人的"身心和谐"和人际的"伦理和谐";"游于艺"所涉及的正是人与人类文明的参与创造关系。儒家所重视的文明成就为"六艺"。儒家的"六艺"本有两义,其一指礼、乐、射、御、书、数这六种技艺或艺术;其二是指《诗》《书》《礼》《乐》《易》《春秋》六经之学。"游于艺"无论涉及艺事还是文化经典,都指示了人的文化意义上的生命价值的实现离不开在历史积淀的文化中涵泳浸润的过程。前一种"六艺"之学将人的生活变成一种艺术,后一种"六艺"之学将个体的生活和文化上的认同与创造内在地关联起来。

子曰:"兴于《诗》,立于《礼》,成于《乐》。"(《论语·泰伯》)文明作为人的类生命,因每一代人的参与而得以继承,因每一代人的创造而得以更新。孔子在强调"述而不作,信而好古"(《论语·述而》)的同时,也强调对于文明传统应该适时"损益"。子张问:"十世可知也?"子曰:"殷因于夏,礼所损益可知也;周因于殷,礼所损益可知也;其或继周者,虽百世可知也。"(《论语·为政》)文明代有变迁,因此,面对以往人类文明的成就,人应该遵循的原则是"不可为典要,唯变所适"。(《易·系辞下》)

四、古典儒家创造和谐的方法与伦理准则

(一)修养功夫:创造每个人日常生活中的和谐

儒家的道德修养与教化,是一种日常生活的艺术和实践智慧,即通过创造日常生活本身的和谐来实现自我成长。这种实践的基本方法是"克己"与"反求",其经验内容或对象是每个人自己的言行。

孔子强调为仁必须"克己复礼",即遵循人与人和谐相与之道,同时

也强调"反求诸己"。这两种方法都是将道德修养理解为调理和改善自我本身的人生实践。子曰:"君子求诸己,小人求诸人。"(《论语·卫灵公》)《大学》曰:"是故君子有诸己而后求诸人;无诸己而后非诸人。"《中庸》亦曰:"射有似乎君子;失诸正鹄,反求诸其身。"然而,这里的所谓"正鹄"并非外在的"道德"规范,而是指人性的本然。古典儒家认为道德修养的关键,不是向外寻找"道德"规范,让人的动机和行为受制于种种外在的条条框框,而是向每个人的内"心"反求,切己体察,返本归宗,返璞归真,力图使人的心思和言行皆合于人之天性,自然而然;出于性情之真,质朴无伪。因此,孔子曰:"君子之于天下也,无适也,无莫也,义之与比。"(《论语·里仁》)

言行乃日常生活的两个基本现象,言行彼此关联,为古典儒家修养的重点所在。儒家强调言行得宜,言行一致。子曰:"故君子名之必可言也,言之必可行也。君子于其言,无所苟而已矣。"(《论语·子路》)子曰:"君子耻其言(之)过其行。"《论语·宪问》)儒家将言行视为天地之动,吉凶荣辱的关键,所以特别强调谨言慎行。《易传》曰:"庸言之信,庸行之谨";(《文言》)又曰:"言行,君子之枢机。枢机之发,荣辱之主也。言行,君子之所以动天地也,可不慎乎?"(《易·系辞上》)《中庸》则曰:"庸德之行,庸言之谨。有所不足,不敢不勉,有余不敢不尽;言顾行,行顾言,君子胡不慥慥尔!"《论语》亦载,曾子有言:"君子所贵乎道者三:动容貌,斯远暴慢矣;正颜色,斯近信矣;出辞气,斯远鄙倍矣。"(《论语·泰伯》)朱子曰:"言道虽无所不在,然君子所重者,在此三事而已。是皆修身之要、为政之本,学者所当操存省察,而不可有造次颠沛之违者也。"(《四书章句集注》)古典儒家日常修养的目标在于行身合道。

(二)以和谐为宗旨的伦理准则

和谐是"和而不同",是有差异的事物之间的动态平衡与有机统一。人类社会生活的和谐,依循着某些人与人之间相与的准则。围绕创造和谐这一价值目标,本着一种和平主义的精神,为了达成一种相互尊重与相互关爱的伦理关系，儒家所教导的人际关系准则有三："仁者爱人"；"以直报怨"；"己所不欲，勿施于人"。

"仁者爱人"为最高准则，以圣人为典范。仁者民胞物与，以天下为己任。《礼记·礼运》曰："故圣人耐以天下为一家，中国为一人者，非意之也，必知其情，辟于其义，明于其利，达于其患，然后能为之。"孟子曰："亲亲而仁民，仁民而爱物。"（《孟子·尽心上》）

"以直报怨"是面对冲突情形的正义原则，可视为儒家维护和谐的底线。这一底线伦理原则，虽然强调恢复平衡和伸张正义，但是它完全没有侵略性，而是体现了平等和公正的自然性，其本质是一种和平主义。"以直报怨"在实践上是一种求和的方法，而非寻求对立和加剧冲突的方法。"报怨"是为"和"解创造条件，正所谓"仇必和而解"，然而，"和"解的实现也是一种有礼有节的人际互动，"知和而和，不以礼节之，亦不可为也。"（《论语·学而》）

儒家最为根本的伦理准则是"己所不欲，勿施于人。"（《论语·卫灵公》）这一准则所蕴含的基本精神是人类的相互尊重与关爱。人之所欲多有不同，而人之所不欲则相同。人之所欲无限，而人之所不欲有限。从有限且相同的人之所不欲出发，推己及人，则无往而不可通行。这是一种建立在适度的人际"距离"之上的伦理智慧，保持人与人适度的"距离"，意味着对个人的尊严、独立性、个性及其成长空间的尊重与保证。它不是对人过分的干涉——"己所欲，施于人"；也不是对人漠不关心，因为权衡己之所不欲，正是为了他人。

五、为全球和谐重构教育：来自古典儒家的启示

全球化时代的人类需要一种以和谐为价值目标的教育。古典儒家道德智慧为这种教育提供的启示主要在于：

（一）世界观与自我意识的重构。古典儒家为现代世界提供了一种自然主义的生机活跃和无限开放的整体宇宙观。"道"这一概念就是对于这种宇宙观的表达。宇宙或"自然"不是僵死之物的杂乱堆积，"自然"界也不仅

仅只是一堆供人开采的资源。自然是活的生命整体。"道"是一个描述过程的词汇；宇宙或自然在儒家以及古典时代的中国思想中，就是一种广大精微的"生生不息"的变化过程。与此同时，儒家将人理解为"道"的体现者和"和谐"的参与创造者。现代的个人主义观念，从根本上将人理解为二元论世界中与客体相对的主体；原子般的独立（孤立）的个体；固定不变的既成之物。所有这些观点都与儒家截然相反。儒家的世界是一元的整体，人与天地万物皆为"道"的体现。"道"即变化不已，生生不息的宇宙本身。人与天地万物一样为道所生，然而，人不仅是一种被动的被造之物，人能够参与道的创造性的活动，与天地参，能赞天地之化育。人的个体性与人的社会性同时为儒家所看重，因此，在儒家的观念中不存在绝对独立的个体。儒家将人视为一种不断成长变化的生命。在这个意义上，人的生活即是不断自我创造和再创造的过程。

（二）价值目标和价值观的重构。作为一种教导和谐的智慧，古典儒家道德思维洞察了宇宙和人生的整体关联性，人类个体自我与人类社会群体的相互依存性，并且以人与天的统一性作为道德信仰的根据，肯定人的天性的道德价值，肯定个体的完善与群体完善的一致性。《中庸》曰："天命之谓性"，阐明人性根源于天或宇宙自然整体。孟子肯定人性善，即人的天命之性具有道德上的价值。人性在现实生活中通过个体的独特品格以及人与人的社会关系展现出来，这就是人道，而人道的道德本质在于仁与义。因此，在天地人之道相贯通的意义上，《易传·说卦》云："立天之道曰阴与阳，立地之道曰柔与刚，立人之道曰仁与义。"

如果今天的人们承认这种天与人，以及自我与社群的内在统一性。那么，以和谐为全球化时代以及未来人类生活的基本价值目标，就是一种必然的选择。在和谐这一基本价值目标之下，儒家崇尚的"仁""义""礼""智""信"等具体的价值观，也为我们建立一种以相互关爱和尊重为实质的人际关系，以及一种美善和睦的人类共同体提供了主导价值观。当然，在现代的语境中，这些儒家价值观需要重新诠释。

（三）伦理关系与伦理准则的重构。儒家在一种"整体性"和"互构性"的关系中理解自我的成长与实现，社会生活共同体的建设与完善，文化的生成与延续。自我——他人——共同体——人类文明——自然，构成了一种多层级的彼此交织的"互构"关系。

基于对人类生活的"整体性"和"互构性"的理解，在相互尊重和关爱的基础上，古典儒家建立了一种最为广泛的伦理关系体系：儒家将身与心、人与人、人与群、人与文明、人与自然的关系贯通起来，致力于创造一种"致广大而尽精微"的"普遍和谐"。全球化进程的一个突出的现象就是上述各层伦理关系的紊乱。要矫正现代人的生活，在一定意义上，我们必须复兴古典儒家所建立的伦理体系及其秩序。作为支撑和维护这一伦理秩序的准则，古典儒家以"忠恕"之道为特色的伦理准则具有超越时代的现实意义。全球化时代所应当推崇的伦理准则和道德情操依然是："己所不欲，勿施于人"；"以直报怨"；以及"仁者爱人"。

（四）道德教育方法的重构。在教导自我修养的问题上，儒家君子"反求诸己"的修养方法体系，显然是对全球化时代道德教育的一个重大贡献。"反求诸己"在道德教育上的特色在于，它指示了一种自我发现和自我成长的内在修养的方向。与此同时，儒家将道德修养与生活融为一体，注重日常生活中的修养，强调通过日常生活来培养心灵、品格和习性。这也启示我们一种与日常生活相贯通的普遍的道德教育，正是全球化时代的道德教育的基本形态。一种充分汲取了古典儒家智慧的，全球化时代的道德教育应该具有怎样的特质？它将以每个人不断的自我完善与日常生活中的修养为核心，它将秉持这样的基本信念：每个人不断的自我完善与日常生活中的修养，是人类道德完善和全球和谐的力量之源。

大学之道：
古典儒家"大学之道"与当代中国大学德育

一、全球化与当代中国大学德育的文化危机

当代中国大学德育已处在一种"全球化"的开放的文化环境之中。大学生们在这个充满新奇"玩意"的文化空间里，如果不能获得正确的教导，那么，他们在德性与人格成长上不可避免地会迷失方向。这绝非危言耸听。例如，在一所著名大学的德育课堂上，近十年来几乎每年都有学习小组的研究课题涉及某种西方特别流行的病态社会现象。同学们将其探究指向某些社会现象，本来是很正常的事情，但是，值得重视的是同学们在研究之外，对这类研究对象的认识及所持有的态度令人担忧：几乎每一次都有少数同学比较直露地表示出或多或少对这类现象有所谓"偏好"，而大多数同学都持一种中立和宽容的态度。除了好奇、盲目追求时髦，以及通过夸张甚至反讽的表达来体现个性这些可能之外，我们也不得不说，为数不少的当代中国大学生确实对某些"传染性"的现代西方文化病症是无知和道德上不敏感的。与此类似，消费主义、拜金主义、极端个人主义、无立场的文化相对主义等，也

在大学生的心灵中有所反映。

在一种似是而非的"科学"的客观性和"民主"的宽容性理念基础之上，出于一种狭隘的工具理性意识，大学生们往往用"科学"和"民主"将道德善恶和伦理是非模糊化。然而，道德教育问题是属于文化认同、人格养成和价值智慧的问题，作为"德性"的问题，它已然超出了"理性"的领域，不可将其化约为"理性"问题。所谓"科学"和"民主"，对"德性"问题而言，是方枘圆凿，不得要领的。

当代中国大学面临着文化上的危机。从表面上看，大学生们面对着全球汹涌而至的各种现代文化潮流的冲击，显得相当脆弱和易受感染。从深层来看，大学生们之所以在文化上这么"稚嫩"，是因为他们在后天的文化根基培植上存在明显的不足：我们的教育，从小学中学到大学，都不同程度地忽略了对中华民族文化认同的培育。对于一群尚未养成中华文化主体性的学生来说，"全球化"鱼龙混杂的文化多元的环境，必然是险象环生的。信息通过互联网的传播，无远弗届，无孔不入，而见识并不直接就是对信息的"知识"。见识的形成必然是基于一个人文化和道德上的教养。因此，养成文化主体性及与文化主体性相称的道德人格是大学生德性培养的核心之所在。唯有在文化认同和道德人格上有所养成，我们的青年才能具备在开放多元，复杂多变的文化环境中健康生活的能力。

唯有作为服膺于中华民族伟大的文化理想及其道德智慧的个体，我们中国的青年才能成为一个个真正具有文化根基的"有道德"的人。表面上看来，今天的大学生们似乎是一些很有个性的"自我"，然而，仔细观察就会发现，很多时候这种所谓个性强的"自我"，所体现的只不过是现代流行的资本主义"个人主义"和世俗的"唯我主义"而已，根本就不是道德人格已然确立的标志，恰是道德人格缺失的标志。

当代中国德育当然包含着一个作为文化认同的内核：德育的实质和文化使命，就是将中华文化中由道德理想、核心价值观和德行修养与教化的实践方法等所构成的整个活的道德传统，导入年轻一代的心灵和生命。如果没有这个文化认同的内核，道德教育就会成为一种在时代的价值"泡沫"中随波逐流的混乱的"游戏"。

在一定意义上，道德教育与文化认同是同义词，德性的养成同时也意味着文化主体性的生成。必然是在个体的文化自觉和自主的基础上，才能达成健全而稳定的道德人格。道德具有特定的文化属性，正像道德具有特定的社会历史条件限定一样。当代中国的大学德育在文化认同上存在比较明显的偏颇，这主要反映在大学德育所依托的文化概念，很大程度上是从反封建主义和反资本主义的角度来反向界定的。我们习惯于通过批判封建主义和资本主义文化来显示我们的社会主义文化立场。文化观上的这个批判性的角度，"破"或有余，"立"则不足。其实，由于"立"之不足，其所谓"破"也不得要领。而且，这个角度不可避免地将中华传统文化与封建主义牵连在一起而予以排斥，以至于我们直到今天都还需要花很大的力气来理解，继承和弘扬中华优秀传统文化本是中国特色社会主义文化建设的题中应有之义。不仅如此，我们今天还面临着另一个困难：即我们对于传统文化本身，无论是从思想理论上还是从生活实践上而言，都已经相当隔膜了。

二、古典儒家"大学之道"的德性文明特质

中华文明乃是一种德性文明，其典型体现就在于古典儒家的"大学之道"。当代中国大学的道德教育不是无本之木，无源之水。若要追溯其根源和传统，必及于古典儒家"大学之道"。当代中国大学德育的发展，迫切需要接续和弘扬古典儒家"大学之道"。

古典儒家"大学之道"是中国传统道德教育的主流，是中华民族最深入人心和影响深远的道德教育经典范式：以"明明德""亲民"，"止于至善"为价值取向；以"志于道，据于德，依于仁，游于艺"为学问宗旨；以中和位育，参赞造化为修养功夫；以"人文化成""化民易俗"为教化目的。古典儒家"大学之道"是"致广大而尽精微，极高明而道中庸"的最广义的道德教育，通自然与人文于一道，融修养与教化于一体，会生命的学问与生活的艺术于一理。

古典儒家的道德思想与实践于孔子集其大成。孔子"祖述尧舜，宪章文武"；制礼作乐的周公也是孔子推崇的典范。古典儒家的学问本质上是人文主

义的道德智慧，弥纶天地之道，以人文之德为核心和归趋。古典儒家道德智慧所关注的核心问题在于：如何在天地间做一个"自天佑之，吉无不利"的人？以及如何建构一种保合太和，天下大同，万国咸宁的文明共同体？基于一种对人的生命及其价值的"生成"论的理解，做人和人生是一个学以知道，弘道成德的自我生命创造的过程。在这个过程中，吾人始终面临着一个贯通群己的，永无止境的问题：如何成为更好的人，如何造就更好的人类共同体？

德性生命的生成与文明共同体的形成，是古典儒家道德思想与实践的根本目标。这在生成论的意义上，就是一个广义的道德教育议题。基于一种整体性的生命意识和世界观，古典儒家将自身、家庭、国家、天下、天地万物都纳入吾人生命意识与生活世界之中，作为吾人内在德性的外在表达或载体。故古典儒家将"亲亲仁民爱物"一气贯通。《大学》开宗明义曰："大学之道，在明明德，在亲民，在止于至善。""明明德"，着眼于个体性的生命觉悟，关乎德性生命；"亲民"着眼于人类社群的仁爱和谐，关乎文明共同体。明德之明，在己亦在群。在己则为修身之内圣心性功夫，在群则为外王"齐家治国平天下"家国天下之务。内圣外王，合外内之道而为一，在生活实践中本不可分。唯有在人伦日用，群体生活和天地万物之间，践行亲亲仁民爱物，方能"明"群己之"明德"。"明明德"之境"止于至善"，本无止境。"明明德"之核心，实为"仁"德。

中国传统学问在性质上是尽性成德之学，其学问的路径为《中庸》"天命之谓性，率性之谓道，修道之谓教。"《中庸》开篇三句，昭示了中国古典儒学传统关于道德问题的核心奥秘。

古典儒家认为，"天地之大德曰生。"（《易·系辞下》）天地为一形神兼备的大生命。天地之间唯万物，万物于天地之间生生不息，和谐而共生。万物各有其生命，生命各有其天性。就人而言，性为人所受命于天者，乃人之所以为人的本源或根据。性自然发用而有所显现，其间有人所不可违逆阻遏者，人顺天性而行，天人合发而为"率性"；"率性"之历程、境界、方向，及其中人所崇尚之原则与价值，可名为天人之"道"。

"道"有天道人道之分，天道阴阳和合，"一阴一阳之谓道"，四时轮替，日夜循环，天尊地卑，天行有常，天地之道，大德曰生，生物不二，为物不测，时变而已。故《易经》之《贲》卦《彖》辞曰："观乎天文，以察时变"。天地之间唯万物，万物之道，不离天地时变，阴阳和合。天地之道，本乾坤健顺之"元"，合万物之道而为"一"。万物之道，分天地之道而为"多"。多所共为一，一分殊为多。"万物并育而不相害，道并行而不相悖。"（《中庸》）人为万物之一，人道本不出天道范围，然而，人道乃天命之性基础上"人文化成"的成果，是天道在人类社会历史文化这一"多"维度上的独特实现样式，是人类的创造性的成果和体现。

人性合乎道而显现，本有内在的根据与必然性，但这种必然性的实现，并非纯然直接得乎自然而无须人为。或者说，人能否于道有所得，而能成其性之德，并非无条件；此条件即在于人需通过生活实践，而体悟并配合天地万物之道与人文化成之道，以成就个人独具个性的自我生命，以及造就人伦美善和乐的群体（家国天下）生活。人为成就自我和人类德性的生活而展开的行动，即知道、载道、弘道的自觉作为，可谓"修道"。"修道"是"为己之学"，"修道"亦是"礼乐教化"。教和学本一体两面，故"修道之谓教"，亦可曰"修道之谓学"。教、学、觉三字，在此实为同一义。"修道之谓教"，即吾人期于与道相合而勉力为学，自觉觉他，己立立人，己达达人，从而成就自我与社群生活的道德福祉。

儒家传统学问以人的道德使命为生命的价值目标，将人类生活视为道德觉悟、修养与教化的无止境创造历程。生命与生活的过程及意义与德性的涵养和培育契合无间，浑然一体。生活即修德成人，化民成俗，即立德树人，人文化成。于是，亦可以说，在儒学传统中，生活即德育，德育即生活。

三、古典儒家"大学之道"的德育方法

孔子对于如何涵养德性，曾指示出根本方法。

子曰："志于道，据于德，依于仁，游于艺。"（《论语·述而》）

古典儒家的道德观念，基于对人类生命的通透理解：人类的生命根源于"天"，然而"天"所赋予人者不仅仅是自然生命，还有创造性地将这自然

生命升华为社会共同体及其文化生命的潜能。人的生命的道德内涵和价值，就在于人通过生活实践确证作为其人性的社会共同体本质，乃至天地万物共同体本质，同时，亦将个体生命融入人类共同体的文化，从而接续文化的命脉。

古典儒家基于"易"的过程观来理解人，于是，人的生命即是人文化成的成长过程，个体和群体皆是如此。易经《乾》卦，象征君子自强不息的德行，随生命历程而演进。六爻之辞曰：初九"潜龙勿用"，九二"见龙在田"，九三"终日乾乾"，九四"或跃在渊"，九五"飞龙在天"，上九"亢龙有悔"。初九至九五，德行日臻完善，九五达于极高境界，然而，九五"飞龙在天"不可以视为止境，否则即有上九"亢龙"之悔。孔子自述："吾十有五而志于学，三十而立，四十而不惑，五十而知天命，六十而耳顺，七十而从心所欲不逾矩。"（《论语·为政》）孔子生命历程正好印证君子成德之学的渐进过程，犹如龙有潜见跃飞之象。孔子智慧高卓，"不逾矩"，以"亢龙有悔"为戒，而能"从心所欲"，德行圆融。

人类群体的德行也是日渐文明。《易·序卦》曰："有天地然后有万物，有万物然后有男女，有男女然后有夫妇，有夫妇然后有父子，有父子然后有君臣，有君臣然后有上下，有上下然后礼义有所错。"人群生活，必有人伦，夫妇父子君臣上下，而成家国天下。

"志于道"揭橥道德教育的信仰。古典儒家所典型代表的中国道德智慧，笃信在"形而上者谓之道"的超越层面，有"生生之谓易"，有"保合太和乃利贞"，有"天地之大德曰生"，有"一阴一阳之谓道"，有"万物并育而不相害，道并行而不相悖。"就是说，中国传统心灵信仰的"道"，是阴阳平衡的整体宇宙观，生生不息的过程生命观，多元和谐的普遍伦理观的统一。此道"独立而不改，周行而不殆"。（《老子》第二十五章）"继之者善也，成之者性也。仁者见之谓之仁，知者见之谓之知，百姓日用而不知"，且"通变之谓事，阴阳不测之谓神。"（《易·系辞上》）形而上之"道"不离形而下之"器"。"道"本体必具备其神形而彰显，"成象之谓乾，效法之谓坤"，以天地万物之撰，而实现其富有之大业，日新之盛德，

"显诸仁，藏诸用"。(《易·系辞上》)

如果说"志于道"是就形而上者言，则"据于德，依于仁，游于艺"是就"形而下者言。二者道器不离，体用一如。据德依仁游艺三者，作为道德修养与教化的践履，本为一整体性知行合一生活现实或现实生活。然而此一实践整体，也可从德仁艺三层分析而观。

"据于德"着眼于道德修养与教化的理想境界，孜孜以求"在明明德，在亲民，在止于至善。"(《大学》)《易》曰："日新之谓盛德"。(《易·系辞上》)人之德，喜怒哀乐发而皆中节，所谓"君子而时中"，所谓"合外内之道"而"时措之宜也"(《中庸》)，亦是"苟日新，日日新，又日新"(《大学》)。人秉天命之性，修率性之道，而成其亲亲仁民爱物之德。王夫之认为，"天无一日而息其命，人无一日而不承命于天"，有生之初及有生以后，天命"於穆不已"。❶ 如此说来，人之德即随其修养与教化，日生日成，日新不已。"据于德"，即据于"行"而成德之践履与修养功夫。此修养并非纯然的心性之学，而是笃行"仁义礼智信"的实践功夫。孔子依《履》《谦》《复》《恒》《损》《益》《困》《井》《巽》九卦而言九德，皆从立身行事而说。"《履》以和行，《谦》以制礼，《复》以自知，《恒》以一德，《损》以远害，《益》以兴利，《困》以寡怨，《井》以辨义，《巽》以行权。"(《易·系辞下》)

"依于仁"即《中庸》所谓"修身以道，修道以仁"，言修养功夫，或者说道德教育的基本方法。仁为性德。"仁，性之方也，性或生之。"(郭店楚简《性自命出》)这是说人性内蕴天赋的本体之仁。"爱类七，唯性爱为近仁。"(郭店楚简《性自命出》)这是说，出于人性本体之仁而生的爱，可谓性之爱或"性爱"，其发用方可趋近于仁德。由此可见，仁有体用，人性具本体之仁，发用为德行之仁，所谓"诚者，天之道也；诚之者，人之道也。"(《中庸》)仁，实为"仁义礼"之统一，简称曰仁。王夫之曰："人道中既有仁，则义自显也。而仁义之施，有其必不容不为之等杀者，则礼所以

---

❶ 王夫之：《读四书大全说》，《船山全书》(第六册)，岳麓书社出版社2011年版，第679页。

贯仁义而生起此仁义之大用也。"❶故《说卦》云："立人之道曰仁与义"。

"游于艺"，是指需要通过涵泳于作为文化传统之载体的经典与艺能，即通过创造性地继承文化传统，而造就有文化底蕴和文化主体性的道德人格。"艺"在古典儒家，具体指"六艺"：礼、乐、射、御、书、数。后来又指"六经"，即《诗》《书》《礼》《乐》《易》《春秋》六种经典。总之皆为文化传统的精髓之所在。"游"之为学，并非口耳之学，乃是浸润其中与之沉浮出入，沦肌浃髓，让文化传统融入自我生命内在，从而获得真实的美德与文化生命。

"志于道，据于德，依于仁，游于艺"。这是古典儒家"大学之道"的德育方法总纲。其中蕴含如下德育方法论：一、行而有德，不行无德。行知——知行——行知——知行的无限连环递进，贯穿于德行的修养过程之中。修养功夫是通知行，见动静，合外内之道的，并无一与"外王"隔绝的纯粹"内圣"。二、在整体生活的"全体"中成德。道德教育的世界即生活的世界，并无一与生活隔绝的"象牙塔"。相对隔离的"训练"性人工环境是必要的和可能的，但是"训练场"不是"保护区"，学生在经过训练之后，所要回归的世界是全然现实的生活世界。三、道德教育是一种自我成长的过程。个体在共同体整体中的生命，通乎过去、现在、未来。德行的修养与教化所追求者为"止于至善"，即向完善之境作无止境的追求。四、道德教育的价值准则是参赞化育，保合太和。天地有好生之德，"天地之大德曰生"，天地之间万物生生不息。天地万物本来是"万物并育而不相害，道并行而不相悖"。此为"太和"。人具有道德自觉而创造性地追求和实现与天地万物之和谐，此之谓"保合太和"。遵循"太和"为至上的道德价值，努力成就"保合太和"，则能赞天地之化育而与天地参。

四、大学德育的文化使命与"大学之道"的复兴

当代中国大学德育肩负着双重的使命：一方面，要培养大学生对于中华

---

❶ 王夫之：《读四书大全说》，《船山全书》（第六册），岳麓书社出版社2011年版，第518页。

民族优秀传统文化的认同，从而造就年轻一代有文化主体性的道德人格；另一方面，大学本身需要将自己建设成一个体现中华民族德性文明精神的载道和弘道之"器"，以大学整体的教育体系、过程、环境和文化来继承和弘扬中华民族德性文明之"道"。因此，要实现这一使命所包含的任务，大学需要在改造大学本身和教育青年一代这两个方面复兴古典儒家的"大学之道"。

今天中国的大学深受资本主义拜物教文化与现代西方所谓"普世"文化的影响。现代大学本身很大程度上是"理性"文明而非"德性"文明的象征和载体。其上焉者崇尚的是"真理"至上，其下焉者则沦为贩卖文凭的"工具理性"的机关。中国的大学作为现代大学，也不可避免地被这种精神所沾染。然而，当代中国教育坚持"德育为先"，以"立德树人"为根本任务，这是与我们民族文化传统和教育传统一脉相承的。这意味着中国大学的办学方向是"道德"教育为体，"真理"教育为用，两者体用合一。这意味着大学需要将养成道德人格置于优先于传授知识和技能的地位，并且用道德养成的教育来统率探究真理的教育。

大学本身如何"志于道，据于德，依于仁"，从而使知识技能的传授，真理的探究都渗透道德精神、道德文化与道德价值的内涵？这是当代中国大学在德育上所面临的首要课题。这意味着中国大学本身需要完成一种"德性"文明的转型，将其教育理念与教育实践的"轴心"从作为科学和技术知识的"真理"，转换成有中华优秀传统文化根基的德行意义上的"道德"。大学的"德性"文明转型或改造，需要大学整体性地贯彻古典儒家"在明明德，在亲民，在止于至善"的"大学之道"。

与此同时，在直接教导青年的这个层面，古典儒家"大学之道"的复兴，其重点当在"游于艺"，即全面地恢复中华优秀传统文化经典与艺能的教学和研习。让大学生通过门类众多的课程和校园文化活动，广泛深入地浸润于中华优秀传统文化的养料之中，从而使他们每一个人都能具备坚实的中国文化的根柢。唯其如此，我们的大学德育才能培养出，堪当民族和国家乃至天下重任的，一代代具有文化主体性的，德才兼备的栋梁之才。

依仁篇

里仁为美：

《论语》"乡党"篇的文化象征

　　仿佛是一部无声的纪录影片，《论语·乡党》细致入微地描绘了孔子日常生活的行为举止，而几乎没有向观众呈现多少孔子的话语，这与《论语》中其他篇章主要通过对话或独白来呈现孔子的故事和思想相比，显得非常独特。

　　乍一看来，《乡党篇》似乎淡而无味，甚至事近琐屑。它到底要向我们传达什么呢？展读《乡党篇》，如果我们不是将注意力集中在寻找故事和思想，而是直观整个流动的画面，我们就能发现：进入视野的是一个文明的国度，以及其中活生生的一个主人公——孔子。孔子安然、庄重而优雅地生活于乡党之中，在他最熟悉的地方与最亲密的人们中间。《乡党篇》是《论语》的画龙点睛之笔。渗透在字里行间的敬意和温情，带着活泼泼的生活气息，扑面而来。看似平淡无奇的关于孔子生活细节的刻画，其实"雷声而渊默"，具有摄人心魄的震撼力，令人难以忘怀。

　　《乡党篇》或许向我们提出了这样一个耐人寻味的、双重的问题：要将一个自然的"场所"变成一个人类能和睦相处,能享受生命的福祉,能让人类得以生生不息的"家园",人类必须给这自然的"场所"注入某种作为其"灵魂"的人文精神,如此,才能建设成一个人类能诗意栖居的"家园"。那么,这种人文精神是什么?同时,一个人应该如何生活于"家园"中,才能充分、自然与人道地彰显出人性内蕴的和乐、礼敬与温情之光明?

一、"吾非斯人之徒而谁与?"

乡党,即是亲族所在之乡,父子夫妇朋友所居之党。乡党是邦国中的一个地方,是古代中国人日常生活最经常相与的"熟人"社会。《周礼·地官司徒》曰:"令五家为比,使之相保。五比为闾,使之相受。四闾为族,使之相葬。五族为党,使之相救。五党为州,使之相赒。五州为乡,使之相宾。"

孔子怡然自得地生活于其中的"乡党",老子和庄子也会喜欢吗?答案是:大约不会喜欢。老子所理想的世界是一个"小国寡民"的,自然质朴的世界:

小国寡民。使有什伯之器而不用;使民重死而不远徙。虽有舟舆,无所乘之;虽有甲兵,无所陈之;使民复结绳而用之。甘其食,美其服,安其居,乐其俗。邻国相望,鸡犬之声相闻,民至老死不相往来。(《道德经》第八十章)

庄子也曾祖述老子,称此理想世界为"至德之世"(《庄子·胠箧》)而庄子的理想世界亦不完全与老子相同;庄子有时直接将人类混沌未开的原始自然状态,视为"至德之世":

故至德之世,其行填填,其视颠颠。当是时也,山无蹊隧,泽无舟梁。万物群生,连属其乡;禽兽成群,草木遂长。是故禽兽可系羁而游,鸟雀之巢可攀缘而窥。夫至德之世,同与禽兽居,族与万物并,恶乎知君子小人哉!(《庄子·马蹄》)

庄子的理想世界甚至还有更为超尘脱俗的一面,它简直就是"不食人间烟火"的"无何有之乡":

德性文明论：
古典儒家礼乐教化及其当代价值

藐姑射之山，有神人居焉，肌肤若冰雪，绰约若处子。不食五谷，吸风饮露；乘云气，御飞龙，而游乎四海之外。(《庄子·逍遥游》)

当然，庄子此说乃是寓言。他实际上是以此来描述圣人内在的精神境界："夫圣人虽在庙堂之上，然其心无异于山林之中。"❶钟泰先生也说，庄子以此喻神人之精神，有纯白之备，守静之笃，保神明之清澄，精气通而尘秽悉除，葆固而不散，致中和而天地位焉，万物育焉。❷

与老子和庄子"道法自然"的"至德之世"不同，儒者生活于其中的"人间世"是"乡党"。儒者的"乡党"既非见素抱朴，互不往来，自在林立的小国，亦非不食五谷，吸风饮露，腾云驾雾的神仙世界，更非"与鸟兽同群"自然朴野的世界，而是"吾非斯人之徒而谁与"的人文世界。在孔子的心目中，人文世界乃是有人禽之辨、君子小人之辨，和华夷之辨的道德世界。

人文世界虽然不离自然世界，但并非"无为"地顺应自然之造化而已，而是人与天地相参，自主创造的文明世界。何谓"人文"？服章之美，礼仪之大，诗书礼乐之教，君臣父子夫妇朋友兄弟之伦，仁义礼智信诚于中而行于天下，人文也。人文世界的要素有三，三者一体贯通：其人伦之序曰君臣父子夫妇朋友兄弟；其道义之常曰仁义礼智信，其制度行为曰五礼六乐。❸简言之，人伦为人道践履之"地"，礼乐不过是"居仁由义"所昭显于天地间之仪文。"乡党"世界的人文传统来自历代圣王的创造与教化。圣王裁成天地之道，辅相万物之宜，于是有宫室、衣服、车马、城郭、什百之器，于是生民有所养，而礼义有所立。

在"乡党"所属的人文世界中，礼乐之制通乎天地之道，天地之道实凝聚于人道。《易·说卦》曰："昔者圣人之作《易》也，将以顺性命之理。是以立天之道曰阴与阳，立地之道曰柔与刚，立人之道曰仁与义。"天地之

---

❶ [晋]郭象注，[唐]成玄英疏：《庄子注疏》，中华书局2011年版，第15页。
❷ 钟泰：《庄子发微》，上海古籍出版社2002年版，第18页。
❸ 此"五礼六乐"为古代礼乐之概称，以周代礼乐为典范而言。周代礼分五类，曰吉礼、凶礼、军礼、宾礼、嘉礼；周代所存有黄帝、尧、舜、禹、汤、武王六代之乐。

道，阴阳柔刚，其事用与物理，自然而然，随时变化，运行不息，见之于象，则为天地之"文"。人道人文出于天地之道与天地之文，不违背天地自然而又有人类的自主创造。孔子所典型代表的儒者，"先天而天弗违，后天而奉天时"，与时偕行而又见几而作。人类依托"自然"，而又超出于"自然"基础之上，备物利用，制礼作乐，随时损益，革故鼎新。故孔子曰："（刚柔交错），天文也；文明以止，人文也。观乎天文，以察时变；观乎人文，以化成天下。"(《贲·象》）牟宗三先生说："天文"者，自然之文理也。就此自然文理而光明之以使刚柔皆止于至善，刚不偏刚以至于戾，柔不偏柔以至于溺，则所谓"人文"。"人文"者，通过人之实践以价值化此自然之文理之谓也，故"人文"即表示人之道德实践。"刚柔交错"即是自然之"时变"，而"文明以止"之"人文"足以"化成天下"。[1]

二、"礼乐不可斯须去身"

孔子于乡党，恂恂如也，似不能言者。其在宗庙朝廷，便便言，唯谨耳。

寝不尸，居不容。见齐衰者，虽狎，必变。见冕者与瞽者，虽亵，必以貌。凶服者式之。式负版者。有盛馔必变色而作。迅雷风烈必变。

升车，必正立执绥。车中，不内顾，不疾言，不亲指。(《论语·乡党》)

《乡党篇》中的孔子，行礼如仪，居处不苟；庸言之信，庸行之谨。正如《诗》云："淑人君子，其仪不忒。"(《诗经·曹风·鸤鸠》)

子曰："君子庄敬日强，安肆日偷。君子不以一日使其躬儳焉如不终日。"(《礼记·表记》)

德性文明最核心最显耀的成就，是以仁义为道德价值内核的礼乐共同体生活方式及其个体的礼乐人生。礼乐依玉帛钟鼓而起用，非玉帛钟鼓而已，其本体是吾人中正和谐的性情，源自天地之道。

乐也者，情之不可变者也；礼也者，理之不可易者也。乐统同，礼辨

---

[1] 牟宗三：《道德的理想主义》，吉林出版集团有限责任公司2010年版，第233页。

异，礼乐之说，管乎人情矣。(《礼记·乐记》)

礼乐本乎天赋的仁义之性，与天地阴阳柔刚之道相贯通，故能"负天地之情，达神明之德"(《礼记·乐记》)，而昭显天地之道。故孔子曰："礼云礼云，玉帛云乎哉？乐云乐云，钟鼓云乎哉？"(《论语·阳货》)

礼乐的功能是化导人们的生活，使之内外和谐有序。礼乐的化导功能亦是源于天地本有之"和"与"序"。

乐者，天地之和也；礼者，天地之序也。和，故百物皆化；序，故群物皆别。(《礼记·乐记》)

天地乾坤合体，保合太和，大生广生，本有其内在和谐与秩序；此理含于人性之中。《中庸》曰"天命之谓性"，则人性源于"天"之所命，必含天地生生之"仁"与自然之和谐与秩序。此即人所具不可变之情，与人所循不可易之理；此即礼乐之本体。

此情根本精神为"和"，此理根本精神为"序"。"和"之致广大而尽精微之境，民胞物与；"序"之极高明而道中庸之常，彝伦攸叙。人伦略分内外，既包含人与人的关系，也包含人与天地万物的关系。内外伦理皆以"生命共同体"精神相贯通。生命共同体的原型，为集夫妇、父子、兄弟为一体的"家庭"。推而广之，函君臣朋友，即为"五伦"。"五伦"再扩展至天地之间，则天父地母，万类相依之情可见，民胞物与之理可喻。《易·序卦》曰："有天地然后有万物，有万物然后有男女，有男女然后有夫妇，有夫妇然后有父子，有父子然后有君臣，有君臣然后有上下，有上下然后礼义有所错。"这就是儒家关于天地万物自然之序生发与化成人伦之序的描述。

儒家以"五伦"为人群之内在结构，人们依此伦理结构而结成有序的伦常关系。"五伦"即夫妇、父子、兄弟、君臣、朋友。"五伦"网罗"家""国""天下"共同体，而各人之"身"居于各层共同体之中，彼此相互关联。儒家关于人类社会的一个根本观念，就是"天下一家"。人类是一个生命共同体！"天下"即是"家园"，众人之"多"和合为人类整体之"一"，人们相互依存，息息相关，命运与共，如同一家。由此可见，儒家奉行的是一种"共同体主义"，从共同体的整体性出发来理解其中作为个体的个人。

儒家的共同体有多个层次：天地万物共同体——"太和"、人类共同体——天下、君民共同体——邦国、居处共同体——乡党、亲缘共同体——家庭。在各层共同体中，个体被赋予多重角色：作为万物之一并为万物之灵长，作为天下之众，作为邦国之民，作为乡党之人，作为家庭成员。于是有人与天地万物之间的伦理关系，有人与人之间的"五伦"关系。"乡党"之"乡"，是以密切交往的人际关系为其大致范围的日常生活共同体，是"家庭"与"邦国"之间的一个中间环节，处在自然亲缘关系与更广大政治群体关系之间，实为"天下"共同体的缩影，即一个具体而微的"天下"共同体。

执圭，鞠躬如也，如不胜。上如揖。下如授，勃如战色，足缩缩，如有循。享礼，有容色，私觌，愉愉如也。（《论语·乡党》）

子曰："笃信好学，守死善道。危邦不入，乱邦不居。天下有道则见，无道则隐。邦有道，贫且贱焉，耻也。邦无道，富且贵焉，耻也。"（《论语·泰伯》）

子曰："邦有道，危言危行；邦无道，危行言孙。"（《论语·宪问》）

子路问事君。子曰："勿欺也，而犯之。"（《论语·宪问》）

在孔子看来，君臣一伦乃是体现个体对共同体责任之伦，"君"为共同体的代表，非代表君主个人身份之私。《乡党篇》中，孔子在朝廷上"敬而无失，恭而有礼"的表现，正是君臣之伦正常状态下日常的实现方式。由此可以看出孔子对君所代表的共同体本身的敬重，而这根本不是后世所谓封建专制主义所要求的"愚忠"。

"五伦"是生命共同体主义伦理，不是个人主义伦理！个人主义是一种建立在"虚构"理念之上的信仰，其基础和出发点是原子化的，以自我为中心的，自我自足、自我自主、自我自利的"个人"。真实的人类个体，本是从生命共同体中诞生的，也依托生命共同体及其伦常秩序，而形成其每一个人之具体的"自我"伦理角色及其生活。

生命共同体主义的伦理，及其所蕴含的人类的自我理解和道德精神，曰

"一",曰"太和",曰"生生",曰"为己",曰"参赞",曰"仁义",曰"礼乐",是天人之际不可变之情,不可易之理的显现。其理真实不虚,不可移易;其道永恒不变,人所必由。

"一",天地万物生命共同体之整体,阴阳合德而刚柔有体。"太和"之所以和,"生生"之所以不息,本于此"一"。人为生命共同体所生者,于天人之际皆必循伦常以生,需学以成己,乃能尽其天命之性,尽己之性乃能尽人之性,乃能参赞天地之化育。立人之道曰仁与义,通乎天地之和与天地之序,圣人因之而制为礼乐。故礼乐仁义,一以贯之。

礼乐之恒常者,为其仁和义节之精神,其制度仪范则需随时变化,因革损益。子曰:"殷因于夏,礼所损益可知也;周因于殷,礼所损益可知也;其或继周者,虽百世可知也。"(《论语·为政》)《礼记·乐记》亦曰:"五帝殊时,不相沿乐;三王异世,不相袭礼。"

儒者躬行礼乐,而礼乐有所体,礼乐有所体,而君子德有所立,行有所成。故"君子曰:'礼乐不可斯须去身。'"(《礼记·乐记》)

三、"观于乡而知王道之易易"

厩焚。子退朝,曰:"伤人乎?"不问马。

朋友死,无所归,曰:"于我殡。"朋友之馈,虽车马,非祭肉,不拜。(《论语·乡党》)

上面是《乡党篇》中最富有人情温暖的两章。仁者,之所以为仁者,就在对他人的关怀。孔子的关怀及于他人,对普通人有恻隐和同情,不忍人受到任何伤害。对朋友亲如兄弟,可以性命相托。这是孔子实践"仁者爱人"的真实写照。

仁者之爱,遍及天下。故孔子有志于圣王天下大同之王道。子曰:"志于道,据于德,依于仁,游于艺。"(《论语·述而》)王道见于圣人创制的传统,其道德理想曰"大道之行也,天下为公。"(《礼记·礼运》)王道见于仁者之心志,不过曰"老者安之,朋友信之,少者怀之。"(《论语·公冶长》)。王道体现于百姓日用,则为淳美礼俗。

乡人饮酒，杖者出，斯出矣。乡人傩，朝服而立于阼阶。(《论语·乡党》)

岁末年初时节，乡人们祭祀祈福，迎神驱疠，宴饮欢娱，孔子欣然参与。这些习俗从远古传来，千百年来，年复一年，生民从事于此，以辞旧迎新，和亲睦邻，敬老尊贤。

《乡党》为孔子躬行乡饮酒礼拍摄了一幅经典照片。孔子是如何看待乡饮酒礼的呢？

乡饮酒礼，"以周之正月行之，一则乡大夫谋贤能于乡先生，而宾兴之升于司徒，以所升者为宾，其次为介，而乡之先生长者为僎，子弟皆与执事焉。所以尊贤也；一则谋齿德之优者为宾而行敬养之礼，所以养老也。"[1]《礼记·乡饮酒义》引孔子曰："吾观于乡，而知王道之易易也。"因其礼之行，"贵贱明，隆杀辨，和乐而不流，弟长而无遗，安燕而不乱，此五行者，足以正身安国矣。彼国安而天下安，故曰：'吾观于乡而知王道之易易也。'"(《礼记·乡饮酒义》)

王道行于天下的政治，是"为政以德"的政治，以成就每一个共同体成员的至善德行为归趋，期望"人皆可以为尧舜"。子曰："为政以德，譬如北辰，居其所而众星共之。"(《论语·为政》) 为政以德，非君主一人之事，乃共同体成员每一个仁人君子乃至庶民，皆可有所为且当有所行之事。

子曰："《书》云：'孝乎惟孝，友于兄弟。'施于有政，是亦为政。奚其为为政。"(《论语·为政》)

王道天下的治法，德、礼、政、刑兼备。依"为政以德"的宗旨，德、礼、政、刑之间的本末关系不可紊乱颠倒，其秩序及运用法则，当以德、礼为本为主，而政、刑为末为辅。孔子认为，这是极其重要的原则，关乎民之成德与丧德，世运之治隆与衰乱，天下之兴与亡。

子曰："道之以政，齐之以刑，民免而无耻。道之以德，齐之以礼，有耻且格。"(《论语·为政》)

---

[1] 王夫之：《礼记章句》，《船山全书》(第四册)，岳麓书社2011年版，第1517页。

也就是说，政治成败得失之机，在于民之内在德性自觉的长养与毁坏！政令刑罚虽可以使民表面规规矩矩，乃至噤若寒蝉，不敢违法犯禁。但是，若德、礼不为所尊，徒用政、刑为治，"治"则"治"矣，而所付出的代价则是人民内心道德自觉的沉沦和丧失。循着这个"民免而无耻"的方向，所谓"政治"将每况愈下，成为不可收拾之乱政。反之，本德、礼为政则是通向长治久安的坦途。在德、礼和政、刑之间，实际上存在着一个为政之"良性循环"与"恶性循环"的分岔口。为政于此，不可不慎之又慎！

当然，迷途知返，也还是可以由乱而进于治，由衰而进于兴的。子曰："善人为邦百年，亦可以胜残去杀矣。诚哉是言也！"（《论语·子路》）善人为邦，舍礼莫由。故孔子曰"克己复礼"。

孔子身处"礼坏乐崩"的春秋末期，他一心向往的是以德、礼之治来恢复王道天下。由于周礼"郁郁乎文哉"，包罗历代礼乐制度的精华，而又推陈出新，人文鼎盛，故孔子特别推崇周礼以为典范。实际上孔子对历代圣贤礼乐传统皆悉心学习和继承。

子曰："周监于二代，郁郁乎文哉！吾从周。"（《论语·八佾》）

颜渊问为邦。子曰："行夏之时，乘殷之辂，服周之冕，乐则《韶》舞。放郑声，远佞人。郑声淫，佞人殆。"（《论语·卫灵公》）

四、"君子之道费而隐"

齐，必有明衣，布。齐，必变食，居必迁坐。

君子不以绀緅饰。红紫不以为亵服。当暑，袗絺绤，必表而出之。

色恶，不食。臭恶，不食。失饪，不食。不时，不食。割不正，不食。不得其酱，不食。

食不语，寝不言。

席不正，不坐。

问人于他邦，再拜而送之。

君命召，不俟驾行矣。

入太庙，每事问。（《论语·乡党》）

仅此寥寥数端，即可见孔子日常起居，待人接物，于公于私，处常处变，其庄敬恭谨无所不在。孔子礼之在身，习与性成，行若自然。

《中庸》曰："君子之道费而隐"。费，广大也，隐，隐微也。"致广大而尽精微，极高明而道中庸。"（《中庸》）君子之道行于日用，皆淡乎如无味。故《中庸》曰："君子之道，淡而不厌，简而文，温而理，知远之近，知风之自，知微之显，可与入德矣。"

然而，礼所含君子之道，堂庑广大，天地、万物、四时、人事、鬼神，莫不包蕴其中。

"夫礼必本于天，动而之地，列而之事，变而从时，协于分艺。其居人也曰养，其行之以货力、辞让、饮食、冠婚、丧祭、射御、朝聘。故礼义也者，人之大端也。所以讲信修睦而固人肌肤之会、筋骸之束也，所以养生送死、事鬼神之大端也，所以达天道、顺人情之大窦也，故唯圣人为知礼之不可以已也。故坏国、丧家、亡人，必先去其礼。"（《礼记·礼运》）

在孔子看来，存礼与去礼，履礼与非礼，无论于个人抑或群体而言，皆为死生存亡之所系，可不慎乎！

虽蔬食菜羹，瓜（必）祭，必齐如也。

沽酒市脯，不食。（《论语·乡党》）

或自家备办，或亲友之请，蔬食菜羹，虽然俭朴，但亦足以滋养身体，安和心性。其为天地之生，人工所致，有可敬重之恩德和价值存于其中，故孔子祭以为礼。可是，与蔬食菜羹鲜明对照，"沽酒市脯"，看来也是饮食，一般人饮之食之，皆不以为意，孔子则"不食"。而且，孔子当是一贯如此，《乡党篇》才将其记载下来。乡党的环境中有市场和专以交易牟利为生的商人。孔子生活在一个有市场和商人的时代，而坚持不食用来自市场的酒肉。这的确颇为特立独行。孔子这样做道理何在？

市场上买来的酒肉，或许不洁，故孔子不食。如果这个解释有点道理，这也说明早在孔子那个时代，市场和商人在诚信上已是让人难以信任的了。那么，孔子一贯不食"沽酒市脯"，难道只是出于某种"洁癖"或者多疑吗？也许还有更深的缘由。如果我们关注到孔子的价值观，当知道在义与利两种价值取向上，孔子有鲜明的立场：

子曰："君子之于天下也，无适也，无莫也，义之与比。"

子曰："君子喻于义，小人喻于利。"（《论语·里仁》）

市场和商人"唯利是图"的逻辑，在孔子眼中是不可以与"唯义所在"的仁义之道同日而语的。"沽酒市脯"上不了孔子的餐桌，或许正好也意味着，"唯利是图"与"唯义所在"的价值取向之水火不容。孔子"不食"沽酒市脯，很隐微地表达了孔子在道德上对于小人"唯利是图"价值观的否定，对交易性与契约性人际交往关系及其市场制度的警惕，以及对日常生活中市侩习气的拒斥。

乡党中有市场，但市场中的小人之行往往不合道义，以至于诚信缺失而"沽酒市脯"不堪食用。或许乡党不能没有市场的存在，市场若服从道义的统率，其存在及其互通有无的功能也还具有一定的相对合理性。但是"市场"却绝不能僭越而取代了"乡党"，以至于将真诚相待的人类家园，变成一种面对面相互欺骗的，市侩充斥的渊薮。

儒者以德性文明的王道天下为其理想，以仁义为其道德价值的核心，以人类命运共同体的和谐美善与长治久安为目的。故其奉行的道德原则是，"立人之道曰仁与义"。（《易·说卦》）

儒有不宝金玉，而忠信以为宝；不祈土地，立义以为土地；不祈多积，多文以为富。（《礼记·儒行》）

孔子于乡党，所行皆"儒行"。儒者立身之道如此，而为国理天下之道亦然。

长国家而务财用者，必自小人矣。彼为善之，小人之使为国家，灾害并至，虽有善者，亦无如之何矣！此谓国不以利为利，以义为利也。（《大学》）

五、"人能弘道"

《论语》是载道之书，如果说其他篇章是以"言"传道，那么《乡党篇》就是以孔子"行"为所示之"象"喻道。"象"虽不言，然而，"象"不言而喻，其所寓之意能直达人心。从这个意义上讲，《乡党篇》乃是一种

"不言之教"

　　《乡党篇》所提出的是最有儒学实践智慧特色的人生哲学问题，儒者的人生就是一种在日常生活中传承人类追求"至善"之生活艺术的创造性实践与体验。"夫子之言性与天道，不可得而闻也。"（《论语·公冶长》）这种实践智慧与人生哲学为孔子所不言，因为言之不足以传达这种学问，而惟有通过不言和言外之"行"，以"见"诸行事之"象"，"验"诸德行之"体"。孔子在《乡党篇》中展示了儒家的"体验"哲学，其主题是关于人的自我理解与人生之道的觉悟、躬行、传承和弘扬。

　　子温而厉，威而不猛，恭而安。（《论语·述而》）

　　作为一个如日丽天，光照万世的圣贤，他的生命显然已经与天地间永恒的大化流行，和人类共同体无限绵长的命运相融合。他日常生活中的平凡细节，所反映的正是他体验和实现这种伟大生命的过程和方法。因此，《乡党篇》是一部人生启示录。在这个篇章中，孔子践履性地"讲述"了一种自然而真实的人类生命自我意识：人不是孤立的个体，而是有"根"的共同体成员。

　　人在关联性的生命共同体中生活，即是在"家园"中生活。乡党即是众多比邻之家庭共居的"家园"，是"家园"最基本的原型；邦国是众多乡党联为一体的"家园"，天下是人类万邦协和的大"家园"，而宇宙是天地万物共同的最大的"家园"。乡党作为家园，是人类共同生活之地，就是具体而微的人类生命相依，命运与共的"天下"；也就是"天下"共同体，乃至宇宙生命共同体的象征。

　　孔子在《乡党篇》中典范性地展现了一位弘道者，即仁者或君子日常生活的艺术。从中我们看见仁者之在天下，其生命的多重内涵：仁者作为一个共同体成员，须服膺于人类乃至宇宙生命共同体，让个体生命成为不可移易之天地人三才永恒伦理巨链中坚实而又人情温暖的一"环"；仁者作为一个钟灵毓秀的天地"生灵"，须遵循自然的节律，与万物无忤，乐享其心性的安和；仁者作为一个人文传统的承继者和创新者，须"克己复礼"而又随时"损益"，"礼乐不可斯须去身"。

德性文明论：
古典儒家礼乐教化及其当代价值

仁者的生命历程是通过"学"而不断成长的过程，"学不可以已"。"学"无所不在，人性就此在学的过程中绽放，生命的境界就此在学的过程中提升。孔子在"不惑"且"知天命"之后，是作为一个教育家和文化命脉的托命之人而生活的。孔子学而不厌，发愤忘忧，不知老之将至，诲人不倦，言传身教，有教无类。于是，孔子在自己的生命中将修养与教化融通。孔子的日常生活既是夫子自身修养的写照，也是夫子"循循然善诱人"行教化的写照。

孔子儒学是一种生命的学问，这种学问的基本特点就是体验性、实践性和创造性。在现实生活的舞台上，在此时此地此命运共同体中，人与世界的关系是双向的，或者说人与其家园之间有着互构性的互动关联，而生命的过程与生命价值的实现，即在此互构性的互动中展开。一方面，在这个天地人三才所支撑的"家园"中，作为共同体成员，人应该践行人道，从而获得自己生命和心灵的安顿。这意味着人应该学会明了自己的伦理角色，应该学会遵循传统、礼仪与习俗，从而将自己生命的成长，引导向无止境的真、善、美、爱与和谐。生命于是成为一种关于人性修养的学问，一种实践智慧。另一方面，生命的价值在于对他人和共同体，对天地万物，以及对天地万物之所以生生不息的根源——"形而上"而又无所不在的"道"——有所事奉。为"我"生命息息相关的"你"和"你们"，为令人敬仰的神圣的"道"与天地，"我"应该有所作为。人类生命是流动的历程，而这一生命历程欲在大化流行的天地之道中成为坚实的一脉，个人必须与其生命共同体，与天地和"道"本身，实践性地融合为一，即通过"行"的方式来实现"群己合一""物我合一"，以及"天人合一"。于是，个人的整个生命及其历程，成为对生命共同体，同时也是对天地之"道"的一种"朝圣者"般的奉献。

中国古典儒家的智慧，认为天人本来不二，或者说天人本一。由于天地万物及人类共同体与每一个个人同出于一"道"，故"天地与我并生，而万物与我为一"（《庄子·齐物论》）。仁者天道人性相通的自觉中，挺立着一种关于生命价值当如何实现的责任意识；仁者确信人的生命，当是载道和弘道之"器"。故孔子曰："人能弘道，非道弘人！"（《论语·卫灵公》）

子曰："志于道，据于德，依于仁，游于艺"。(《论语·述而》)道通天地人与万物，得此道者有其德，行此道者为仁者，乐此道者游其艺。道、德、仁、艺，体用贯通。道、德、仁，内在，体也；艺者，外在，用也，礼乐也。"游于艺"者，博学于文而约之以礼，立于礼而成于乐，其心仁爱，其行唯德，率天命之性而合乎道。孔子据"道"以为其心灵之家园，让自己的心灵安居于"道"，则仁者在天下，以"乡党"为此生此地此时的"家园"，亦无入而不自得，则遍天下，天地之间无所不可为其"家园"！

仁者，本与天地万物同气一体，亲亲仁民而爱物。仁者，"居天下之广居，立天下之正位，行天下之大道。"(《孟子·滕文公下》)仁者行恒常之道，无论时世与地域之异，一以贯之，其行之于乡党"家园"者，亦是其行之于天下大家园，乃至天地大家园者。仁者心灵与大化流行生生不息，"太一"和谐之"道"相契，服膺于人类共同体，及天地万物宇宙生命共同体。仁者，内仁义而外和易，履礼成德，尽性合道。仁者在天下，期于天下归仁，万邦协和，和而不同，天下大同。

孝乎惟孝：
孝道伦理与乡土社会生活的重建

一、现代市场经济社会的老龄化问题与伦理困境

现代经济发展的一个带有普遍性的伴生现象，是老龄化社会的出现。从一定意义上看，日益增长的庞大的老龄人口的存在，给一个社会的政治经济体系、家庭结构、伦理关系、生活方式、价值观以及人们的情感体验都造成了诸多困境。面对这些难题和挑战，无论是市场的自发秩序，还是福利国家都难以将其化解。

在资本和利润的逻辑占统治地位的现代市场经济中，老年人作为非就业人口和几乎纯粹的消费者，对于资本是一个巨大的投资获利的"市场"；与此同时，养老对于整个社会、家庭和老年人个人，都是一个实实在在的经济负担和社会难题的渊薮。这是一个悖论：现代市场和资本能够从老年人口的存在中获取利润，但是资本的介入非但未能解决养老的问题，反而使养老变成愈来愈棘手的难题。我们能看到，资本从养老市场中攫取的利润的上升趋势与养老问题的恶化程度似乎成正比。事实上，由于市场经济制度本身所

依据的基础是理性"经济人"意识形态、单一的交换价值观和个人主义伦理学,老龄化社会的相关问题在市场经济体制内部成为一个在根本上无法解决的问题。

这种困境迫使我们必须反思现存市场经济发展道路的伦理范式本身,尤其是现代市场经济制度和现代家庭制度在价值观和道德上的局限性。我们需要寻找一种新的伦理范式,来替代现存的以个人主义和交换价值观为内核的伦理范式,这意味着需要思考超越现代市场经济制度和现代家庭制度的可能性。当我们把目光转向传统中国的孝道与乡土社会时,我们发现了一种可以为现代老龄化社会提供普遍性的伦理智慧的资源。传统中国的乡土社会及其家庭生活,非但没有被老龄人口的存在所困扰,反而因为老龄人口的存在而受到祝福,充满天伦之乐。

二、孝悌之俗与乡土社会:"父子相隐"的伦理意蕴

从生活方式的具体表现形式来看,中国古代的孝悌之道是乡土社会的一种伦理习俗。我们在《论语》中可以读到这样一个乡土社会生活的故事:

叶公语孔子曰:"吾党有直躬者,其父攘羊,而子证之。"孔子曰:"吾党之直者异于是。父为子隐,子为父隐,直在其中矣。"(《论语·子路》)

这个故事当然可以从父子之间互爱的感情——孝和慈之"心"的意义上来理解。但是,我们应该注意到,孔子的评论中无疑还包含这样一个重点:对赋予父子相"隐"以道德肯定的"吾党"的强调。吾党是何党?作为乡土社会的"吾党"显然已经发展出了一套视孝心和慈爱为理所当然的伦理习俗——礼。它包容和鼓励明显"违法",然而却含有真诚的孝心和慈爱的行为——孝之行。

孝之行超越法理正义——叶公所谓"直"。孝之行内涵更高的正义品质,即道德上的正义——孔子所谓"直"。如果说"父子不隐"体现了某种"法律面前人人平等"的法理上的正义,那么,"父子相隐"则强调对于父子之间的生命关联和身份关联的认同具有道德上的正当性。也就是说,父子作为家庭共同体的成员,惟有无条件地(哪怕违犯法律)认同父子命运与共的

一体性，才是道德的；而不认同这种命运关联性和整体性，则是不道德的。个体行为的道德价值不是从个体行为本身的合法性来衡量的，而是从个体是否认同并维护家庭共同体（父子命运与共是其典型体现）来衡量的。

"父子相隐"作为孝行的道德正当性，甚至被孟子推到了一个极端。孟子提供了一个更为尖锐的法理与道德冲突的例子：舜父杀人被捕，舜竟然弃天子之位如敝屣，"窃负而逃，遁海滨而处，终身欣然，乐而忘天下"。（《孟子·尽心上》）这个说法颇耐人寻味，孟子的解释是：

"不得乎亲，不可以为人；不顺乎亲，不可以为子，舜尽事亲之道而瞽瞍厎豫，瞽瞍厎豫而天下化；瞽瞍厎豫而天下之为父子者定，此之谓大孝。"（《孟子·离娄上》）

不仅父子关系，而且整个家庭即是一个命运共同体。乡土社会生活正是以家庭这种自然主义的血缘命运共同体为"细胞"组织起来的，其通行的道德习俗之正义与否的价值标准，不是以个体而是以家庭为基本尺度的。正是在这种尺度下，乡土社会中的人们理所当然地将"父子相隐"视为"直"而不曲。很显然，这种孝行礼义（伦理制度与道德价值）与个体主义的道德观念格格不入，甚至背道而驰。

孝行礼义赋予作为家庭成员的个体以乡土生活的道德意义与道德尊严。在"父子相隐"的例子中，个体的道德"责任"与"权利"都是从家庭整体的角度出发来定义的，而不是从个体的法律正义感和所谓个人自由来定义的。在这里，作为家庭成员的个体，必须克服或超越其法律上的"责任"和"权利"，通过明显违法的"隐"瞒行为，才能成就乡土社会所认可的道德意义和道德尊严。

"吾党直躬"之"直"，意味着"父子相隐"含有"仁、义、礼、智、信"五种德性。"仁"，从行为和情感上看，即是父慈子孝。这意味着作为家庭成员的每一个个体皆认同父子命运与共，皆视家庭为一命运共同体。"直躬"意味着身行此行即为"义"，而不如此行恰为不义。这种道德上的"义"与个体的家庭责任感及亲情"良知"的安宁有关。"父子相隐"被孔子推崇和肯定，而孔子的推崇和肯定本身反映的正是乡土社会的一种伦理共识和默契。由此可见,"父子相隐"本来就被"吾党"普遍地理解和接受为合乎"礼"的正直行为,是乡土社会生活之"礼"的一个核心内容。"父子相隐所涵之'智'",主要表现为个人具有超越法理理性的道德智慧。"信"的实质是自己的真诚与他人的信任。从值得亲人信赖和性命相托的意义上讲,"父子相隐"本身是具有互相信赖的本质的,而且,"父子相隐"出于自然亲情的孝慈之诚,为"吾党"所推尊,当然亦可以名之为"信"。

通过以上对"父子相隐"的孝行伦理内涵的分析,我们发现,孝道是以"家"庭这一自然的血缘生命共同体为基本主体和价值尺度的。此外,从孔子所强调的"吾党"本身来看,我们可以肯定,中国古代讲究孝心、盛行孝行的乡土社会是一种孝道社会。这种作为孝道社会的乡土社会,赋予孝慈的自然表现以社会习俗(礼)的形式,从普遍道德规范的意义上予以肯定,使之成为一种社会生活品质的必需,社会生活内容的必需,以及个体身份的必需。

在孝道的道德思维中,个体的身份是家族身份的载体。父子之间的关系是相互共生的关系,父亲的生命和生活与儿子的生命和生活有高度交织与重合的共同部分,而所有现世的家族成员都与祖先以及未来的家族世代成员之间有着一种共通的家族身份的"内核"或"基因"。

三、孝悌之义:"家庭"的伦常

传统中国的孝道体现了一种独特的基于家庭角色和生命历程的人的概念,一种以家庭为核心的生命共同体伦理学,以及一种全面的价值体系与价值秩序。

《论语·为政》篇比较集中地记载了孔子对于"孝"的理解:

孟武伯问孝。子曰:"父母唯其疾之忧。"

子游问孝。子曰:"今之孝者,是谓能养。至于犬马,皆能有养;不敬,何以别乎?"

子夏问孝。子曰:"色难。有事,弟子服其劳;有酒食,先生馔,曾是以为孝乎?"

孟懿子问孝。子曰："无违"。……子曰："生，事之以礼；死，葬之以礼，祭之以礼。"(《论语·为政》)

从字面上看，孔子对"孝"的理解涉及三个方面：第一，孝是父母与子女之间的互爱关系。第二，孝的实现和表达，是真诚的爱敬情感与合乎礼俗的奉献行为的统一。徒有其表的奉养行为，以及表面的礼仪形式等都是违背孝的本质的。第三，孝既涉及生之事又涉及死之事，体现为家族生命共同体内部代际关系的无限连续性。

人类生活的一个基本事实是：人们作为共同体在一起生活，同时每个人又作为个体有其相对独立的生活。古典儒家在理解个体的人时，总是将这个事实的两面作整体的观照。儒家总是在具体的社会关系中定义具体的个人，而不是将人理解为抽象的、具有某种空洞的"自由""平等"的原子化的"个人"。古典儒家所持的人的概念将具体的人视为具体的社会共同体中的参与者和成员。个人在多层次的社会共同体中多重的具体角色，与个人所属的多层次的特定社会共同体本身，对于界定和理解一个具体的人是缺一不可的。古典儒家关注到人群中与他人互动共生的人，适为人之真实存在状态。从某种意义上讲，我们可以说，古典儒家不承认单独的个人是完全意义上的人。

儒家的人首先是在家庭中定义的。《中庸》曰："仁者，人也，亲亲为大。"亲人之间的亲情关系，尤其是父母与子女之间的孝慈互动关系是任何人作为一个人的根本关系。因此，《论语·学而》有言："孝悌也者，其为人之本与？"而且，儒家也用一种扩大了的广义的"家庭"观来理解乡土社会、国家和天下。基于这种眼光，儒家将所有人与人的关系都视为某种家庭成员之间的关系："君子敬而无失，与人恭而有礼，四海之内，皆兄弟也。"(《论语·颜渊》)

这种狭义或广义的"家庭"关系整体中的具体的人的观念，是儒家乃至整个古典中国文化传统的一个核心"密码"。这意味着，以家庭为典型和基础的生命共同体的存在与个体的存在，是一体两面的关系。中国古人在描述个人时，总是追溯至其先祖之德，个人生命的意义在家族生命延续中定义。

如果利用儒家惯用的隐喻——"树"的本末来看，家庭是个体生命的根本，个体生命是家庭的枝叶。从这个意义上讲，父子之间的孝慈互动，关乎父和子个人与其自然性的家族生命根源之间的联系，于是，这种互动行为具有某种养护个体之生命根源的宗教性的意义和功能。

现代的个人主义对个体的理解与古典儒家的"共同体主义"不同，首先，它将共同体的生活与个人的生活分为两个生活，将一个整体事实的两面，拆分为两个事实。其次，它将抽象的个人生活视为首要的和根本性的，而共同体的生活只不过是这种个人生活派生出来的"契约性"的组合形式。这种理解当然不符合自然的人类生活经验实际。

孝道的根基是家人之间自然的血缘依存关系。虽然这种自然关系的确定性不需要任何宗教信仰的支撑，但是，它却不是不可以包含某种宗教精神的：祖宗神崇拜渗透在中国古代家庭生活的方方面面。在中国人的生活中，家庭实际上成为一种圣俗两面兼备的统一体。

古典儒家认为，家庭这一生命共同体中包含父子、兄弟和夫妇三种伦理关系；其基本伦理原则就是互爱——仁，具体表现为"父慈子孝，兄友弟恭，夫义妇顺"。家庭中的人际互动，是依据具体成员的具体角色，依据亲子男女长幼的秩序与关系，而适用不同的行为法则。家庭成员之间依孝慈恩爱相互关怀的情感而互动，这些情感互动将家庭连接为一个和谐的生命共同体。可见，支撑家庭生活的伦理秩序是一种自然的长幼秩序，它是不符合自由主义抽象的"人人平等"原则的。家庭成员之间生命的相互依托，也不是基于契约式的权利和责任的锁链，而是互爱和感恩的自然结果。

孝道的基础是人与人生命的自然亲情网络与连环：一种由家庭血缘纽带和互爱之情所维系的自然的代际生命历程的连环。在这里，人被理解为家庭生命共同体的参与者，而乡土社会则是这种家庭生命共同体的地方性扩展之物，或者说是一种地方性扩展了的"泛家庭"生命共同体。这里的人不是抽象的"无名"的"原子"个体，而是一个个具体的家庭成员，一个个具有完整的生命历程的人。他们有名有姓，为人子女，为人兄弟（姊妹），为人父母；出生、长大、成年、结婚成家、生儿育女、享受晚年，然后心满意足地

德性文明论：
古典儒家礼乐教化及其当代价值

寿终正寝，而且在死后能得到亲人的怀念与子孙的祭祀。

儒家对作为家庭成员的个人生命的根源有一种宗教性的理解：个人所属的家庭生命具有无限延续性，并且与"天"——宇宙性的自然主义的本体、万物的总根源——相通。逝去的祖宗作为神灵与"天"处于同一精神世界，甚至祖宗神和天地万物的神灵乃至天本身，是浑然一体的，神秘而玄妙地作为一个相互贯通的整体而存在着。于是，人们通过祭祀礼仪与祖宗神的沟通，一方面是报本返始的人神沟通，另一方面也往往意味着以祖宗神为中介而实现的人天沟通。殷商之际，中国古人尚有对人格化的天帝或上帝的信仰，祖先如非被视同天帝，即被视为传达讯息于天帝的中介。这种信仰一直延续到西周初叶，但最后却逐渐由超越的精神实体——"天"——的概念所取代。❶ 可见在古典儒家的观念中，个人与祖先和天是一个有机联系的生命整体。

就生命而言，作为家庭成员的个人之间，乃至祖先和未来世代的后人之间，在肉体、心灵和德性上都有着深远而复杂的天然渗透与连锁关系。由于个人处在家庭生命共同体的生命链条之中，家庭对于个体的人格和人生意义具有建构性的作用。家庭赋予个人以多重角色，这些角色会随着个人生命历程的渐次展开，并且依家庭内部人际关系的逐渐变化而具体地呈现出来。虽然，个人的多重角色是家庭赋予的，但是个人扮演这些角色的道德价值，却需要个人自己躬行孝悌而获得。"为人子，止于孝；为人父，止于慈。"（《大学》）惟其如此，才能成就父子角色应有的道德意义。从这个意义上讲，家庭生活的过程也是一个个人实践道德修养、在道德人格上逐渐成长、并实现自我道德价值的历程。

孝道所依托的"人"的观念，是具体的具有完整生命历程的人。其生命历程根源于生生不息之"天"，最终又回归大化流行之"天"。孝道将个体的整个生命历程包容在家庭代际生命延续的无尽链条中，不仅为个体提供了肉身所居的家园，也为个体提供了安身立命的精神家园。孝道的基本伦理精

---

❶ 陈荣捷：《中国哲学文献选编》，江苏教育出版社 2006 年版，第 20 页。

神在于：家庭是人的生命历程相互交织的生命共同体；作为家庭成员的个人的生活追求一种生命交响的和谐。这种内在的和谐，不仅渗透在家庭之中，而且也遍布家庭之外的国家，乃至天下。

正是出于某种天下一家的情怀，孔子在一种普遍的意义上，将孝悌之道与仁德相贯通。

于是，仁成为孝道的伦理准则。它始于自然亲情的人人身心连接，可以推至天地万物。《论语·学而》篇讲："君子务本，本立而道生，孝悌也者，其为仁之本与。"在孔子看来，本于小家庭内部的孝悌，可以推展到国家和天下大家庭，从而体现为人与人之间互相关怀的一体之仁。

子曰："弟子入则孝，出则弟，谨而信，泛爱众，而亲仁。行有余力，则以学文。"（《论语·学而》）

子路曰："愿闻子之志。"子曰："老者安之，朋友信之，少者怀之。"（《论语·公冶长》）

子曰："……夫仁者，己欲立而立人，己欲达而达人。能近取譬，可谓仁之方也已。"（《论语·雍也》）

这种孝悌普遍化为仁爱的思想与实践，在孔子看来古已有之，是一种历史悠久的传统，其原始可以追溯至唐虞之际。

孝悌之道在家庭之外的推展，使孝悌扩展为普遍的尊老爱幼的仁爱之道：老吾老以及人之老，幼吾幼以及人之幼。从民间的实践来看，孝道在乡土社会中的盛行，为乡土社会建设了一种人与人相互关怀、相互信任的特殊的"社会资本"。这就是孔子所强调的"里仁为美"，一种良风美俗的社会氛围和家庭般温暖和谐的人际关系。

四、孝道之用：养老与尊长

孝悌之道本为百姓日用之道，其本天然，其体仁爱，其用在亲人之间的命运与共，家庭生命共同体命脉之永恒绵延。其主要表现为养老以尽人之伦，尊长以成人之德。孝道之用如此重要，以致古代的字典直接从孝道之用来定义孝道：《说文解字》训："孝，善事父母者。"《尔雅》亦曰："善事父母曰孝。"

从家庭内部来说，孝道的功能包括一个和睦健全的家庭的全部功能：尊老爱幼、生儿育女、互敬互爱、相互关怀、生事丧祭等。本来，儒家也强调孝慈相通，如"孟武伯问孝。子曰：'父母唯其疾之忧。'"（《论语·为政》）但是，古典儒家主要从养老的意义上来强调孝道的社会功能。儒家的所谓养老，是子女或后辈对长辈既有内心尊敬又有周到奉养的行为。孔子认为若对长辈不存恭敬之心，则与养狗马无别，不能名之为养老之养。

子女对父母的孝敬在感情上也是非常丰富细腻的——既喜又忧。由于父母年长，喜其健康长寿，忧其年事日高。

"父母之年不可不知也，一则以喜，一则以忧。"（《论语·为政》）

儒家对养老要求极高，非常细致周到，不仅要恭敬有礼，情感真挚，而且要始终和颜悦色。和颜悦色所体现的敬爱父母的真情是孝的实质所在，如果只有饮食和服侍，那还不足以称其为孝。

子夏问孝。子曰："色难。有事，弟子服其劳；有酒食，先生馔，曾是以为孝乎？"（《论语·为政》）

事父母几谏，见志不从，又敬不违，劳而不怨。（《论语·里仁》）

养老不仅是孝道社会的乡土风俗，也是国家的礼法制度。《礼记》曰："凡养老，有虞氏以燕礼，夏后氏以飨礼，殷人以食礼，周人修而兼用之。五十养于乡，六十养于国，七十养于学，达于诸侯。"又有"有虞氏养国老于上庠，养庶老于下庠。夏后氏养国老于东序，养庶老于西序。殷人养国老于右学，养庶老于左学。周人养国老于东胶，养庶老于虞庠，虞庠在国之西郊。"（《礼记·王制》）

有虞、夏、殷、周四代的养老燕飨制度和礼仪与当时的教育制度结合在一起，其目的在于推行尊长养老的人伦教化。

设为庠序学校，以教之。……皆所以明人伦也，人伦明于上，小民亲于下。(《孟子·滕文公上》）

天下有达尊三：爵一，齿一，德一。朝廷莫如爵，乡党莫如齿，辅世长民莫如德。（《孟子·公孙丑下》）

孟子还以文王之例说明，文王"善养老者"而天下归心的人伦教化之效应。

孟子曰："伯夷辟纣，居北海之滨，闻文王作，兴曰：'盍归乎来！吾闻西伯善养老者。'太公辟纣，居东海之滨，闻文王作，兴曰：'盍归乎来！吾闻西伯善养老者。'二老者，天下之大老也，而归之，是天下之父归之也。天下之父归之，其子焉往？诸侯有行文王之政者，七年之内，必为政于天下矣。"（《孟子·离娄上》）

养老的效用一方面在于家人共享天伦之乐，这种亲情自然洋溢的生命的欢愉是人生中最大的幸福之一。孟子称其为君子三乐之一。另一方面，养老的行为作为一种生活内容直接构成了家庭中年轻一代自我成长过程中的修养内容与功德。儒家视养老为"成人"的核心道德实践，是人所载所弘之道最切近日用、最根本、最紧要的实践活动。亲亲行于家庭之内，亲人之间；长长或尊尊则通行于全社会。孝养父母的普遍流行就会形成尊老爱幼的社会习俗——"老吾老以及人之老，幼吾幼以及人之幼"。（《礼记·礼运》）

在《论语》中我们可以看到这样两个片段：

孔子于乡党，恂恂如也。

乡人饮酒，杖者出，斯出矣。（《论语·乡党》）

孔子的形象被如此记录下来，不能不说《论语》的作者很大程度上是有意将孔子作为乡土社会中个人角色的一个典范来描绘的。从孔子的"乡党"形象来看，个人在乡土社会中的角色是谦恭与和悦的，因此，可以说，和乐恭敬是乡土社会人际关系的基本原则。而在乡饮酒礼中，孔子对"杖者"的礼让，则透露出尊老是"乡党"的基本伦理规范。但是，尊长非惟年长者是尊，尊有德而寿者也。

原壤夷俟。子曰："幼而不孙弟，长而无述焉，老而不死，是为贼！"以杖叩其胫。（《论语·宪问》）

一个老人必须具备值得尊敬的德行才会令人尊敬。这种德行实际上是一种长期修养的结果，是一个人从幼年到老年生命成长的成就。这就是：自幼年时起即躬行孝悌之道，在成年时有值得称道的言行，老年时乐天知命自尊自重。

五、孝道之治："孝悌"的乌托邦精神

儒家对于孝治抱有一种乌托邦主义式的执着。《孝经》开宗明义第一章，即托孔子之口，将孝道界定为先王治国平天下的"至德要道"：

"夫孝，德之本也，教之所由生也。身体发肤，受之父母，不敢毁伤，孝之始也。立身行道，扬名于后世，以显父母，孝之终也。夫孝始于事亲，中于事君，终于立身。"（《孝经》）

儒家虽有孝治天下的理想，但是古典儒家所推崇的孝治实践典范似乎只限于"先王"——黄帝、尧、舜、禹、文王、武王和周公。

夫圣人上事天，教民有尊也；下事地，教民有亲也；时事山川，教民有敬也；亲事祖庙，教民孝也；大教之中，天子亲齿，教民弟也；先圣与后圣，考后而甄先，教民大顺之道也。

尧舜之行，爱亲尊贤。爱亲故孝，尊贤故禅。孝之方，爱天下之民。禅之传，世无隐德。孝，仁之冕也。禅，义之至也。六帝兴于古，咸由此也。（郭店楚简《唐虞之道》）

《中庸》亦曰：

子曰："武王、周公其达孝矣乎！夫孝者，善继人之志，善述人之事者也。春秋修其祖庙，陈其宗器，设其裳衣，荐其时食。宗庙之礼，所以序昭穆也。序爵，所以辨贵贱也。序事，所以辨贤也。旅酬下为上，所以逮贱也。燕毛，所以序齿也。践其位，行其礼，奏其乐，敬其所尊，爱其所亲，事死如事生，事亡如事存，孝之至也。郊社之礼，所以事上帝也。宗庙之礼，所以祀乎其先也。明乎郊社之礼、禘尝之义，治国其如示诸掌乎！"（《中庸》）

对于古之圣王以后的孝治历史，儒家明显表现出一种清醒的批判意识。的确，"先王"之后的历史很大程度上就是封建君主利用孝道巩固皇权的历史。古典儒家思想中的这种"厚古薄今"的态度，在孟子那里有极为典型的体现："尧舜之道，孝弟而已。"（《孟子·告子下》）同时他也认为，"尧舜

既没，圣人之道衰"。(《孟子·滕文公下》)

其实，在儒家之外，也一直都存在着破斥历史中上演的政治化的礼教"孝道"的声音。老子说，"六亲不和有孝慈"。(《老子》第十八章)《庄子》有诃佛骂祖之意，直斥孔子为"鲁之巧伪人"，"摇唇鼓舌，擅生是非，以迷天下之主，使天下学士不反其本，妄作孝悌而侥幸于封侯富贵者也"。(《庄子·盗跖》)他们都是针对历史中表现出来的孝悌精神的"异化"状况来作出批判的。也许老庄都会赞同孝悌乃"为仁之本"，然而，他们都看到了，当孝悌被利用为博取封侯富贵之工具时，则仁之本失，民之朴善，性淫德败，所谓孝悌，名不副实，确乎乱天下之具。

在儒家关于孝治的理论中，我们可以看到两条表面上相似实际上大相径庭的思想路径：其一是"仁孝"的逻辑；其二是"忠孝"的逻辑。前者强调孝悌为仁之本，仁是孝悌之推展；后者则论证孝悌——亲亲为忠君之基，孝亦是忠，而忠君乃孝之至。按照这种忠孝的逻辑，孝悌之道欲贯通于君主与臣民的关系，必须要将君臣关系转化为某种特殊的"父子"关系。《大学》欲证君为民之父母，曰：

《诗》云："乐只君子，民之父母。"民之所好好之，民之所恶恶之，此之谓民之父母。(《大学》)

又曰："孝者，所以事君也；弟者，所以事长也；慈者，所以使众也。"(《大学》)

《孝经》借孔子之口说：

君子之事亲孝，故忠可移于君。(《孝经·广扬名章》)

从历史上看，孝道的实践形态及其命运在庙堂与乡党之间颇有不同：孝悌之道被朝廷利用而为君主专制礼教服务的历史，实为孝道被皇权玩弄和扭曲之相，而民间乡土社会依然保有孝道的纯真表现样式。在漫长的民众生活史中，孝道虽受诸多污染，却仍有真实的乡土社会生活的实践。

尽管古典儒家思想家看到了在仁孝与忠孝这两种逻辑之间存在的裂缝，尽管他们也深知存在着君主扭曲仁孝并利用忠孝的逻辑为皇权的利益服务的危险，但是，他们仍然主张，一种孝治的乌托邦是很有意义并且是可能的。

因此，儒家仍出于一种理想主义的愿望而强调：孝悌之道，切近而平易，值得遵行：

"人人亲其亲，长其长，而天下平。"（《孟子·离娄上》）

在先秦的儒家政治哲学中，"家"是一个基本的政治单位。"家"的观念，也是中国古典政治理念的一个基本范式。这种政治思想以家庭生活的经验为基础，来理解作为家庭成员的具体的个人及其多重角色——父子、夫妇、兄弟，同时也以家庭为模型来理解"（邦）国"和万邦共处的"天下"，即把国家和天下视为更大的家庭。很显然，在这种政治思维中，不存在一种抽象的原子化的个人，国家也不是这些原子化的个人们所订立的"契约"。我们甚至可以说，这种政治思维的核心和本质就是家庭，因为，具体的个人是根据其在家庭中的角色和相互关系来定义的，而国家和作为国际共同体的天下，只不过是外延扩大了的家庭。正如孟子所说："人有恒言，皆曰'天下国家'。天下之本在国，国之本在家，家之本在身。"（《孟子·离娄上》）

《大学》曰："欲治其国者，先齐其家。"又曰："所谓治国必先齐其家者，其家不可教而能教人者，无之。"《大学》认为，齐家之道就是治国之道，无非就是孝、悌、慈。更进一步讲，齐家之道同时也是平天下之道。

故君子不出家而成教于国：孝者，所以事君也；弟者，所以事长也；慈者，所以使众也。《康诰》曰："如保赤子。"

宜其家人，而后可以教国人。《诗》云："宜兄宜弟。"宜兄宜弟，而后可以教国人。《诗》云"其仪不忒，正是四国"。其为父子兄弟足法，而后民法之也。此谓治国在齐其家。

所谓平天下在治其国者：上老老而民兴孝，上长长而民兴弟，上恤孤而民不倍，是以君子有絜矩之道也。（《大学》）

这是从政治哲学的角度对于"家"的政治属性和作为基本政治单位的重要性的界定。从具体的政治实践来看，首要的政治事务和核心内容就是治理家庭，使家庭成员之间的关系和睦有序，使家庭生活幸福安康。

孔子甚至认为，政治之至平凡而至显著者，即是在个人日常生活中躬行孝悌。

或谓孔子曰："子奚不为政？"子曰："《书》云：'孝乎！惟孝，友于兄弟。'施于有政。是亦为政，奚其为为政？"（《论语·为政》）

六、孝道与乡土社会的现代重建

综上所述，中国传统孝道伦理及乡土社会生活方式与现代社会形成了鲜明的对照。传统孝道的自然基础是家庭，一种以血缘关系将长幼代际之间的生命历程连接起来的生命共同体。这种作为自然生命共同体的家庭是中国传统社会的"原型"。在儒家的观念中，无论是乡土社会，还是国家和整个天下，都可以理解为某种扩大了的家庭。基于这种"家庭"共同体主义的理解，儒家所理解的个人也不同于现代个人主义抽象的原子化的个人。儒家的伦理思维从具体的个人出发，这种具体的个人具有自然的生命历程和血缘关系；随着其生活的展开，这种具体的个人在家庭和社会共同体中扮演着一系列角色。除了包含这种独特的关于共同体与个人的理解之外，传统孝道与乡土社会生活方式也昭示了一种超越"交换价值"主宰的全面的价值观体系，它以人与人的相互尊重和关怀、共同体的和谐与幸福为核心价值。

现代老龄社会能够从中获得多方面的启示，其中最主要者有三：一是孝道伦理精神为我们提供了一种批判性地反思个人主义伦理的参照系；二是展示了一种关爱与尊重生命的价值的生活方式复兴的希望，从而使我们能够重建被交换价值观的僭越（殖民）所扭曲了的价值世界。三是在前两者的基础上，我们可以尝试复兴孝道与乡土社会的养老习俗和社会制度，从根本上找到现代养老问题的化解之道。

首先我们从诊断的角度为现代的老龄化问题及其根源略作观察：现代社会的老龄化问题，往往伴随着成年人的两性关系的"灵活性"、单亲家庭、青少年犯罪问题、教育的功利主义（培养生产者与消费者，重技术轻德行）等一系列问题。它们彼此关联，不可孤立看待。然而，上述众多问题产生的根源皆与家庭及社区共同体的衰落有关。

现代社会流行的个人主义伦理观念，强调个人是构成世界的原子，而且这种原子是彼此平等的,每一个人都拥有几乎绝对的自由。个人主义的这种观念具有多方面的影响:社会方面表现为家庭的岌岌可危、代际关系的扭曲;经济上则是市场交易关系的盛行,以及作为市场"保姆"的福利国家制度的膨胀;政治上则导致片面强调个人权利的乌合之众加政客的"民主"游戏的出现;意识形态上则形成了"自我中心主义"道德观念、过度膨胀了的交换价值观(越出了市场领域),以及拜金主义的宗教精神。现代社会是一个高度契约化了的世界,个人契约对整个生活世界的成功统治,也恰是现代社会分崩离析、认同危机、人情冷漠、人性扭曲、人的价值贬损的根源。由此看来,老龄化问题牵涉到观念、制度与伦理等多个层面,其化解之道也就在于在这些层面做出相应的变革。

现代老龄化社会的困境,暴露出现代社会从个体出发组织共同体的悖论:现代家庭人际关系的"扁平性"的"平等"对正常的代际伦理秩序的破坏,现代家庭中的"个人契约"夫妇关系的脆弱,现代生活方式对民间"社会资本"的破坏,以及"福利国家"与市场体系之间的自相矛盾。应对这些问题的方向是:通过复兴儒家"理想主义"意义上的孝道和乡土社会生活方式来改造现代社会。这意味着,我们需要以一种创造性的智慧恢复和重建信仰上的祖先崇拜、敬老习俗和礼仪,重建父慈子孝、兄友弟恭、夫义妇顺的家庭关系与伦理原则,重建老人和子孙共享天伦之乐的家庭生活方式,重建由这种健全的家庭所扩展而成的乡土社会。

这种变革涉及:①自我意识从个人主义转向共同体主义,这意味着家庭及其孝悌伦理的恢复,以及个人作为共同体成员的这种特殊的"自我意识"的觉醒。②孝道礼仪和乡土习俗,如乡射礼、乡校、乡饮酒礼、家礼等礼俗,经过创造性的转换而在现代社会"复活"。这将既是对这些礼仪传统的继承,又是因时因地制宜有所"损益"的创新。③教育上的相应变革,以教导和传播根源于孝道伦理智慧和乡土社会生活传统的新的价值观、伦理原则、道德观念和新的生活方式。这种变革所期望的目标,是自然的生命共同体主义与合理的个人自由的互补,是人性的自然体现与自由发展的有机统一。

修身为本：

修身传统与践行社会主义核心价值观

中华民族具有悠久的道德文明传统，其价值观念的核心是"以义为利"的经济伦理，"为政以德"的政治理念和"天人合德"的人文理想。这个传统数千年来的实践积累了丰富的历史经验，至今仍然焕发着勃勃生机与活力。从一定意义上讲，我们今天正在开展的培育和践行社会主义核心价值观的社会实践，与我们民族的道德文明传统是一脉相承的，可以视其为这个活的传统的一种现代形态。以中国传统文化中居于主导地位的儒家文化来看，传统道德文明的核心价值观统摄于"内圣外王"之道，通过"修身"而化成人的德行。今天我们思考如何践行社会主义核心价值观，依然需要回归到"修身为本"的传统路径上来。

一、中华道德文明传统及其核心价值观

中华文明是一种道德文明，它以人的高度的德性自觉为根基，崇尚"天人合德"的人文理想。"早在中国思想肇端之初，人文主义已是居主流地位的思潮。""此种人文主义并不否认或忽略超越力量，而是主张天人可以合

一。"❶中国最早的经典文献之一《诗经·大雅·烝民》曰:"天生烝民,有物有则;民之秉彝,好是懿德。"《诗经·大雅·文王》曰:"天命靡常","聿修厥德,永言配命"。人的道德意识的觉醒,就在于知道"天生德于予"(《论语》)。天作为生命的根源与一种超越性的信仰的根据,本有"生生"之德,《易传》曰:"天地之大德曰生。"(《易·系辞下》)人秉受天命之性,人的生命成长与价值实现的过程,就是与天地生生之德相配合,参赞天地化育万物之道。《易·乾·文言》曰:"夫大人者,与天地合其德,与日月合其明,与四时合其序,与鬼神合其吉凶。先天而天弗违,后天而奉天时。"

就个体德性而言,传统上有多种理解和说法,最早的概括之一如《逸周书》论"九德":忠、信、敬、刚、柔、和、固、贞、顺。其义为:尽己之谓忠,以实之谓信,主一无适之谓敬,坚强不屈之谓刚。柔者刚之对也。和者刚柔中节也。固,坚固也。贞,正也。顺,有叙也。❷最为定型的说法,而且也是最核心的中国传统道德价值观为"五常":仁、义、礼、智、信。当然,在这个核心的周围,还有许多道德价值观也是中华民族传统上所推崇的,如"孝""谦""和""勇""勤""俭""廉""朴""忠""恕"等。

中华民族的德性自觉不仅反映在个体层面,也体现在社会共同体的层面,其价值观念的核心是"以义为利"的经济伦理,和"为政以德"的政治理念。中国传统价值观"利"主要涉及相互关联的两大关系,一是人与物的关系,二是人与人的关系。物尽其用为"利用"之利;人与人之间益处共享合义为"利益"之利。此两义皆以合宜为利,前者合物之宜,后者合人之宜。宜者,义也。《易·乾·文言》解"元亨利贞"曰:"元者,善之长也。亨者,嘉之会也。利者,义之和也。贞者,事之干也。"又曰,君子"利物足以和义"。《大学》曰:"国不以利为利,以义为利。"

中国传统政治所追求的是一种具有高度道德文明的社会生活理想,即所谓"圣人"治世和"德政"。这里的"德政"所涉及的是广义的政治,相

---

❶ 陈荣捷:《中国哲学文献选编》,江苏教育出版社2006年版,第1页。
❷ 黄怀信等:《逸周书汇校集注》,上海古籍出版社2007年版,第53页。

当于天下和国家的治理,包括经济、政治和人伦各个方面的内容。还有一点需要指出的是,中国传统的政治概念与源自西方的现代政治概念在含义上有根本的不同。马一浮先生说:"政是正己以正人,治是修己以治人,此乃政治真义。今人好言政治,只知尚权力,计利害,与古义天地悬隔。"[1]这个观点虽有些激愤的意味,但在把握两种政治概念的实质及其差异上还是相当准确的。孔子说,"政者,正也"。(《论语·颜渊》)他认为圣人治世是所谓"垂拱而治","恭己正南面而已矣"。(《论语·卫灵公》)

对于圣人治世的描述,《礼运·大同》载孔子曰:"大道之行也,天下为公。选贤与能,讲信修睦,故人不独亲其亲,不独子其子;使老有所终,壮有所用,幼有所长,矜寡孤独废疾者皆有所养;男有分,女有归。货恶其弃于地也,不必藏于己。力恶其不出于身也,不必为己。是故谋闭而不兴,盗窃乱贼而不作。故外户而不闭,是谓大同。"儒家的这一理想社会生活图景具有丰富的价值内涵,大体上涉及仁、义、信、和、忠等伦理价值观,如果用今天的词汇来说,可以说包括了公正、平等、诚信、仁爱、和谐等主流价值理念。

二、"一是皆以修身为本"

中国传统道德文明追求有德的个人组成的伦理共同体社会生活,它的一个基本特点就是道德上的知行合一。无论是作为个体的有德之人,还是作为共同体的有德的家庭、国家和天下,其道德境界的高低,都取决于道德实践对道德价值的确证。

《大学》篇首曰:"大学之道,在明明德,在亲民,在止于至善。"宋儒解"亲民"为"新民",颇有道理。这非常契合《大学》后文所引汤之盘铭"苟日新,日日新,又日新",《康诰》的"作新民",以及《诗》"周虽旧邦,其命维新"之义。按照《大学》的思路,"古之欲明明德于天下者,先治其国,欲治其国者,先齐其家。欲齐其家者,先修其身。""身修而后

---

[1] 马一浮:《复性书院讲录》,江苏教育出版社2005年版,第245页。

家齐，家齐而后国治，国治而后天下平。自天子以至于庶人，一是皆以修身为本。"

老子也说："修之于身，其德乃真；修之于家，其德乃余；修之于乡，其德乃长；修之于邦，其德乃丰；修之于天下，其德乃普。"（《老子》第五十四章）

其实，无论是老子还是孔子都将齐家、治国、平天下系之于个人的修身。这种理解体现了以下几个特点。

第一，天下及国家的德性与个人德行具有统一性。"家"及"乡"层面的价值和"国家"及"天下"层面的价值，虽不直接内涵于个人的品格，但这些共同体价值的确立和实现，都是以个人德行为基础的。

第二，教化与修养的统一。教化之本通乎天道与人道。《中庸》曰："天命之谓性，率性之谓道，修道之谓教。"《易经》《贲》卦《象》辞曰："观乎天文，以察时变。观乎人文，以化成天下。"教化之义，就是率性修道，建国君民，化民易俗。教化一方面是天道的不言之教，如老子曰："不言之教，无为之益，天下希及之。"（《老子》第四十三章）孔子则曰："天何言哉！四时行焉，百物生焉。"（《论语·阳货》）另一方面是言传身教，即"六艺"为主的文化经典的传习及人格典范潜移默化的影响。"入其国，其教可知也。其为人也，温柔敦厚，诗教也；疏通知远，书教也。广博易良，乐教也；洁净精微，易教也；恭俭庄敬，礼教也；属辞比事，春秋教也。"（《礼记·经解》）这是"六艺"之教的效应。典范的教化，即是"君子之德风，小人之德草，草上之风必偃"（《论语·颜渊》），正所谓"君子动而世为天下道，行而世为天下法，言而世为天下则"。（《中庸》）又如《中庸》末章引诗所论，"《诗》曰：'不显惟德，百辟其刑之。'是故君子笃恭而天下平。《诗》云：'予怀明德，不大声以色。'子曰：'声色之于以化民，末也。'"上述教化相互关联，都落实于个人内在心性与气质的变化，从而在社会和共同体的意义上形成良风美俗。

第三，德行与福祉的统一。中国传统以个人德行和社会共同体（家、国、天下）的德行为本而论吉凶祸福。《易·坤·文言》曰："积善之家，必有余庆；积不善之家，必有余殃。"中国人传统意义上关于个人和共同体命运的信仰，很大程度上是一种内在的道德自觉和自信，而非仰赖外在的天或神灵。如《尚书·咸有一德》曰："天难谌，命靡常。常厥德，保厥位。厥德匪常，九有以亡。""惟天佑于一德"，"惟民归于一德。德惟一，动罔不吉；德二三，动罔不凶。惟吉凶不僭，在人；惟天降灾祥，在德。"在传统上，中国人相信德行修养有成，必然带来人生的福祉："一曰寿。二曰富。三曰康宁。四曰攸好德。五曰考终命。"（《尚书·洪范》）

大至天下兴亡，小至个人吉凶都以德行的修养为根。所以，孔子一方面说，"人能弘道，非道弘人"（《论语·卫灵公》），以见人的道德修养的可能性及其伟大意义；另一方面又说，"德之不修，学之不讲，闻义不能徙，不善不能改，是吾忧也"（《论语·述而》），以见道德修养对于人生社会须臾不可离的重要性和紧迫性。

基于上述群己德行的同一性，教化与修养的同一性，以及德福的同一性，中国传统文化中形成了一系列行之有效的修身方法。正是通过这些修养方法，个体和共同体所信仰、珍视和追求的价值观得以融入百姓日用，化为日常生活的本质特征。

这些修身方法的总特征是"合外内之道"，内修仁德，外履礼义，心性修养的"内圣"工夫与善政养民的"外王"事业相贯通，以达于"正德，利用，厚生，惟和"（《尚书·大禹谟》）的境界。修身的总纲领是孔子所谓"志于道，据于德，依于仁，游于艺"。（《论语·述而》）就修养的方法体系和原理而言，则"修己"与"安人"相贯通，讲究成己成人、立己立人的统一。按照儒家经典《中庸》的理解，修身的目标为三达德"知、仁、勇，三者天下之达德也""好学近乎知，力行近乎仁，知耻近乎勇。知斯三者，则知所以修身，知所以修身，则知所以治人；知所以治人，则知所以治天下国家矣"。循好学之途可以明道，依力行之方可以成德，存知耻之心可以勇于改过迁善，从而能日新其德而臻于"至善"之域。明白好学、力行、知耻与知仁勇三达德的内在联系，就明白了修身的原理，也就明白了修身与家、国、天下的治理相通的原理。

修身不离百姓日用。就修身的具体着力点和关键环节而言，修身实际上是一种日常生活的艺术，修养的关键最终落实在个人日常生活的言行之上。《尚书·洪范》有"五事"之论，"一曰貌，二曰言，三曰视，四曰听，五曰思。貌曰恭，言曰从，视曰明，听曰聪，思曰睿"。而"五事"概而言之，不过言行而已。❶《易·系辞上》曰："言出乎身，加乎民。行发乎迩，见乎远。言行君子之枢机，枢机之发，荣辱之主也。言行，君子之所以动天地也，可不慎乎？"这强调的是言行修养之所以重要。《中庸》曰："庸德之行，庸言之谨；有所不足，不敢不勉，有余不敢尽；言顾行，行顾言，君子胡不慥慥尔！"这指出了谨言慎行、言行一致的修养法门。

在中国文化传统中，修身不是一种纯粹"自我"之内的"克己"之事，而是在广大的生活世界中展开的一种人己互动。即便是儒家所讲的"克己复礼"为仁，也是不可脱离礼乐文明的历史与家国天下的社会生活而理解的。正是出于这种对生活世界和人己关系的观照，儒家传统将"忠恕"作为修身的伦理准则，崇尚"己所不欲，勿施于人"，强调"反求诸己"。子曰："君子求诸己，小人求诸人。"（《论语·卫灵公》）《大学》曰："君子有诸己而后求诸人，无诸己而后非诸人。"《中庸》亦引子曰："射有似乎君子，失诸正鹄，反求诸其身。"

三、社会主义核心价值观的传统道德根源

社会主义核心价值观的源头可以追溯到中国道德文明传统中所固有的一系列核心伦理价值。党的十八大提出，倡导富强、民主、文明、和谐，倡导自由、平等、公正、法治，倡导爱国、敬业、诚信、友善，积极培育和践行社会主义核心价值观。这三个倡导所涉及的十二种核心价值观，是一个德行的整体，与中国传统道德价值观一脉相承。这种价值观念上的内在的关联性和连续性主要体现在以下几个方面。

（一）根本价值取向的一致性。中华文明是一种以和谐为根本的伦理价

---

❶ 马一浮：《复性书院讲录》，江苏教育出版社 2005 年版，第 263 页。

值取向的文明。它在道德上否定崇尚冲突、仇恨和弱肉强食的价值取向。在中国文化语境中，我们今天所倡导的"和谐"价值观，显然含有《易》"保合太和，乃利贞"(《易·乾·彖》)的整体和谐宇宙观的"基因"，并与"和实生物"(《国语·郑语》)的"和生"理念，"仇必和而解"(《正蒙·太和》)的"和平"理念，以及"礼之用，和为贵"(《论语·学而》)的礼乐文明精神相贯通。"和谐"所包含的既有人与人的和谐，也有人与自然的和谐；既有群体间的和谐，也有自我身心的和谐。而人内在的和谐是外在和谐的根据。《中庸》曰："喜怒哀乐之未发谓之中，发而皆中节谓之和。中也者天下之大本也，和也者天下之达道也。致中和，天地位焉，万物育焉。""和谐"理念上的这些传统内涵不仅在社会主义核心价值观中被保留下来，而且这些传统内涵在中华民族历史中的具体体现，也提供了培育和践行和谐价值观的经验和实践方法上的启示。

（二）价值观内涵上的源流相通性。在"和谐"价值观所标志的中华文明基本特质之下，社会主义核心价值观可以从经济、政治和社会三个层面，分成在内容上相互有所重叠的三大类：经济上的核心价值观主要包括富强、敬业、诚信；政治上的核心价值观主要包括民主、法治、公正、平等、爱国；而社会层面的核心价值观则主要包括文明、自由、平等、和谐、友善。这三大类核心价值观继承了传统中"以义为利"的经济伦理，"为政以德"的政治伦理，以及讲究"仁义礼智信"五常的道德观念。

从一定意义上讲，社会主义核心价值观的整体脉络高度契合《尚书》"正德、利用、厚生、惟和"的主导性伦理价值观念的理路，可以视为是对这一价值理路的现代表述。"爱国、敬业、诚信、友善"属于公民个人品格修养的价值内容，这些价值观的践行对于社会生活的意义在于民德归厚，化民成俗，有"正德"之义。"文明、富强"是反映民生福祉的价值目标，有"利用、厚生"之义。以传统的观念来看，"正德、利用、厚生"之所以可能，取决于"和"的达成，而"和"的达成离不开"礼"与"义"的支撑。"民主、法治"是现代政治文明的价值标志，是现代意义上的"礼"；"自由、平等、公正"属于"义"，其实质与"理财正辞禁民为非曰义"

(《易·系辞下》)相一致。"礼""义"有所措，则可期于政通人和的"和谐"。这正是所谓"惟和"。

（三）价值观之间内在关系的"同构性"。从价值观整体的结构而言，社会主义核心价值观所涉及的国家、社会和个人三个层面，与传统"身、家、国、天下"的伦理体系是相通的，前者是后者的一种变体。从传统的"内圣外王"的德行修养功夫方法所指向的内外价值面向来看，社会主义核心价值观也含有一种内外相通的价值面向。可落实于个体内在修养的是"爱国、敬业、诚信、友善"，属于公民个人道德品质的范畴，这也是社会主义核心价值观的内在道德基础。从一定意义上讲，中国社会主义核心价值观包含着全体社会成员所应具备的公民品格的共识。"富强、民主、文明、和谐、自由、平等、公正、法治"是共同体意义上的德行，是中国特色社会主义制度及其社会生活之"德"，在价值面向上属于"外王"。具体说来，"法治、民主、公正、平等"彰显的是政治和经济伦理价值诉求，是社会主义民主政治制度的价值准则及其社会共同体的品格和"德行"；"富强、自由、文明、和谐"是福祉意义上的价值，按照传统的德福统一的观念，这是"合外内之道"的德行所自然趋向的"福乐"境界。

四、来自修身传统的启示

鉴于中国传统道德价值观与社会主义核心价值观一脉相承的内在联系。传统道德价值观通过修身而化为人格，落实于百姓日用的道德智慧，对于我们今天思考践行社会主义核心价值观具有多方面的启示。

其一，"修身为本"的道德智慧传统为践行社会主义核心价值观指示了基本途径和方向。如果说社会主义核心价值观意味着中华民族传统美德的新形态，那么，践行社会主义核心价值观，就很有必要回归"修身为本"的道德智慧传统。中国古典道德智慧，将整个天下的德行和福祉与君子人格的培育关联起来，将个人的修养作为整个共同体和个体生活之价值理想的基础和内核，将价值理想系于每个人的德行修养实践，融入百姓日用。《易·乾·文言》曰："君子以成德为行，日可见之行也。"《大学》曰："自天子以至于庶人，一是皆以修身为本。"从今天的立场来看，每个人，无论其社会分工的角色和地位，都需要将个人的道德修养作为人生之道的根本内容。价值观唯有转化为个人的德行，才能真正成为活的文化而融入民族精神的血脉，修身是这种转化实践的基础和根本途径。

其二，修身传统所蕴含的"日新其德"和"止于至善"的价值取向，指向无止境的道德境界，这与社会主义关于"人的全面发展"的理想信念的精神气质相契合。同时，这种无止境的价值追求，也意味着修身传统是一种活的能够延伸于现代和未来的传统，具有开放性和包容性，必然能够容纳时代性的内涵，例如，能够使传统的个人美德与现代公民道德素质相承接，能够体现现代世界多元和谐的文化关系。

其三，修身传统所包含的一系列修养与教化的方法具有历久弥新的生命力，能够"古为今用"，从而在践行社会主义核心价值观的实践中发挥重要的作用。例如，"修己以安百姓"的圣贤境界及其"以身作则"的典范教化方法，侧重于塑造个体人格的传统心性修养功夫，对形成良风美俗起关键作用的传统孝悌之道，"己所不欲，勿施于人"的道德修养准则，"反求诸己"的修养方法等，都可以为我们今天践行社会主义核心价值观的实践所继承、弘扬和发展。

生生之易：
《易经》生态伦理智慧与生态文明

人类向生态文明转型已是一种必然趋势。但是，基于何种生态理念和道德来设想和构建人类共享的生态文明，还是一个尚未达成共识的课题。中华文化经典中的经典——《易经》，对于人与天地万物的整体性关系具有全面而深刻的洞见。《易经》将人与天地万物纳入一种宇宙性的生态"家庭"意识之中，领悟了人作为"生态家庭成员"或"家人"角色的责任、权利，及其生态行为的伦理准则。而且，《易经》将万物的精神象征意义与人的德性成长关联起来，强调人应该以天地万物为师，领受天地万物的"不言之教"，从而为人开启了一个内在的精神生态世界。《易经》的生态伦理智慧，能够为当今人类生态文明建设提供最根本的生态意识与道德价值基础。我们今天建设有中国特色的社会主义生态文明和倡导建设人类命运共同体生态文明，都可以从《易经》的生态伦理智慧中获得滋养和启示。

一、"易有太极"：万物的统一性

天地万物、宇宙或自然是否具有某种统一性？具体一点讲，这个问题在于：人类所处的环境到底是一个完全没有秩序的，由离奇出没杂多之物所构成的混乱场所，还是一个具有内在秩序的和谐整体？对于生活于天地万物之间的人来说，这是一个值得关心的根本问题。

《易经》的回答是：天地万物是一个统一的整体，统一于共同的根源——"道"。就万物产生的总体动态过程而言，《易》曰："生生之谓易。"孔颖达《周易正义》曰："生生，不绝之辞。阴阳变转，后生次于前生，是万物恒生，谓之易也。"就万物生生不息之所以然来说，《易》曰："一阴一阳之谓道。"（《易·系辞上》）王夫之曰："'阴阳'者太极所有之实也。凡两间之所有，为形为象，为精为气，为清为浊，……皆此二者之充塞无间，而判然各为一物，其性情才质功效，皆不可强之而同……然阴阳充乎两间，而盈天地间唯阴阳而已矣。'一一'云者，相合以成，主持而分剂之谓也。无有阴而无阳，无有阳而无阴，两相倚而不离也。随其隐见，一彼一此之互相往来，虽多寡之不齐，必交待以成也。"❶

《易经》认为，形而下的天地万物作为"器"，内在地蕴含着形而上的"道"。"器"，散殊而为多，"道"，相通而为一。"形而上者谓之道，形而下者谓之器。"（《易·系辞上》）器有形质，然而不可拘执而观，须见大化流行，生生不息；"道"一阴一阳，乾坤同元，刚柔健顺，一体两面，生物不测，为物不二。其实，道器并非截然分开的两者，而是器不离道，道不离器，道器合一。

我们知道，某些宗教通过信仰人格化的神，也可以在神的"造物"意义上将天地万物"统一"起来。但是，《易经》所采取的不是这种宗教的路径，而是哲学的路径。尽管《易经》也有"神"这个字眼，但是其意义并非人格神，而是指另外三种意思：一是变化的"神妙莫测"之神，二是有时也在"万物有灵论"意义上，指一般的民俗信仰层面的"神灵"；三是指"精气为物"的精神之神，精微无形寓于有形的物质载体之中。

万物生生不息，源出于共同的根源——"太极"或"道"。"太极"是

---

❶ 王夫之：《周易内传》，《船山全书》（第一册），岳麓书社 2011 年版，第 525 页。

创生世界的两种始源性动因——阴阳的统合与主导原则；阴阳属于形而下之"器"，在《易经》中，以及古典儒家的其他经典中被称为"气"。这是借用轻而微的气体之名而形成的概念，往往并不是指某种物质性的气体，而是指如气体一般精微的生机、能量、动态或境遇等，不仅如此，"气"的概念中也含有不可忽视的精神性的意蕴。"是故易有太极，是生两仪。"（《易·系辞上》）两仪即阴阳，在易经的八卦中，纯阳卦称为《乾》，纯阴卦称为《坤》。乾义为"健"动，指阳气的健动与创生能力；坤义为"顺"承，指阴气的赋形与成就能力。《乾》卦《彖》辞曰："大哉乾元，万物资始乃统天。"《坤》卦《彖》辞曰："至哉坤元，万物资生，乃顺承天。"而《易·系辞上》则曰："乾知大始，坤作成物。"

"一阴一阳之谓道。"（《易·系辞上》）阴阳相互配合，而成万物生生不息之道。"道"之"生生"功能和过程就是"易"。故《易·系辞上》曰："生生之谓易。"孔颖达《周易正义》在疏解"一阴一阳之谓道"时曰："以数言之谓之一，以体言之谓之无，以物得开通谓之道，以微妙不测谓之神，以应机变化谓之易。"可见，道、易、神、无、一，在指称形而上的本体时是可以互换的概念。虽然，在孔颖达的解释中，以"无"这个名称指"道"，不是直接来自《周易》经传的，而是源于老子的一种理解。话说回来，即便是老子所谈的这个以"无"为名的"道"，也是符合《易经》"形而上者谓之道"的基本观点的。

天地万物之所以生生不息的奥秘在于：某种统一性存在于阴阳之间。所谓"一阴一阳"的"一"，就是"统一"的"一"，而"一阴一阳"就是统一阴阳，或合和阴阳的动态过程。

子曰：乾坤其易之门邪！乾，阳物也，坤，阴物也。阴阳合德而刚柔有体，以体天地之撰，以通神明之德。（《易·系辞下》）

所谓阴阳合德，就是指万物都是阴阳合和的统一体。天地之创作如此体现，神明之德性如此彰显。

《易经》观天地万物与人，皆为"道""器"合一之体。所体现而应乎用者，"器"；所以能成"器"及其用者，"道"。天地万物皆为"器"，"器"

中寓"道","道"不离"器"。以"器"观,天地万物散殊;以"道"观,天地万物一体而同出于生生不息之"易"。

《易经》所谓"物"既然是兼具阴阳两种因素,则皆有形体和精神,是物质和精神的统一体。这个"物"的观念不同于今天以精神之有无区分生物与非生物的观念。后者在精神与物质上本来是一种二元论,而《易经》"一阴一阳"有阴阳合一的意味,在精神和物质的关系上所持的是精神和物质互涵不分的一元论观点。也正是因为《易经》认为,无论是所谓生物和非生物都内涵精神或"神明",我们可以说《易经》主张一种"万物有灵论",当然,这并不意味着"万物唯灵论"。

二、"天地之大德曰生":天地万物大"家庭"

从一种人性化的角度,基于人的视野,在"器"世界的领域,《易经》以"家庭"为原型,将天地万物理解为一个生生不息、多元一体、广大和谐的宇宙生命共同体。

从本体的意义上讲,如果说"生生之谓易"描述的是"道"创生万物的过程和功能,强调"道"具有永恒的生机和活力。那么,这种本体上的统一性和共同根据,也就决定了从"道"中生出的万物必然具有一种本性,它们能构成命运与共的整体,当然,这是一个"活"的整体,或整体性的"大生命",随着其中的组成部分或个体的不断更新变化,这一"活"的整体会不断演化,以至于无穷。生命创生而又创生,即为"生生",而这"生生"不息的生命洪流,就是"易"——永恒的变化,生命的永恒延续与生命的不断新生。《易经》让我们体验性地确认,在生命涌现的无尽过程中,人与天地万物共生于一个"活"的宇宙生命共同体之中,命运与共。

在"器"或用的意义上,永恒的"天地"或"乾坤"具体地生成万物。《易经》借"天地"之名来指称乾坤的"一阴一阳"合和之道。《易》曰"天地之大德曰生"。(《易·系辞下》)王夫之曰:"万物之生,天之阴阳具而嘘吸以同通,地之柔刚具而融结以成;阴以敛之而使固,阳以发之而使灵,刚以干之而使立,柔以濡之而使动。天地之为德,即立天立地之本德,于其生见之矣。"[1]

《易》又曰："乾坤其《易》之蕴邪？乾坤成列而《易》立乎其中矣。乾坤毁，则无以见《易》。《易》不可见，则乾坤或几乎息矣。是故形而上者谓之道，形而下者谓之器，化而裁之谓之变，推而行之谓之通，举而措之天下之民谓之事业。"（《易·系辞下》）人在天地生物的基础上，化裁推行，变通举措，以人之健顺柔刚配合天地之乾坤阴阳，从而成就人类生命的事业与福祉。

天地之名，有二指：一指覆盖大地与万物的天宇和承载万物的大地；二指天时的创生性，即季节时令循环变换中所蕴含的创造生命的能力和大地的空间物质性。其第二义又称为"乾坤"，或阴阳二气。在第二种意义上，"天地"是阴阳二气，或乾坤两种无形和有形的创造性"生几"或"能量"。万物为阴阳二气合和之所化生，与"天地"本来不隔而内在统一。

"有天地，然后万物生焉。盈天地之间唯万物。"（《易·序卦》）然而，天地如何生成万物？"天地氤氲，万物化生。男女媾精，万物化醇。"（《易·系辞下》）天地阴阳二气和合，正如动植物生命体雌雄两性交媾，这就全面地呈现出宏观和微观两个层次的阴阳创生万物的关系。在一种比拟的两性关系意义上，万物的生命之所以源源不断涌现的奥秘，被视为是天地的交泰。这种理解渗透了中国古典思想。如《列子·天瑞》篇也说："天地含精，万物化生。"

万物繁多，《易经》以简驭繁，约而言阴阳，进而言八卦——《乾》《坤》《震》《巽》《坎》《离》《艮》《兑》。八卦"引而伸之，触类而长之，天下之能事毕矣。"（《易·系辞上》）八卦是八种象征，分析而言，八卦实内涵两个维度，一为空间象征维度，一为时序象征维度。而这两者又并非互不相关，而是内在统一。从其统一而言，八卦可谓一种时序流转的空间环境，这正是生成万物的生态空间与时间。

作为八卦空间维度象征物的本来之物，是天、地、雷、风、水、火、

---

[1] 王夫之：《周易内传》，《船山全书》（第一册），岳麓书社2011年版，第579页。

山、泽，分别对应《乾》《坤》《震》《巽》《坎》《离》《艮》《兑》。

天地定位，山泽通气，雷风相薄，水火不相射，八卦相错。（《易·说卦》）

布满日月星辰的天宇高高在上，广袤无垠的大地绵延在下，然后是地面上山泽起伏，天地间雷风动荡，水润下，火炎上。故《易·说卦》曰："雷以动之，风以散之，雨以润之，日以烜之，艮以止之，乾以君之，坤以藏之。"这里显然含有某种关于地理上的向阳背阴，风调雨顺，山泽渔猎，水火相济的理想生态环境的思想。

若从时令变化的顺序言，八卦可显示为一个阳气周而复始、消长往复的方位变化图景：

帝出乎震，齐乎巽，相见乎离，致役乎坤，说言乎兑，战乎乾，劳乎坎，成言乎艮。万物出乎震，震东方也。齐乎巽，巽东南也；齐也者，言万物之絜齐也。离也者，明也，万物皆相见，南方之卦也，圣人南面而听天下，向明而治，盖取诸此也。坤也者，地也，万物皆致养焉，故曰：致役乎坤。兑，正秋也，万物之所说也，故曰：说言乎兑。战乎乾，乾西北之卦也，言阴阳相薄也。坎者水也，正北方之卦也，劳卦也，万物之所归也，故曰：劳乎坎。艮，东北之卦也。万物之所成终而成始也，故曰：成言乎艮。（《易·说卦》）

在这里，春夏秋冬时序的轮转是根本的象征，其时序与方位的对应，与地处北半球的中国地面上太阳运行的方位有关。

透过一种贯通天地万物、时间空间的象征性家庭观念和普遍的"性别"意识，《易传》曰：

乾、天也，故称乎父。坤、地也，故称乎母。震一索而得男，故谓之长男。巽一索而得女，故谓之长女。坎再索而得男，故谓之中男。离再索而得女，故谓之中女。艮三索而得男，故谓之少男。兑三索而得女，故谓之少女。（《易·说卦》）

乾知大始，坤作成物。乾大生，坤广生。乾健坤顺，乾刚坤柔，天尊地卑，天覆地载，天生地成，此为天"父"地"母"。雷、风、水、火、山、泽,作为时序中阴阳二气化生之"道"所成之万物"生境",以天地"子女"的身份,互为"兄弟姊妹"关系。这个八卦的"家庭",是一个典型的生态共同体的象征。在《易经》的生态意识中,"生境"本身是比万物群落及其个体更为根本的生态要素。

当然,《易经》宇宙大家庭观内在地包含了将万物视为"家人"的意味。《易经》强调人作为生态"家人"的角色,其使命是参赞天地之造化。人作为"家人",并非自作主宰的"主人"和偶然过往的"客人",这意味着一种"非人类中心主义",也非契约关系的伦理,这将是一种强调人对万物的尊重、包容与关怀的伦理;而且责任而非权利,是这种伦理的重心。古典儒家认为,人与天地万物相处的伦理原则为,"正德、利用、厚生,惟和"。(《尚书·大禹谟》)"正德",意味着人以"亲亲仁民爱物"之"仁"德,参赞天地之化育,从而使天地万物"各正性命""品物咸亨"。人取万物以"利用"与"厚生",必须以"正德"为前提和基础。"惟和"为上述"三事"的根本道德法则:人与天地万物和谐共生。故《易》曰:"保合太和,乃利贞。"(《易·乾·文言》)

三、易与天地准:《易经》的自然中心主义

有天地然后有万物,有万物然后有男女,有男女然后有夫妇,有夫妇然后有父子,有父子然后有君臣,有君臣然后有上下,有上下然后礼义有所错。(《易·说卦》)

《易经》认为,要理解人类的伦理关系与文明,必须从自然的根源出发。是天地这个源头决定了人类生命,以及人类创造自己生活方式的可能性。这不是"人类中心主义"的思维方式,而是"自然中心主义"的思维方式。《易经》渗透了这种"自然中心主义"。"天尊地卑,乾坤定矣。"《系辞》起首就从天地乾坤立说。又曰:"易与天地准,故能弥纶天地之道。"(《易·系辞上》)而且,《易经》以《乾》《坤》为根本卦而衍生出八卦,再重卦而衍生出六十四卦。这种观察天地万物的角度,不是人类中心的,而是宇宙或自然中心的。可以说《易经》是中国先哲集历代智慧而集体创

作的一部"天书""自然之书"或"宇宙之书"。这本书体现了一个基本原则，就是老子所说的"人法地，地法天，天法道，道法自然"。（《老子》第二十五章）

　　老子和孔子一样是深通《易经》奥蕴的思想家。老子思索了道的"自然"特性，"自然"意为"自己如此""自在如此""本来如此"，强调了"道"之创生能力和过程的自发性、野性和神妙莫测性。如果说"道"是一个富有哲学意味的字眼，它很大程度上关联着哲学思维所把握的某些规律，但是"道"并不等同于规律，"道"有超出哲学视野的内涵，这是一种神秘、野性、灵活自在的特性。也许需要通过宗教、艺术甚至梦幻的视野，我们才能接近"道"的这一层内涵。而这就是老子通过"自然"这个看起来有些同义反复的术语所要指示的内涵。"道法自然"意味着"道"是规律性与神妙性的统一。老子所把握的"道"，正好呼应了孔子对《易经》之"道"的诠释：

　　《易》之为书也不可远，为道也屡迁，变动不居，周流六虚，上下无常，刚柔相易，不可为典要，唯变所适。（《易·系辞下》）

　　子曰：知变化之道者，其知神之所为乎？（《易·系辞上》）

　　孔子认为占卜活动所用的"大衍之数"，有模拟天地创生万物的象征意味，能够"显道神德行，是故可与酬酢，可与祐神矣"。（《易·系辞上》）孔子所谓"道神"，就是指"道"的神妙莫测，即"阴阳不测之谓神"。（《易·系辞上》）。

　　《易经》并没有幻想一种完全合"规律"的平衡的宇宙，而是将宇宙视为一种开放的非平衡的，既能寻绎出某些相对稳定的规律，又有神妙莫测无限创生的变化过程的洪流。宇宙也许有其规律，但是宇宙自身及其规律超出了人类所能理解的范围，永远存在着人所不能窥测的深度和广度。正是对宇宙或自然之"道"的这种神妙莫测特性的肯定，显示了《易经》的智慧。从根本上看，宇宙不是完全不可知的，但是宇宙确有其不可知！

　　《易经》关于"知"的方式不仅仅是理性的，而且也是"感性"的，这种"感性"不仅仅是感官和情绪的感性，更重要的是人心与天地万物之道的

"感通"。

子曰:"知变化之道者,其知神之所为乎?《易》有圣人之道四焉:以言者尚其辞,以动者尚其变,以制器者尚其象,以卜筮者尚其占。"是以君子将有为也,将有动也,问焉而以言,其受命也如响,无有远近幽深,遂知来物。非天下之至精,其孰能与于此?参伍以变,错综其数。通其变,遂成天下之文;极其数,遂定天下之象。非天下之至变,其孰能与于此?《易》无思也,无为也,感而遂通天下之故。非天下之至神,其孰能与于此?夫《易》,圣人之所以极深而研几也。唯深也,故能通天下之志;唯几也,故能成天下之务;唯神也,故不疾而速,不行而至。子曰"《易》有圣人之道四焉"者,此之谓也。(《易·系辞上》)

圣人是人的天性充分发展了的人,这意味着人的悟性、德性、理性、感觉都达到了极度发达的程度。《易经》所描述的圣人言、动、制器、卜筮都通过《易》卦的桥梁与自然变化之道,与神之所为相沟通。这是具有典范性的人类生活的正常方式。其实质在于尊重自然神圣而又神妙莫测的变化之"道"。《易经》的卜筮本身是通过自然之象征物与象征性人天互动的术数手段,来对人所关心的事物变化之道予以叩问。这个仪式充满了有如宗教性的精神内涵。在这个仪式中,与自然感通的条件是:人的思虑和作为都必须止息。这意味着人的自我或主体性必须放下,人的心灵才能融入性地契会神圣的变化之道及其神妙莫测!

人何以可能感通天地万物,感通自然或宇宙之道?《易经》认为人感通天地万物的基础在于,天地万物与人之间本来存在一体性。在《易经》卦体的构成中,六爻分为上中下三位,上两爻天位表天道,中间两爻人位表人道,下两爻地位表地道。每一卦都是这样一个包含天地人三才之道的整体。而每一爻的或阴或阳,就这样被三才之道统一于每一卦之中。这种卦象的结构,就是《易经》天地万物与人一体观念的直观呈现。

《易》之为书也,广大悉备,有天道焉,有人道焉,有地道焉。兼三才而两之,故六。六者非它也,三才之道也。道有变动,故曰爻。(《易·系辞下》)

三才之道各有其实质和特点:"立天之道曰阴与阳,立地之道曰柔与刚,立人之道曰仁与义。"(《易·说卦》),然而,三者的区别对于三者的统一性来说是从属性的,因为天道、地道、人道以及万物之道,虽有分殊之相,实际皆同为一道,即"一阴一阳之谓道"。因为柔刚即阴阳,故天地之道通;仁义乃人之阴阳柔刚,故人与天地之道亦通,万物为天地所生,其道也无非一阴一阳而已。

三才之道的统一性,更具体的表现也许是"自然"整体过程或"大化"流行的连续性。

重视感通的《易经》并不排斥观察和推理之知。"仰观于天文,俯察于地理,是以知幽明之故,原始反终,故知死生之说。"(《易·系辞上》)但是,很显然《易经》将感通之知视为最为通透和准确的知,而且可以说,《易经》的认知方式是感通内在地交融在观察与推理之中,以感通为其内核和实质。

精气为物,游魂为变,是故知鬼神之情状;与天地相似,故不违;知周乎万物而道济天下,故不过;旁行而不流,乐天知命,故不忧;安土敦乎仁,故能爱;范围天地之化而不过,曲成万物而不遗,通乎昼夜之道而知,故神无方而易无体。(《易·系辞上》)

《易经》承认自然神妙莫测,宇宙不可以思议而可以心神感通。从一定意义上讲,自然、宇宙和天地万物的不可思议性,对于人来说意味着自然是拥有其永恒的可畏性、野性或危险性的一种环境。人永远不可能将自然"驯化",永远不可能随心所欲地控制和支配自然,包括其中的天地万物。

从根本上讲,人类作为万物之一,是自然的一部分,是被自然之道所支配的。其生命和生活的基本方式必然是尊重并且顺应自然之道;同时,在此必然的基础上,人又必须效法天地精神,自强不息,厚德载物,开展无止境的文化创造,以参赞天地之化育。

四、保合太和:自然的整体和谐与圣人的忧患

《易经》虽然肯定天地万物的整体性和统一性,但是并非认定有一种

"前定的和谐"或"先验的和谐"存在于人类与生态环境（天地万物）相处的命运之中。于是，《易经》所肯定的恰是对整体"和谐"难得实现而且不易保持的"忧患"，或风险意识。

其道甚大，百物不废。惧以终始，其要无咎，此之谓《易》之道也。（《易·系辞下》）

夫乾，天下之至健也，德行恒易以知险。夫坤，天下之至顺也，德行恒简以知阻。能说诸心，能研诸侯之虑，定天下之吉凶，成天下之亹亹者。是故变化云为，吉事有祥。象事知器，占事知来。天地设位，圣人成能。人谋鬼谋，百姓与能。八卦以象告，爻象以情言，刚柔杂居，而吉凶可见矣。变动以利言，吉凶以情迁。是故爱恶相攻而吉凶生，远近相取而悔吝生，情伪相感而利害生。凡《易》之情，近而不相得则凶，或害之，悔且吝。（《易·系辞下》）

正是基于这种最深层的"忧患"或风险意识，《易经》突出地体现了一种对于人的主体责任的自觉。《易经》强调，在天地万物之道变动不居的过程中，人应该并且能够通过人类的智慧创造人与天地万物动态的整体谐和。《易·乾·彖》曰："乾道变化，各正性命，保合太和，乃利贞。首出庶物，万国咸宁。"人的主体创造性智慧是"太和"的内在要素。此主体创造性智慧的作用，也是万物"各正性命"和人类"万国咸宁"的条件。

"太和"，即最广大的宇宙整体和谐之所以能够达成，原因在于"道"的统一性。

《乾》卦辞曰："乾：元亨利贞。"《乾·象》曰："天行健，君子以自强不息。"《坤》卦辞曰："坤：元亨利牝马之贞。"《坤·象》曰："地势坤，君子以厚德载物。"

从人道效法天地或自然而行的角度，整部《易经》都突出地体现了这种天人呼应、天人合德、天人协调的思想。《大象传》视自然为道德上行"不言之教"的"宇宙大学"，君子观象，见微知著，知近知远，进德修业。

如何实现"保合太和，乃利贞"？《易经》"合外内之道"，即配合内在于人和外在于人两方面的道，内在的恒常不易之德行与外在的阴阳变易之规律相统一，从而顺物因应，与时偕行。

孔子《易传》推尊圣贤。正是在圣贤德业中，将人在天地间作为万物家庭成员的职责以理想化的形象表达出来。《系辞》对圣人多有描述：

夫《易》，圣人所以崇德广业也。智崇礼卑，崇效天，卑法地，天地设位，而《易》行乎其中矣。成性存存，道义之门。（《易·系辞上》）

子曰："夫《易》，何为者也？夫《易》，开物成务，冒天下之道，如斯而已者也。"是故圣人以通天下之志，以定天下之业，以断天下之疑。是故蓍之德，圆而神；卦之德，方以智；六爻之义，易以贡。圣人以此洗心，退藏于密，吉凶与民同患。神以知来，知以藏往，其孰能与于此哉？古之聪明睿知，神武而不杀者夫！是以明于天之道，而察于民之故，是兴神物，以前民用。圣人以此斋戒，以神明其德夫！是故阖户谓之坤，辟户谓之乾，一阖一辟谓之变，往来不穷谓之通，见乃谓之象，形乃谓之器，制而用之谓之法，利用出入，民咸用之谓之神。（《易·系辞上》）

圣人聪明睿智，明于天之道，察于民之故，神以知来，智以藏往，通天下之志，定天下之业，断天下之疑，神明其德，随道变通，开物成务，制器而用，利用出入，人咸用之。

毕竟，人类迄今为止的历史中决非"满街都是圣人"，现实的生态危机正印证着人类的"忧患"。然而，生态崩溃和环境的毁灭并不是人类的宿命，人类若发挥天赋的能力，本来是能够达到圣人的境界的。当然，这意味着人类的每一分子都需要经历一番内在德性上的启蒙与转变、成长与升华。

五、"与天地合其德"：人类的生态德行

《易经》深于变化之道，其关于人类生活困境和危局的理解，也适用于人天关系。《否》《噬嗑》《剥》《明夷》《睽》《蹇》《困》，这些卦皆有危殆之象，但是并非不可"解"。其解决之道是"不可为典要，唯变所适"。按照孔子的《易传》，整部《易经》的"德义"就是观象修德。人类需要不断自我完善才能"自天祐之，吉无不利"。

如果说人类今天遭遇的生态困境是前所未有的严峻："对我们而言，我

德性文明论：
古典儒家礼乐教化及其当代价值

们所拥有的是这样的事实：各种各样的生命物种，大山与河流以及广袤的海洋自身，这些我们曾以为不会受到人类太大影响的存在，将只能在它们已被损坏的整体中幸存。"❶ "我们必须把自己所处的 21 世纪开始的年代也看作是正在经历一种危险的历史时期。……因为，过去人们所应对的只是因为人类生存模式动乱失常所做出的人类调整，而我们所面对和所要处理的则是一个已经掌管了这一星球功能约 6700 万年的地生物时期的混乱，甚至是它的终结，是过去从未有过的存在于空气、水和土壤中的毒素，是分布在整个这颗星球上的无数化学物品，是物种的灭绝，是关乎我们生存程度上的气候变更。"❷ 因此，"对我们而言，我们所拥有的是这样的事实：各种各样的生命物种，大山与河流以及广袤的海洋自身，这些我们曾以为不会受到人类太大影响的存在，将只能在它们已被损坏的整体中幸存。"❸ 那么，解困的方向何在？依据《易经》的思路，应该是"反求诸己"。

《易·乾·文言》曰："夫大人者，与天地合其德，与日月合其明，与四时合其序，与鬼神合其吉凶。先天而天弗违，后天而奉天时，天且弗违，而况于人乎？况于鬼神乎？"这是言《乾》卦九五爻所代表的大人之德，或圣人气象。

《乾》卦"九五"爻辞曰："飞龙在天，利见大人。"人的德行是可以达到大人境界的。但是这种境界，不易保持，是容易变为"小过"甚至"大过"的，而过犹不及。故《乾》卦"上九"爻即有过患之象，其辞曰："亢龙有悔。""亢之为言也，知进而不知退，知存而不知亡，知得而不知丧。其唯圣人乎？知道进退存亡而不是其正者，其唯圣人乎！"（《易·乾·文言》）孔颖达《周易正义》曰：此经再称"其唯圣人乎"者，言圣人非但知进退存亡，又能不失其正。

《易经》在这里集中呈现了理想的人类与自然之间关系的基本准则：

（一）大人或圣人在天地之德与人类之德之间能把握其协调与平衡。

---

❶ ［美］托马斯·贝里：《伟大的事业：人类未来之路》，生活·读书·新知三联书店 2005 年版，第 8 页。
❷ ［美］托马斯·贝里：《伟大的事业：人类未来之路》，生活·读书·新知三联书店 2005 年版，第 11 页。
❸ ［美］托马斯·贝里：《伟大的事业：人类未来之路》，生活·读书·新知三联书店 2005 年版，第 8 页。

（二）自然有德，且其德是人类需要与之协调的一种更权威、更尊贵的精神性存在。

（三）人类的"退"，不仅是对待自然的行为上的减退，而且是道德上的自我"节"制和自我成长的"损"而"益"。人类的冒"进"所导致的生态危机，其解决办法在"反求诸己"，在"退"而"修身"以改错补过。

（四）就人类在整体"生生"之道中的地位和作用而言，人类的生活之价值是超越为了人类自己这个目标的；仅仅为了人类或一切为了人类的功利主义价值目标和思维方式，本身是一种根本的道德谬误。

（五）人须"与天地合其德"。人类的生活依托于人与天地日月四时，以及万物及其神明之间的和谐。人类真正的自由是"参赞天地之化育"，从而获得人性上自由而全面的发展。

那么，人类应该具备怎样的德行？《易经》的卦名即反映出其基本的道德价值观，如《乾》《坤》《谦》《豫》《无妄》《遁》《损》《益》《革》《鼎》《节》《中孚》，这些卦名本身有明确的道德含义，可以应用于人与人之间，也一样可以应用于人与自然之间。这些卦名及其卦象的道德含义都是指向人的自我修养：要谦逊；面对人如此，面对天更是如此；要有所预见和预防，心存危机意识和忧患意识，不要心存自我膨胀的妄想。要有所退避有所不为，要减少自己道德上的过错；要增益道德上的善，积善成德；要洗心革面，有所变革；要有所建树，不断更新；要有所节制，内心真诚。

人天的互相适应会到达某种平衡状态，但平衡不是人天关系的常态。人天和谐并不是永恒的平衡，而是内蕴动态平衡的永恒的不平衡，故《易经》以《未济》为64卦之终，这意味着，为了协调人天、人的道德成长和自我完善将永无止境。

游艺篇

教学为先：
《学记》中的古典儒家教育哲学

《学记》是《礼记》中的一篇，是中国现存最早的系统论述教育理念、教育制度和教学原理的经典文献。一般认为，《学记》着墨较多的有关教学原理和教学方法方面的内容是它的精华所在。但是，这类看法未免过于狭隘和片面化，没有把《学记》放在整个古典儒家思想的背景中来观察，从而未能把握《学记》所体现的古典儒家教育哲学的丰富内涵。实际上，《学记》包含着丰富的古典儒家教育哲学思想，具有鲜明的理论特色和突出的实践价值。

一、古典儒家教育哲学的逻辑结构

中国古典儒家教育哲学思想发端于夏商周三代的礼乐文化，由孔子集其大成，后经曾子、子思、孟子和荀子等思想家的传承发展，逐渐形成了一套体系完备、思想独特的教育哲学理论。"学"和"教"是古典儒家教育哲学的两个核心概念；这在《学记》中得到了最为典型和集中的体现。如果把整个儒家教育哲学的逻辑结构比喻为一个"椭圆"，那么，"学"和"教"就是它的两个"焦点"。"学"关注的是教育的个体生命维度；它展现了个人在文化环境中"成长"与"变化"的过程。"学"所要回答的根本问题是：个体如何通过主动的自我修养和学习而成为一个真正的人。在儒家的观念中，人的生命包括三个层面的内容和意义。从最显著的层面到最隐微的层面依次为：一、现实生命，涉及现实的个人及其群体日常社会生活的和谐。这是一个现世的和世俗的层面，呈现的是当时当地正在生活着的个人与社会群体的经济、政治、艺术、宗教等现实问题。二、类生命，涉及文化命脉的延续和人类生活世代之间的连续性。这个层面已经超越了个人与社会群体的现世性，呈现的是人类的世代联系与作为人的"大生命"的文化本身。三、形上生命，涉及人性的宇宙论根源。在这个层面上，人性意味着一种"天命"，即一种源于宇宙整体（"太一"），以及宇宙生生不已的创化过程与法则（"道"）的"自然"禀赋。"学"意味着个体生命在这三个层面的展开。首先，个体通过"学"的过程参与现实生活，从而体现为一个现实的生命存在；其次，个体通过"学"的过程进入群体文化延续的历史，从而具备"类生命"；最后，个体通过"学"的过程充分伸展作为人性的"自然"禀赋，从而在形上或超越的意义上实现人作为宇宙大化流行之参与者存在的价值。

在古典儒家教育观念中，"教"与"学"密切联系，不可分割。在一定意义上，儒家认为教和学甚至是同一的。"学"原来是一字一音一义，既可以指"学"，也可以指"教"。后来"学"演变成二字二音二义："教"和"学"。[1]"教"有多重含义，可以指教化、教育、教导、教授、教学和教训等。在《学记》中，"教"的这些含义都有所反映。与"学"侧重教育的个体维度相对应，"教"强调的是教育的社会维度；"教"是"学"在社会关系中的表现形态，是社会性的"学"。"教"所关注的核心问题是：社会如何将每个人的"学"组织成一种普遍的社会实践？具体而言，作为相对独立概

---

[1] 高时良：《学记研究》，人民教育出版社2006年版，第64页。

念的"教"涉及这样三个问题：一、如何在整个社会形成一种教化的制度？二、在人们围绕彼此的"学"而形成的互动过程中，应该遵循怎样的教与学的原则和方法？三、围绕教育活动形成的特殊社会关系——师生关系应该具有怎样的伦理秩序和道德准则？

透过"学"和"教"这两个焦点概念，儒家教育哲学思想分别朝个人体验与社会生活这两个维度展开。由于两个焦点概念之间存在彼此交叉和相互呼应的内在关系，在教育过程中，个人体验与社会生活两方面融合为一个统一的整体。

二、"学"：教育的本体和本质

（一）形上之"学"："人不学，不知道"

"学"是儒家教育哲学中最重要的概念之一，从《论语》的"学而时习之"和"学而不厌"到《荀子》的《劝学》篇，以及《礼记》的《学记》与《大学》等篇，我们可以看到这一核心概念贯穿着儒家教育哲学思想的整个脉络。

"学"具有一种形而上的含义："学"是"下学而上达"的，它的目的在于"学"以体"道"。也就是说，"学"包含着一种形而上的或超越的追求，它通向宇宙人生的形上本体——"道"本身。"学"作为一个动词，它描述了人类探索生活道路的行动与展现生命意义的实践过程。"人不学，不知道。"不进行"学"这种实践，人就无法为他的天赋潜能的发展开辟正确的"道"路。从一定意义上讲，"学"就是"道"的呈现方式，因为"学"的过程就是"知""道"的过程。

在中国古典儒家的视野中，教育是被置于一种称为"道"的过程性宇宙论背景中来理解的。"道"是一种超越而统一的宇宙变化过程原理。它的含义是指天地万物创造与变化的"自然"过程及其所遵循的法则。在这里，"自然"是指事物本来具有的状态、过程与规律，它相当于"本然"，不同于人所断言的"必然"。当人对事物的"必然"作出断言时，他可能只是在一定程度上把握了事物的"自然"。人的"必然"断言既可能是符合"自然"的，也可能是不符合"自然"的；而"自然"却无所谓是否符合人所断言的"必然"，它只是本来如此，自然而然。然而，即使是符合"自然"的"必然"断言，也无法穷尽"自然"或"本然"的无限可能性。简言之，所谓"道"就是指世界本来具有的根据与律则。与"道"和"自然"的观念相关，儒家持有一种整体性的"人性化"世界观。儒家的世界是一个人类生活中的世界，人所体验的天、地、人相互渗透相互作用的世界，是一个统一的世界。这个世界不是理念与现象、形式与质料二元分裂的世界，而是意象合一的世界。这个世界不是一个主客二分的与人相对待的对象，而是一个"人在世界中，世界也在人性与人心中"的世界，是一种天人相通乃至"天人合一"的世界。在此世界中存在一以贯之的"道"，贯通于天、地、人之间。

虽然贯通于天地万物之间的"道"是统一的，但是在理论上它可以区分为多种层次，最为主要的两个层次是"天道"与"人道"，即自然之道和人类文化之道。在儒家看来，自然或宇宙本身是创化不息、充满生机和活力的整体——"太一"或"天"。"太一"或"天"的运化过程及其所遵循的法则即是天道。人生于天地之间，与天地并立，同时也参与天地创造万物的过程。人的生命活动也体现为一定的过程及其法则，这就是人道。从内容上来看，人道就是人类的文化创造过程。人道虽然不直接等同于天道，但是人道根源于天道。从本质上讲，人道是天道在人类文化上的反映；天人之道具有内在的一致性。

儒家的"道"既是"人道"也是"天道"。"道"通过人的自然禀性自发显露出来，甚至可以说人的天性流露无所不是符合"天道"的，因而人道与天道相通既是自然的也是必然的。至于要领悟天与人、天道与人道之间相通的具体特点和具体途径，这就涉及一个生命体验与文化经验的过程，在这个过程中，无限可能的天人相通的道路被一一开辟出来，被一代一代传承下来，被不断地拓展开来，这就是一个悟道、修道、行道、载道与弘道的过程，这个过程就是一个教育的过程。这个过程的核心就是"修道"，而这也正是教育的本质——修治符合天道与人性的人类生活可行的道路。"修道"也就是"学"。从个人生命体验来看，"道"是指人的生命禀赋能够正常发展的各种可能的途径。这些道路或者是前人已经开辟出来的，或者需要现在的人自己探索，那么，了解前人的道路，开辟自己的道路，这个行动就是"学"。"学"是每一个人在生命历程中参与人类探索和开辟生活道路的行动。在儒家看来，个人的生命存在是一种天赋禀"性"展开的过程；人的存在的主要任务和价值就是"尽性"，即实现自身具有的"自然"的可能性。"学"就是"修道"或"体道"，即以自身积极主动的体验来展现人本然的生命存在方式和状态。这就是《中庸》所讲的"天命之谓性，率性之谓道，修道之谓教"。由于"教"与"学"是一体两面的关系，所谓"修道之谓教"也可以理解为"修道之谓学"。

在以"道"的观念为核心的宇宙论语境中，儒家的教育观念通乎天人之际，是既世俗而又超越的，或者说是即世俗即超越的。首先，教育被看成是每一个世代的社会和个人担当人"道"延续使命的一种历史性的活动。教育就是围绕文化的创造、传承和延续而进行的"教"与"学"的社会历史活动。或者，我们可以说儒家的教育就是作为动词的"文化"本身，因为文化无非是人性在人类历史中的展开。从这个意义上讲，教育不仅仅关乎一个世代的个人与社会的文化生活状况，而且关乎整个人类文化的存亡绝续。其次，更进一步讲，教育作为一种成就"自然"人性的人类活动，不仅是人道的彰显和表达，也是天道的彰显和表达。

（二）作为"大学之道"的"学"

《学记》中的"学"与《论语》《大学》《中庸》《荀子》等儒家古典文献所包含的"大学之道"是一脉相承的。"大学之道"涉及儒家教育哲学所关注的根本问题，即如何使具有天赋人性的人成为真正文化意义上的人。教育就是人的造就。教育所造就的人，既是个体的人，也是人的社会。因此，儒家教育哲学所关注的问题在于同时造就人性彰显的个人与良风美俗的社会。不仅如此，在儒家看来，教育也是使人"成为人"的文化创造活动及其艺术。教育既包含如何充分实现天赋人性中的可能性的问题，又包含如何以一种文化的方式来实现人性。既涉及个人生命意义的表达，也涉及整个人类文化命脉的延续。因此,《学记》中的"学"也是指一种道德—政治—文化三位一体的教育实践。在这里,"学"是一个将个人道德修养、社会伦理政治与文化传承贯通为一个实践性整体的教育哲学概念。

"学"既是一种具有个体生命体验意义的行为,也是一种具有政治和文化意义的社会参与行为。从这个意义上讲,"学"是"为己之学"与"大人之学"的统一。所谓"为己之学"是指个人通过自己的学习或自我修养,为自己找到安身立命的道路。这种学习行为就生命体验来说是个体性的;就所追求的道德价值来说则是内在性的。所谓"大人之学",是指成己成人,立己立人,"建国君民"和"化民成俗"的学问。"为己之学"是"修身";"大人之学"是"齐家治国平天下"。中国古典儒家认为,个体修养,即自我主动的学习和成长贯穿每一个人的生命历程。在儒家看来,个人的世界可以朝内外两个方向展开——分别指向人的生命存在与个人生活所在的各种关系。这是一个两极相通的世界。

古典儒家把个人生命活动的路径描述为这样一种在内外两极之间往复运动的螺旋:"古之欲明明德于天下者,先治其国。欲治其国者,先齐其家。欲齐其家者先修其身。欲修其身者,先正其心。欲正其心者,先诚其意。欲诚其意者,先致其知。致知在格物。物格而后知致,知致而后意诚,意诚而后心正,心正而后身修,身修而后家齐,家齐而后国治,国治而后天下平。自天子以至于庶人,壹是皆以修身为本。"(《礼记·大学》)以"修身"为轴心,"格物、致知、诚意、正心"是由外向内的道路;"修身、齐家、治国、平天下"是由内向外的道路。这两条道路交织互动,循环递进,境界不断提升,无有止境。这就是儒家"内圣外王"的"大学之道"。

《大学》中第一句写道:"大学之道,在明明德,在亲民,在止于至善。"意思是:促进教育的目的在于显明人的美德,改善民众的风俗,最终实现人的完善。也就是说,在社会上普遍地提倡学习和鼓励修养是治理国家应该遵循的一个根本原则。这种"大学之道"高度概括了整个儒家古典教育思想的精髓。《学记》明确指出"学"所追求的就是成就"大学之道"。根据《学记》的描述:"大学之道"就是"君子"在学问"大成"之后,将所学运用于社会生活"化民成俗",使"近者悦服,而远者怀之"。很显然,这种境界与《大学》中的"明明德"和"亲民"是完全一致的。毫无疑问,在这种境界之上的最高境界也应该是"止于至善"。

正像儒家总是把人道放在天道中来理解一样,儒家也把个人放在社会整体中来理解,并把个人生命的价值和社会生活的意义放在人类文化大生命中来理解。作为"大学之道"的"学",凸现了每一个个人和每一个世代的社会对于整个文化大生命延续的重要意义。儒家认为文化是一种超越了个体与社会存在的人的"类"生命或"大"生命。文化是个人与社会生命的"本"——根源;而每一个世代的个体和社会是文化生命的具体的历史的载"体"。在儒家看来,教育不仅关乎现实社会政治生活的有序与和谐,它也关乎世代之间文化命脉的延续。对于每一个世代的社会及其个体来说,文化命脉的延续,或者说人道的存亡都是一个最为根本的问题。每一个世代的社会及其个体生命的意义,也就在于其对于人道或文化慧命的接续所做出的贡献。孔子这位儒家的圣人和伟大导师所关心的一个最为重要的问题是:如何使"斯文"不坠,文明永续?他强调"人能弘道,非道弘人"。(《论语·卫灵公》)在孔子看来,人具有载道与弘道的使命。在人与文化之"道"的关系中,人作为主体,必须发挥最大的主动性与创造性,去继承文化传统并创造性地发展新的文化。

不仅如此,从文化大生命的角度来看,每一个世代的人——个人和社会都有一个"成就"其人道的过程,即在特定的文化传统中"展开"其天赋人性和潜能的过程。无论就个体还是社会来看,自然意义上"天生"的人并不直接就是真正具备了文化生命的人。人必须通过"学"的过程,才能将人性中蕴涵的可能性以文化的形式充分实现。唯其如此,个人和社会才能成为接续和弘扬文化慧命的一个有价值和意义的历史环节。"学"是一个连续不断的过程,贯穿个人生命历程和人类社会生活的始终。在儒家看来,由于每一个人都是既具有个体性又具有社会性的人。"个体"和"社会"无非是人的个体性和社会性的表现形式,两者并非各自独立的实体,而是人的存在中内在包含的两个彼此相关的方面。因此，微观的个体生命历程与宏观的人类社会生活全体过程本来是没有隔膜、气血相通的同一个过程。对于个体而言，"学"的过程伴随生命历程始终。对于人类来说，人们已经开拓出来的道路具有普遍性的历史意义，每个时代都必须通过"学"的过程继承这些文化成就，同时，也要面对具体的现实开辟新的道路。

三、"教"：教育的制度、方法与伦理

（一）礼乐教化的制度

儒家推崇上古夏商周三代开创的礼乐文化，并且强调以礼乐教化来形成一个和谐幸福的社会。《学记》将儒家人文主义的道德政治理想具体化为一种教育体系或教化制度。这套制度本身作为礼乐文化的一个重要组成部分和主要的表现形式，确立了一种礼乐教化型的教育制度典范，对后世以礼乐文明为理想的政治实践和社会生活产生了深远的影响。

《学记》中说，"君子如欲化民成俗，其必由学乎！"在儒家看来，要发展每一个人的天赋，并形成一种礼治伦理型的政治生活与良风美俗的和谐社会，必由之路就是发展教育。儒家的教育或教化是在国家和社会两个层面展开的；整个教育体系包括王官之学与庶民教化两个相辅相成的组成部分。在国家层面，教育关注的是礼乐文化传统的自我延续与创造性发展，并且官方的教育组织与制度本身就是礼乐文化整体的一个组成部分。也就是说，从内容上看，王官之学的内容是传承与发展礼乐文化；从形式上看，王官之学本身直接作为"礼"，即礼乐政治和礼乐文化的一个有机组成部分而存在。《学记》写道："古之教者，家有塾、党有庠、术有序、国有学。"这是对古代官学系统的一种典型化和理想化的描述。早在商代的甲骨文中就出现了"学""大学""庠"的名称。到了周代就已经形成了比较完整的官学精英教育体系。《礼记·王制》记载："天子命之教，然后为学。小学在公宫南之左，大学在郊。天子曰辟雍，诸侯曰頖宫。"当时的学校制度虽然已经比较完备，但是能入学的人数相当有限，《礼记·王制》中规定，只有"王

大子、王子、群后之大子、卿大夫、元士之适子，国之俊选"，才有资格入学。可见当时的官方学校系统实行的是一种精英教育，受教育者主要是贵族子弟和国家选拔出来的优秀士人子弟。在国学中所教授的主要是先王所传的礼乐诗书。《礼记·王制》载："乐正崇四术，立四教，顺先王《诗》《书》《礼》《乐》以造士。春秋教以《礼》《乐》，冬夏教以《诗》《书》。"这些科目后来逐渐演变成"六艺"和"六经"。这种教育的目的在于培养"建国君民"的君子，即精通传统礼乐文化德才均备的政治领导人才。

然而，官学或国学只是整个礼乐教化制度的一个组成部分，与之相配合的还有庶民的教化。当然，庶民的礼乐文化普及教育或民间教化与王官之学在内容和侧重点上有所区别，主要是讲习和修明六礼（冠、昏、丧、祭、乡、士相见）、七教（父子、兄弟、夫妇、君臣、长幼、朋友、宾客）、八政（饮食、衣服、事为、异别、度、量、数、制）。❶《礼记·王制》载："司徒修六礼以节民性，明七教以兴民德，齐八政以防民淫，一道德以同俗。"由于精英阶层的礼乐文化传承，本来就是要达到"化民成俗"，造就一个礼乐文明的社会，因此，礼乐文化的精神和某些内容就不只是限于在社会上层内部流传，而必然会以某种形式渗透与普及到民间。孔子说："入其国，其教可知也。其为人也，温柔敦厚，《诗》教也；疏通知远，《书》教也；广博易良，《乐》教也；洁净精微，《易》教也；恭俭庄敬，《礼》教也；属辞比事，《春秋》教也。"（《礼记·经解》）

（二）自然主义的教育方法论

《学记》强调"教学相长"。这里的"教"主要是教诲、教授和教导的含义。儒家关于教学方法的思想也具有丰富的内涵和鲜明的特色。

《学记》描述了一种以农耕生活为原型的自然主义的教学方法论和教学艺术。农耕生活的根本智慧是"顺其自然"，即遵循大自然的节奏和农作物"生长"的规律来耕种和栽培。其中"天工"与"人为"巧妙地协调起来，构成一种和谐的互动过程。人才的培养恰如农作物的栽培，这是《学记》所

---

❶ 钱玄等注译：《礼记》，岳麓书社2001年版，第196页。

包含的一个关于教育方法的基本隐喻。

《学记》认为，正如栽培对于种子的生长只是一种辅助一样，教师的"教"对于学生的"学"也只是一种辅助，"教也者，长善而救其失者也"。"教"的本质不是从外部给予学生自己本来没有的东西，而是对学生身上本来具备的成长的可能性或"种子"加以培育和养护。教师的"教"与学生的"学"是手段与目的的关系。从这个意义上讲，"教"从根本上必须依托并服务于"学"。《学记》引《尚书·兑命》"惟学逊志，务时敏，厥修乃来"，强调学生主动学习是"教"育成功的根本保证。教育成功的一个重要标志是"安其学而亲其师，乐其友而信其道"，从而达到"虽离师辅而不反"这个"教"的目的。在这里，师傅之"教"走向了"离师辅"而能自立，于是，"教"就被辩证地"否定"或"超越"了。"教"最终通向"学"，与"学"统一起来。

正如农耕生活体现了"天工"与"人工"的辩证统一和微妙协调，《学记》也充分体现了一种教学上谨慎的"有为"与自然"无为"之间的对立统一。如同农耕生活的根本智慧主要表现在充分把握和自如地运用自然的时令节气，在合理的限度内发挥"人工"的具体作用一样，教学艺术的最高境界也是对学生成长的"自然节奏"的一种把握和运用，从而能够把"教"限定在合理的限度之内，恰到好处地与"自然"相配合。《学记》对于"教"是非常谨慎和富于节制的。在"教然后知困"这句话中，我们看到的不是教师的自负与盲目乐观，而是一种对"教"慎重的态度与对"教"的限度的清醒认识。《学记》尖锐地批评了错误教学的本质在于"及于数进而不顾其安，使人不由其诚，教人不尽其材"，从而强调了教学应该从学生的具体条件出发，根据学生成长的自然过程来加以引导和教诲。正确的教学原则在于"禁于未发之谓豫，当其可之谓时，不陵节而施之谓孙，相观而善之谓摩"。其中"禁于未发之谓豫"，"当其可之谓时"与"相观而善之谓摩"体现了谨慎的"有为"。而"不陵节而施之谓孙"则特别强调了教师在教学上要讲究"无为"。在《学记》中我们可以看到对这种"有为"与"无为"对立统一的教学辩证法的反复强调。从一定意义上讲，《学记》充分体现了对于"有为"的教学的超越，是一种透彻地理解了"教"的"反面""外面"和"后面"的教育意义的教育方法论。在这里，我们可以看到"不教"之教、"不言"之教和"自然成长"之教。"语之而不知，虽舍之可也。"可见，在某些时候，教的正确方法就是"不教"。"大学始教，皮弁祭菜，示敬道也。宵雅肄三，官其始也。入学鼓箧，孙其业也。夏楚二物，收其威也。未卜禘不视学，游其志也。时观而弗语，存其心也。幼者听而弗问，学不躐等也，此七者，教之大伦也。"这就是"不言"之教，一种无言的身教与庄敬的态度之教，一种威仪与关怀相融合的氛围之教。《学记》指出："大学之教，时教必有正业，退息必有居学。""退息"就是作为学生的"自然成长"过程的教。《学记》把"教"的原则概括为"时教"与"退息"的高度统一。这种教学方法论与《学记》对于"学"的本质的理解是一致的："故君子之于学也，藏焉，修焉，息焉，游焉。"由此可见，学生的"学"或自我教育与自然成长就是"教"的根本目的。

教师教学的作用在于帮助学生获得知识和明白道理。所以，《学记》说："故君子之教，喻也。"教师是一个能够以无限多样的方法来启发和引导学生的人。这就是"能博喻，然后能为师"。然而，总体而言，从《学记》的文本所反映的具体的教学过程来看，教师所采用的基本方法是一种以"答问"为主的"对话"法。"答问"法中的教师主要是一个相对被动的应答者，而不是相对主动的一个提问者。这种"答问"为主的"对话"法不同于苏格拉底式的"问答"为主的"对话"法。在这里，被充分尊重与充分调动的是学生求知的主动性；学生是"对话"中的提问者。当然，教师期望学生是一个好的对话者，准确地说，是一个"善问者"："善问者如攻坚木，先其易者，后其节目，及其久也，相说以解。"教师的角色则是：一个相对"被动"的"听语"者，"力不能问，然后语之"；一个如待叩的钟一样安静从容的"待问者"，"叩之小者则小鸣，叩之大者则大鸣，待其从容，然后尽其声"；一个类似于乐队中的鼓手一样的"节奏"把握者，"鼓无当于五声，五声弗得不和"；一种像水一样纯净无色的调和剂，"水无当于五色，五色弗得不彰"。教学过程中的师生互动是一种艺术，而教师是一位高超的艺术大师。"道而弗牵则和，强而弗抑则易，开而弗达则思。和易以思，可谓善喻矣。"教学艺术的最高境界是："其言也，约而达、微而彰，罕譬而喻，可谓继志矣。"

（三）"师严道尊"的教育伦理学

《学记》体现并推崇一种"师严道尊"的教育伦理学。这套教育伦理学的本质在于尊师重道，其师生关系是以"尊"师与"亲"师为原则的相互尊重、彼此友爱和平等交流的关系，其表现形式是以"敬"为基本精神的教育伦理和礼仪。

首先，我们看看《学记》如何理解"师"。教是由"师"来承担的职责，学也需要"师"的教导。"师"不只是一个只有"记问之学"的人，而是学问和道德的楷模。在理想的意义上，"师"是一个"君子"；是"道"之载体，或道的人格化身。老师的重要性是不言而喻的："师"是学之"辅"者，是长学生之善而救学生之失者；是使学生继其志者；是能以多种多样的方法使学生获得知识和明白道理者。更为重要的是，从社会政治的角度讲，"故师也者，所以学为君也"，就是说师乃王者之师，甚至"三王四代惟其师"，这意味着整个上古时代的礼乐文明和道德政治的根本依托就是传道之师。这正如唐代大儒韩愈所言："师者，所以传道授业解惑也"，以及"道之所存，师之所存也"。因此，《学记》说："凡学之道，严师为难，师严然后道尊，道尊然后民知敬学。"这意味着尊重"师"及其所代表的"道"的权威，成为教育的至上原则和第一需要。

其次，我们来看《学记》中"尊师"的礼仪。《学记》把师生礼仪列为"大学之教"的第一课："大学始教，皮弁祭菜，示敬道也。"这显然是一种以祭祀先师和向先师表示虔诚敬意为主要内容的开学典礼。"师"在这里被视为道的化身来尊重与崇拜。《学记》特别强调在教育的场合和师生关系语境中，尊师应该重于尊君。为了说明这个原则，《学记》中描述了一种极富戏剧性的礼仪场面：君臣之礼与师生之礼的冲突及其化解。当臣为君之师时，君臣之礼必须服从师生之礼。《学记》指出："君之所不臣于其臣者二：

当其为尸，则弗臣也；当其为师，则弗臣也。"所以，"大学之礼，虽诏于天子无北面，所以尊师也"。在这里，对师的尊重似乎超过了对君的尊重。当然，在一定意义上，儒家具有君师不分的观念，认为师和君可以是同一的。《学记》中也写道："能为师，然后能为长；能为长，然后能为君。"

最后，《学记》是如何理解师生关系的呢？儒家的五伦只有"君臣、父子、夫妇、朋友、兄弟"。师生关系并不属于五伦，但是它并非不重要。由于"师"是"道"之全体的化身，师生关系于是就意味着一种从总体上全面体现天人之"道"的伦理关系。从这个意义上讲，师生关系所涉及的人类生活体验与道德智慧比"五伦"中的任何一伦都更为根本，更为全面，更为丰富。师生相处的道德原则兼具"五伦"道德原则的特点，既有尊卑长幼的等差之礼，又有平等和谐互敬互爱之仁。《学记》把师生关系与亲属关系相对比，认为"师无当于五服，五服弗得不亲"。实际上，师生关系不仅对于维护和调理父子、夫妇、兄弟这些家庭内部关系的健康和谐至关重要，而且对于人们在"君臣"和"朋友"两伦中的相与之道也具有统率和指导的作用。

我们透过教育活动中的礼仪和师生关系中的伦理能够看到一种怎样的道德氛围与精神内涵？我们可以用"敬"来描述这种文质彬彬、庄重典雅的教育氛围和精神气质。在《学记》所勾画的学校及其教育活动中，我们能够感受到"敬"无所不在，如"敬业乐群，博习亲师"，"论学取友"，以及"安其学而亲其师，乐其友而信其道"等。在这里，有学生与学生之间的友爱之敬，有师生之间的关爱和尊重之敬，有活着的人对于先师的崇"敬"，有求学者学习态度上的恭"敬"；最为重要的是，还有渗透在整个教育过程中的对于所学之"道"的虔诚信仰之"敬"。在整个教育伦理中，"敬道"是最根本的道德准则。无论是严师亲师，还是取友乐友，其根本准则都是"敬道"。"师""友"之所以值得尊敬和值得亲近，是因为师友所体现的"道"具有至高无上的权威，并且值得仰赖。

四、《学记》教育哲学思想的本质特征与现代价值

《学记》所体现的儒家古典教育哲学思想的问题意识、观照视野和思维

方式是非常独特的，它对于当今的教育理论与实践具有深刻的启示。

首先，如果说现代教育关注的主要问题是"我能够知道什么？"那么，中国古典儒家教育思想关注的根本问题则是：我将成为什么样的人？正如孔子在《论语·宪问》中所说："古之学者为己，今之学者为人。"古典儒家的教育或"学"本质上是一种"为己之学"。这个问题不仅关乎个体成长与社会和谐的"现实生命"，关乎文化命脉延续的"类生命"，而且关乎作为人的"形上生命"的人性与天道。古典儒家的教育思想含有对于"超越性"层面的关切，它承认天道与人性的统一性，这种统一的秩序和法则就是人的"天命"。儒家的"天命"信仰不是指向一种否定自我的神秘存在，而是肯定自我的天赋人性具有神圣、高贵与完满的潜能与品质，这就是"天命之谓性"。而教育就是领悟并实现人性至善的可能性的过程或道路。《学记》所载"大学"开学时的祭礼与天子"视学"之前的卜禘，正是在世俗礼仪上表达了对于人类生命中"性与天道"这一超越层面的一种虔敬；同时，这些礼仪也表明，在古代儒家的整个教育思想和实践中，形上的"道"是一种极端重要的因素。也正是基于这种超越而切己的问题意识，《学记》强调"大道不器"，这与孔子所说的"君子不器"相通。在儒家看来，教育是不拘于任何专门的知识技能而追求"道"之"德"的学问。《学记》中说，"人不学，不知道"。"学"就是为了明白"道"或得"道"，即找到自己生活的道路和准则。这里的"得道"也就是中国古代经典中"道德"二字的基本含义。因此，儒家教育的性质是一种特殊类型的"道德教育"。古典儒家的道德概念不仅仅是指具备一定的美德，以及行为符合社会道德规范，而且包含着"究天人之际，通古今之变"和"穷理尽性以至于命"的性命修养之学，身体力行"仁义礼智信"的伦理实践智慧，以及"载道"和"弘道"的文化历史担当。这种道德所追求的是个人修养、群体生活和文化使命相统一的境界。这种意义上的道德教育是整个儒家教育的主旋律。之所以选择诗书礼乐为学习的主要内容，就是要通过这些中国先民长期积淀下来的经典性的文化资源，来启导天性，修养身心，践行人伦，成就文明。在儒家的观念中，这种中国古典意义的道德教育是教育的核心和重点。长期以来由于种种原因，其间的道理一直隐而不彰，约而难通。

其次，《学记》将"大学之道"贯彻于社会制度中，构造了一种具有道德理想主义色彩的教化制度。它是王官之学与庶民教化两部分相辅相成的教育体系。从教育或教化内容的性质来看，整个教育制度是一种以"道德教育"或"伦理教育"为核心的教育体系。在这套制度中，教育与政治高度统一，为学即是为政，为学即是"化民成俗""建国君民"。这套制度中虽然存在王官之学与庶民之学的不同，精英教育与大众教育的区分，贵族教育与平民教育的差异，但是这种区别基本上与人的社会出身无关，从《学记》开篇的君王"求良善"和"就贤体远"可以看到，"君子"和"小人"主要是根据人的道德追求与智慧境界来界定的。由于《学记》所推崇的礼乐文化是一种带有尚古色彩的道德"理想国"，因此，整个教育制度也是一种将道德"理想国"付诸实践的制度。反观今日颇有势力的所谓"价值中立"的教育理念与实践在道德上的无知和冷漠，古典儒家的这种以道德教化为本的教育制度及其道德理想主义精神，对于重建一种道德的现代教育具有耐人寻味的启迪。

而且，由于《学记》坚持了"道"的超越性的至上地位，在《学记》所描述的教育制度中，"道"和"学"高度统一，并且高于"政"。这种伦理秩序与本末关系极具深意，可以与现代大学真理至上和思想自由的精神相辉映。《学记》认为教育的根本智慧在于"务本"，也就是要以"道"驭"器"：以道德智慧统率理性智慧，以形上生命和文化生命来丰富个体和群体的现实生命。《学记》的这种宏阔的视野和思维方式对于今日乃至未来的教育必然具有深远的影响。

观象修德：
《易·大象》修养与教化之道

孔子晚年祖述伏羲、文王之《易》，"序《彖》《系》《象》《说卦》《文言》"。（《史记·孔子世家》）究心天人相通之道，阐扬德性文明之思。孔子传《易》，借《易》之"象"申述儒家道德志趣，实为述而有作。故孔子明言："吾与史巫同途而殊归"，"吾求其德"，"我观其德义"。（《帛书·要》）"德义"，即人之德性德行与天人之道相契之理想、价值、法则与方法。《易·大象》为孔子儒学关于道德修养与教化的经典陈述，古典儒学德性文明的人文理想，在《易·大象》中简易明确地通体呈现出来。

一、《易》"象"与孔子《易·大象》传

《易》之象见乎卦爻符号，本是"在天成象，在地成形，变化见矣"之象征或比拟。孔子认为，"圣人有以见天下之赜，而拟诸其形容，象其物宜，是故谓之象"。（《易·系辞上》）八经卦取天地雷风水火山泽，六十四卦重八卦而成，以阴阳爻符号简明标示。"是故易者象也，象也者，像也。"（《易·系辞下》）《易》本是象，象寓其意。孔子作《易·大象》传，

系于六十四卦之卦象与卦名，从其与系于各卦爻位爻辞的《小象》相对而言，有大小之别称。然而无论《易·大象》《易·小象》，孔子《象》传皆托象以言德，超出物"象"外而入于道德领域，离乎物而反乎人，大而化之，取法天地生生之大德，"大"人以参赞天地之化育。

孔子以前的史巫占筮《易》学，循卦爻之象与辞，推究人事吉凶悔吝之理。至孔子赞《易》，将此占筮人事物理的"象（含名）——辞——（数）理"，创造性地转化为人伦道德之"象（不含名）——名（言）——（德）义"。这一转化，其一是卦象与卦名从浑然一体区分为二。其二是卦名之文字义与卦象之"现象"二者地位的变化。卦名文字义为阐发"德义"之基础，德义之陈述主要立足于"观乎人文以化成天下"的人文领域，而卦象符号所示的自然"本象"则作为象征或隐喻之喻体而存在，一方面赋予人文德义诗意的比附想象空间，另一方面存其"天道远而人道迩"之义。其三，卦象本身意义的升华。卦象本取自"天"，为天之"文"，即天道之征，本不可弃，为人文之源。故孔子存象不废，而大张其中所含生化之理，时变之察，以之为"不言之教"所本，而立"天人合德"之规模。

卦名在占筮《易》中，为象所含，只为命名卦象，以区分各卦，并无多少道德上的深意。卦象无论是八经卦还是重卦六十四卦，皆是取自自然现象，无外乎仰观于天，俯察于地，近取诸身，远取诸物，"以通神明之德，以类万物之情"。（《易·系辞下》）孔子作《易·大象》传，与其说是依托卦象，不如说是依托卦名，于卦象，孔子述而不作；于卦名，孔子借题发挥，既述又作。以居于首而蕴含全《易》的乾坤二卦为例：

《乾》卦辞曰：元亨利贞。

《易·乾·象辞》曰：天行健；君子以自强不息。

《坤》卦辞曰：元亨利牝马之贞。君子有攸往，先迷，后得主利。西南得朋，东北丧朋，安贞，吉。

《易·坤·象辞》曰：地势坤；君子以厚德载物。

依"乾""坤"二名而直陈君子健而顺，自强不息，厚德载物之德。至于"乾""坤"所本天地之象，仅以"天行""地势"描述而已，几近"无言"，而见天地之大，"四时行焉，百物生焉"。

孔子大小《象传》对《易》卦爻象的创造性转化，不同于后来王弼所谓"得意忘象"。马一浮先生说："《易》者，象也。象也者，像也。卦，固象也。言，亦象也。故曰：圣人立象，以尽意。系辞焉以尽其言，所以设卦为观象也。系之以辞，为明吉凶也。能尽其意者，非由象乎？明吉凶者，非由辞乎？然则观象者，亦在尽其意而已。何事于忘？乾马坤牛之象，易知也。吉凶悔吝刚柔变化之象，微而难知也。未得其意而遽言忘象，未得其辞而遂云忘言，其可乎？且忘象之象，亦象也。忘言之言，亦言也。是以圣人曰尽而不曰忘。"❶ 孔子正如马先生所言，得意而尽象。

二、大人与天地合其德

《易·大象》在孔子赞《易》篇章中极为独特。除卦名卦象承袭于《易经》之外，象之大义，不从《易经》文本及其占筮系统而来，而是别出心裁的系统创作。在孔子之前，也有《易象》之名的文献，可惜只是存有只言片语的提示，不知其详。

春，晋侯使韩宣子来聘，且告为政，而来见，礼也。观书于大史氏，见《易象》与《鲁春秋》，曰："周礼尽在鲁矣！吾乃今知周公之德与周之所以王也。"（《左传·鲁昭公二年》）

孔子或许继承了这些文献，在此基础上而述作《大象》等"十翼"。孔子自谦"述而不作"，太史公用"序"，兼有述作，实际就是述而作。《易·大象》之作，乃是观象以知德，着眼于成就"大人"而张扬《易》象所涵之人文意蕴。故《易·大象》要旨在于"夫大人者，与天地合其德"而已。（《乾·文言》语）

近世大儒王夫之有见及此，曾作《周易大象解》。其《序》曰：

《大象》之与《彖》《爻》，自别为一义。取大象以释《彖》《爻》，必龃龉不合，而强欲合之，此《易》学之所籀晦也。《易》以筮，而学存焉。

---

❶ 马一浮：《复性书院讲录》，江苏教育出版社2005年版，第283页。

德性文明论：
古典儒家礼乐教化及其当代价值

唯《大象》则纯乎学《易》之理，而不与于筮。盖筮者，知天之事也。知天者，以俟命而立命也。……知其吉凶而明于忧患之故……以穷天化物情之变，学《易》之道虽寓于其中，而故有所从违，以研几而趣时，所谓"动则玩其占"也。若夫学《易》者，尽人之事也。尽人而合乎天德，则在天者即为理，天下无穷之变，阴阳杂用之几，察乎至小、至险、至逆，而皆天道之所必察。苟精其义、穷其理，但为一阴一阳所继而成象者，君子无不可用之以为静存动察、修己治人、拨乱反正之道。故《否》而可以"俭德辟难"，《剥》而可以"厚下安宅"，《归妹》而可以"永终知敝"，《姤》而可以"施命诰四方"；略其德之凶危，而反诸诚之通复，则统天地雷风电木水火日月山泽已成之法象，而体会其各得之常，故《乾》大矣而但法其行，《坤》至矣而但效其势，分审于六十四象之性情以求其功效，乃以精义入神，而随时处中，天无不可学，物无不可用，事无不可为，繇是以上达，则圣人耳顺从心之德也。故子曰："五十以学《易》，可以无大过矣。"《大象》，圣人之所以学《易》也。❶

诚然，《大象》尽人而合乎天德。天德即天地之德，即天地以阴阳不测之神生化万物，生生不已之性能。"天地之大德曰生，圣人之大宝曰位，何以守位曰仁。"（《易·系辞下》）《易》道即此天地生生之德所显的过程。故曰"生生之谓易"。（《易·系辞上》）天人之所以可合德，乃是基于天人之道，皆统一于乾坤阴阳互依，一体相生之《易》道，则人能裁成辅相人物本具之性，能继天地大生广生之善。故孔子曰："一阴一阳之谓道，继之者善也，成之者性也。"（《易·系辞上》）人须成就天赋本性所具之"仁"德，以合天地生生之德。天人合德之盛德大业，富有而日新，必"显诸仁，藏诸用"。当此之际，惟"仁者见之谓之仁，知者见之谓之知"，而"百姓日用而不知，故君子之道鲜矣"。（《易·系辞上》）

《易·大象》以"仁"赞《易》象，特为彰显"仁"德为其内核的君子之道或圣人之道。正如《中庸》所言："大哉，圣人之道洋洋乎！发育万

---

❶ 王夫之：《周易大象解》，《船山全书》（第一册），岳麓书社 2011 年版，第 695–696 页。

物，峻极于天。优优大哉！……故君子尊德性而道问学，致广大而尽精微，即高明而道中庸。"君子之道或圣人之道通乎天地之道，同为"博也，厚也，高也，明也，悠也，久也"。(《中庸》)《易·大象》为孔子儒学关于"仁"德之全体大用的经典陈述，君子之道或圣人之道所指德性文明的人文理想，在《易·大象》中通体呈现。

"大人"之大，既是圣人个人之大，也是德性文明的人类共同体之大。孔子在《易·大象》中畅言大人之"仁"德，不仅涵摄个人身心内外，与共同体家国天下两层，而且贯通天地人三才之道，及于吾人"与天地万物为一体"之"仁"。

三、"复其见天地之心"

《易》为生生之道，乃是生命的哲思。孔子确信人类生命，为天地之所钟灵毓秀，必有其伟大神圣的命运，无限美善的价值，光辉恒久的文明。《易·大象》为孔子昭示此生命信仰，接续《易》生命哲思而述作。孔子自信"人能弘道"，所承所传之道，实为一以吾人德性生发而长养，长养而成用为根本的道德文明理想。

王夫之谓《易·大象》为孔子所以学《易》。则孔子于《易》所学何学？"祖述尧舜，宪章文武"，古之道术，"内圣外王"之道见在于此。孔子非治方术者，《易·大象》所诠惟"圣人""君子"之道而已。"以天为宗，以德为本，以道为门，兆于变化，谓之圣人；以仁为恩，以义为理，以礼为行，以乐为和，薰然慈仁，谓之君子。……古之人其备乎！配神明，醇天地，育万物，和天下，泽及百姓，明于本数，系于末度，六通四辟，小大精粗，其运无乎不在。"(《庄子·天下篇》)《易·大象》融通天文与人文，观象设教，乃孔子明德亲民，化成天下之心要。《易·贲·彖辞》曰："刚柔交错，天文也。文明以止，人文也。观乎天文，以察时变。观乎人文，以化成天下。"正透露了孔子《易·大象》之旨。

圣人君子之道，广大精微，其散在《易》卦，则六十四象，其合而统于一，则"一阴一阳之谓道"。其见著于事物，繁赜无涯，其收摄于吾人，惟在一心。《易·大象》顺天地"不言之教",以启君子"絜洁净精微"之"心"。

六十四象虽于文本始乾坤而终既未,然而,生生之"易",实浑然一体,其中阴阳互涵,生息变动,循环往复,无始无终,神龙不见首尾。"万物并作,吾以观其复"(《老子》第十五章),孔子观象与老子观象,如出一辙,并无二致。六十四象见天地之心,惟在《复》卦,一象而通六十四象全体大用要妙者,系于一阳之来复!"复,其见天地之心乎!"(《易·复·彖辞》)故《复》为"神龙"之"眼",《易》道之"几",《易·大象》之钥。

天地以乾坤健顺,神形兼备而大生广生,生生不已。无限生机,其象为《复》。《复》卦,一阳居群阴之下,雷震而动地。

王夫之解《复》最得孔子宗趣。《周易外传》曰:"故夫《乾》之六阳,《乾》之位也;《坤》之六阴,《坤》之位也;《乾》始交《坤》而得《复》,人之位也。天地之生,以人为始。故其吊灵而聚美,首物以克家,聪明睿哲,流动以入物之藏,而显天地之妙用,人实任之。人者,天地之心也。"❶《周易内传》又释"复其见天地之心"曰:"此推全体大用而言之,则作圣合天之功,于《复》而可见也。人之所以生者,非天地之心乎?见之而后可以知生;知生而后可以体天地之德;体德而后可以达化。知生者,知性者也。知性而后可以善用吾情;知用吾情,而后可以动物。故圣功虽谨于下学,而必以'见天地之心'为入德之门。天地之心不易见,于吾心之复几见之尔。天地无心而成化,而资始资生于形气方营之际,若有所必然而不容已者,拟之于人,则心也。"❷ 因人心之所以知性用情动物,拟而可知天地生化无心之"心","若有所必然而不容已"。故王夫之直言:人为天地之心。引而伸之:人心之精一执中而不失其正者,正是天地之心。"是心也,发于智之端,则为好学;发于仁之端,则为力行,发于勇之端,则为知耻;其实一也。"❸

---

❶ 王夫之:《周易内传》《船山全书》(第一册),岳麓书社 2011 年版,第 882 页。
❷ 王夫之:《周易内传》《船山全书》(第一册),岳麓书社 2011 年版,第 227–228 页。
❸ 王夫之:《周易内传》《船山全书》(第一册),岳麓书社 2011 年版,第 230 页。

四、《易·大象》"反身修德"

《易·大象》与《大学》可以对观，《大学》可谓《易·大象》离象之明言。《易·大象》依象所隐喻者，在《大学》则曰："大学之道，在明明德，在亲民，在止于至善。"此纲领一统修身、齐家、治国、平天下。《大学》之作为"为己之学"，一言以蔽之曰："自天子以至于庶人，壹是皆以修身为本。""修身"，即修吾人之心性与言行，合外内之道，其要在修"心"，以"见天地之心"。孔子于《复》卦初九爻象，即申发此义。《复》初九曰："不远复，无祗悔，元吉。"其《象辞》曰："不远之复，以修身也。"王夫之解曰："身"者，最其不远者也。"方一起念之初，毁誉吉凶，皆无所施其逆亿，而但觉身之不修，无以自安，则言无过言，行无过行，卓然有以自立矣。"

《易·大象》尚修身为本，求吾人"复见天地之心"。《易·大象》从不同时运境遇言及修身方法：

乾（乾下乾上）天行健，君子以自强不息。

坤（坤下坤上）地势坤，君子以厚德载物。

蒙（坎下艮上）山下出泉，君子以果行育德。

否（坤下乾上）天地不交，否，君子以俭德辟难，不可荣以禄。

随（震下兑上）泽中有雷，随，君子以向晦入晏息。

大畜（乾下艮上）天在山中，大畜，君子以多识前言往行，以畜其德。

颐（震下艮上）山下有雷，颐，君子以慎言语，节饮食。

大过（巽下兑上）泽灭木，大过，君子以独立不惧，遁世无闷。

坎（坎下坎上）水洊至，君子以常德行，习教事。

咸（艮下兑上）山上有泽，咸，君子以虚受人。

恒（巽下震上）雷风，恒，君子以立不易方。

遁（艮下乾上）天下有山，遁，君子以远小人，不恶而严。

大壮（乾下震上）雷在天上，大壮，君子以非礼弗履。

晋（坤下离上）明出地上，晋，君子以自昭明德。

家人（离下巽上）风自火出，家人，君子以言有物而行有恒。

蹇（艮下坎上）山上有水，蹇，君子以反身修德。

损（兑下艮上）山下有泽，损，君子以惩忿窒欲。

益（震下巽上）风雷，益，君子以见善则迁，有过则改。

夬（乾下兑上）泽上于天，夬，君子以施禄及下，居德则忌。

升（巽下坤上）地中升木，升，君子以顺德，积小以高大。

困（坎下兑上）泽无水，困，君子以致命遂志。

鼎（巽下离上）木上有火，鼎，君子以正位凝命。

震（震下震上）洊雷，震，君子以恐惧修省。

艮（艮下艮上）兼山，艮，君子以思不出其位。

渐（艮下巽上）山上有木，渐，君子以居贤德善俗。

归妹（兑下震上）泽上有雷，归妹，君子以永终知敝。

兑（兑下兑上）丽泽，兑，君子以朋友讲习。

小过（艮下震上）山上有雷，小过，君子以行过乎恭，丧过乎哀，用过乎俭。

既济（离下坎上）水在火上，既济，君子以思患而豫防之。

未济（坎下离上）火在水上，未济，君子以慎辨物居方。

常德之行，则自强不息，厚德载物。以至于有恒而能立不易方。

童蒙即果行育德，"十有五而志于学，三十而立，四十而不惑。"及其壮，则克己履礼，非礼弗履。学无常师，多识前言往行，以畜其德。

居有规范，慎言语，节饮食。庸言之信，庸行之谨。为杜其渐而择处仁里，居贤德善俗，未济而慎辨物居方，既济而思患豫防。以惩忿窒欲，改过迁善为损益，处否困蹇艮之际，则俭德避难，反身修德，致命遂志，思不出其位。

有道则现，君子以自昭明德；无道则隐，君子以远小人。大过，时势之敝，知其不可为而为之，确乎其不可拔，独立而不惧，遁世而无闷。小过无伤大雅，调适改之即可。

正父子兄弟夫妇家人之道，则温而厉，言有物而行有恒。从朋友讲习，则悦而乐，和而不同。

如此，则孔子"五十而知天命，六十而耳顺，七十而从心所欲不逾矩"，已有通途。

《易·大象》言修身，喻之以天地自然之象。可取《蒙》"山下出泉，蒙，君子以果行育德"一例略说。王夫之曰：泉方出山，去江海远矣。不疑其远，百折必达，其行果矣。果则天下无不可成之行也。抑泉源之出，或在平陆，其流易竭；蕴蓄之于山，涓涓混混，不息不迫，则行虽果而居之有余，君子体斯为"养蒙"，为"发蒙"，果、育相资，行成而德不匮。则善用蒙者也。❶这就是说，山泉为有源之水，源泉混混，涓涓细流，不徐不疾，其行不息，终汇为江海，波澜壮阔，蔚为大观。观山下出泉之小，以见其为汪洋之大所本，则见童蒙而可期之以希贤希圣，可教之以"果行育德"。六十四象皆如此拟自然以比人事，观象而修德。

《易·大象》之理，也与《易·系辞》相贯通。在《易·系辞》中，孔子曾用类似《易·大象》的文字，反复论及九《卦》之象的德义：

《易》之兴也，其于中古乎？作《易》者，其有忧患乎？是故《履》，德之基也；《谦》，德之柄也；《复》，德之本也；《恒》，德之固也；《损》，德之修也；《益》，德之裕也；《困》，德之辨也；《井》，德之地也；《巽》，德之制也。《履》，和而至；《谦》，尊而光；《复》，小而辨于物；《恒》，杂而不厌；《损》，先难而后易；《益》，长裕而不设；《困》，穷而通；《井》，居其所而迁；《巽》，称而隐。《履》以和行，谦以制礼，《复》以自知，《恒》以一德，《损》以远害，《益》以兴利，《困》以寡怨，《井》以辨义，《巽》以行权。(《易·系辞下》)

《易·系辞下》三陈九德，与《大象》"和而不同"。可见，象之德义，虽"既有典常"，亦"为道也屡迁，变动不居，周流六虚，上下无常，刚柔相易，不可为典要，唯变所适"。(《易·系辞下》)不仅如此，《易》"化而裁之，存乎变；推而行之，存乎通；神而明之，存乎其人；默而成之，不言

---

❶ 王夫之：《周易大象解》，《船山全书》(第一册)，岳麓书社2011年版，第700页。

而信，存乎德行"。(《易·系辞上》)象之德义为君子立，"苟非其人，道不虚行"。(《易·系辞下》)得其人，则"自天佑之，吉无不利"。(《易·系辞上》)

《易·大象》论修身方法巨细多端，有一原则贯穿其中，这就是"反求诸己"，即《蹇》象所谓"君子以反身修德"。这一修养的普遍原则，同样也通过《复》卦之象，集中体现出来。故孔子曰："颜氏之子，其殆庶几乎！有不善未尝不知，知之未尝复行也。《易》曰：'不远复，无祗悔，元吉。'"(《易·系辞下》)

五、《易·大象》"立人之道"

《易·大象》涵天地人三才之道，而以人道为之干。孔子曰：

"昔者圣人之作《易》也，将以顺性命之理。是以立天之道曰阴与阳，立地之道曰柔与刚，立人之道曰仁与义。"(《易·说卦》)

故"仁与义"为《易·大象》道德价值体系的总纲。仁，亲亲仁民而爱物，近则孝悌忠信，远则国家天下，民胞物与，万国咸宁，品物咸亨，保合太和。义，宜也，利之和也，正德利用厚生惟和，"裁成天地之道，辅相天地之宜"。仁则义，义则仁，仁义一也。仁内而义外，在《易》象，仁含于《复》之"见天地之心"，义显于《泰》以"相天地之宜"。❶仁义既为一体两面，则合外内之道，而时措之宜也。

立仁义之道，不仅在于个人之修养，而且在于群伦之教化。"人文"或"文明"见于个人之"明明德"，亦见于共同体之"亲民"，即凝聚共同体的政治、经济、伦理、文化制度的设施，以及价值传统与精神命脉的绵延光大。作为群体大生命的人类，其共同体本性亦为"仁与义"之所在。

《易·大象》以君臣父子夫妇兄弟朋友五伦，展现吾人在群体中之位与时，依个人生命的自然历程与德行成长，人们在伦理秩序中的地位和角色会相应变化。"人皆可为尧舜"，君子小人辨德行之大小而已。故《易·大

---

❶ 王夫之：《周易外传》，《船山全书》(第一册)，岳麓书社2011年版，第884页。

象》惟"先王"为立典范而称,"君子"之名则向所有人而称。

《易·大象》论群伦生活,兼及政教。政用而教体。"政"所重在治国平天下,然《易·大象》不止于治平之功用,而在于"用"之"体",即"教"。"教"即是作为道德价值的"仁与义"。《易·大象》至深远的目的,在于立所以经世致用,所以裁成辅相之"人道"——"仁与义"。

《易·大象》言政教如下:

屯(震下坎上)云雷屯,君子以经纶。

需(乾下坎上)云上于天,需,君子以饮食宴乐。

讼(坎下乾上)天与水违行,讼,君子以作事谋始。

师(坎下坤上)地中有水,师,君子以容民畜众。

比(坤下坎上)地上有水,比,先王以建万国,亲诸侯。

小畜(乾下巽上)风行天上,小畜,君子以懿文德。

履(兑下乾上)上天下泽,履,君子以辨上下,定民志。

泰(乾下坤上)天地交,泰,后以裁成天地之道,辅相天地之宜,以左右民。

同人(离下乾上)天与火,同人,君子以类族辨物。

大有(乾下离上)火在天上,大有,君子以遏恶扬善,顺天休命。

谦(艮下坤上)地中有山,谦,君子以裒多益寡,称物平施。

豫(坤下震上)雷出地奋,豫,先王以作乐崇德,殷荐之上帝以配祖考。

蛊(巽下艮上)山下有风,蛊,君子以振民育德。

临(兑下坤上)泽上有地,临,君子以教思无穷,容保民无疆。

观(坤下巽上)风行地上,观,先王以省方观民设教。

噬嗑(震下离上)雷电,噬嗑,先王以明罚敕法。

贲(离下艮上)山下有火,贲,君子以明庶政,无敢折狱。

剥(坤下艮上)山附于地,剥,上以厚下安宅。

复(震下坤上)雷在地中,复,先王以至日闭关,商旅不行,后不省方。

无妄（震下乾上）天下雷行，物与无妄，先王以茂对时，育万物。

离（离下离上）明两作，离，大人以继明照于四方。

明夷（离下坤上）明入地中，明夷，君子以莅众，用晦而明。

睽（兑下离上），上火下泽，睽，君子以同而异。

解（坎下艮上）雷雨作，解，君子以赦过宥罪。

姤（巽下乾上）天下有风，姤，后以施命诰四方。

萃（坤下兑上）泽上于地，萃，君子以除戎器，戒不虞。

井（巽下坎上）木上有水，井，君子以劳民劝相。

革（离下兑上）泽中有火，革，君子以治历明时。

丰（离下震上）雷电皆至，丰，君子以折狱致刑。

旅（艮下离上）山上有火，旅，君子以明慎用刑，而不留狱。

巽（巽下巽上）随风，巽，君子以申命行事。

涣（坎下巽上）风行水上，涣，先王以享于帝，立庙。

节（兑下坎上）泽上有水，节，君子以制数度，议德行。

中孚（兑下巽上）泽上有风，中孚，君子以议狱缓死。

国之初建，谋始经纶。容民畜众，用祀用戎，必待礼乐刑政，数度设施而后可。治历明时，申命行事，劳民劝相，称物平施，饮食宴乐，利用厚生也。富而后教，须省方观民设教，以懿文德。作乐崇德，振民育德，乃至遏恶扬善，明罚敕法，皆以德为宗，德主而刑辅，斯可以期于"教思无穷，容保民无疆"。

修养与教化并非二端，而是通而为一。修养为教化之基，修养拓展而成教化，教化为修养之大成。修养即教化，教化即修养。而且，《易》六十四象，太极而两仪，四象而八卦，重卦而六十四卦，散则无穷，归则合一。故《易·大象》六十四，分修养与教化两部，只是相对而有别，本来浑然一体。

圣人用《易》，无不贯通身心与群伦，修养与教化。例如，周公诫伯禽以《谦》曰：

"故《易》有一道，大足以守天下，中足以守其国家，小足以守其身，《谦》之谓也。夫'天道亏盈而益谦，地道变盈而流谦，鬼神害盈而福谦，

人道恶盈而好谦。'……易曰：'谦亨，君子有终吉。'"(《韩诗外传》)(卷三)

　　《易·大象》教化之义，道法自然，保合太和，日新盛德，与时偕行，以义为利，为政以德，修己安人，化民易俗。

　　《易》之为象，自《乾》无象之象始，至《未济》未尽之象终，其"生生"之易，实无始无终。六十四象，涵万象而为一，大象而无形。孔子祖述先圣，观《易》象而大其德，大其德以大人。《易·大象》拟象喻德，言不言之教，申自然之理，以明吾人内心明德，以立人类德性文明仁义之道。

　　《易·大象》德义，完备而丰赡，究天人之际，通古今之变，合外内之道。内圣外王，修齐治平，利用厚生，正德惟和，全体大用，无所不备。古之道术，精粹尽在《易·大象》，其运无乎不在。"君子居则观其象"，惟《易·大象》足堪洋洋大观！

文以载道：
《文史通义》内篇文化哲学发微

　　《文史通义》内篇《易教》《书教》《经解》《原道》《原学》诸篇，为章学诚思想精髓所在，深通六经大义。然论其性质，曰文论，曰史论，皆似是而非。惟文化哲学为近之。义理、训诂、文辞三者，章氏所重在于义理。因训诂、文辞在章氏皆拓至极广义，欲以求古圣之迹与阐古圣之心，直等同于史、文，而非饾饤之学与字句推敲。故章氏所究心之义理，非异端曲学与无征之空言，乃是圣王制作传述，六经所蕴人文化成之道。

一、天人之道皆"一阴一阳"

　　"道之大原出于天"（《原道上》），道有天人之分。天之道，溯自天地之前，而无始无终以常在；人文之道本于"天文"自然，"观乎天文，以察时变；观乎人文，以化成天下"。（《易·贲·彖辞》）。章氏所谓"道"，赅天人之道，而所重在人文之道。

　　《易》曰："一阴一阳之谓道。"是未有人而道已具也。"继之者善，成之者性。"是天著于人，而理附于气。（《原道上》）

"道者，万事万物之所以然，而非万事万物之当然也。"（《原道上》）何谓器？万事万物之当然，可形可名者，道之故也。语言文字，仁、义、忠、孝之名，刑、政、礼、乐之制度典章，皆属于器。道不可见，可见者非道，器也，道之故也。道非器，然道不离器，即器而见道。

就人道言："天地生人，斯有道矣，而未形也。三人居室，而道形矣，犹未著也。人有什伍而至百千，一室所不能容，部别班分，而道著矣。"（《原道上》）

若就历史之先后而言，先圣后圣，创制承继，治化不同，由质而文，由简而繁，有其理势之自然，但不可依理势之异，而论后圣胜于先圣，因历史现象上的先后之迹，不过犹如"轨辙"，皆出于同一"车轮"，即"一阴一阳之道"往复循环所必至。

"人之初生，至于什伍千百，以及作君作师，分州画野，盖必有所需而后从而给之，有所郁而后从而宣之，有所弊而后从而救之。羲、农、轩、顼之制作，初意不过如是尔，法积美备，至唐、虞而尽善焉，殷因夏监，至成周而无憾焉。譬如滥觞积而渐为江河，培塿积而至于山岳，亦其理势之自然；而非尧、舜之圣，过乎羲、轩，文、武之神，胜于禹、汤也。"（《原道上》）

前圣后圣，其事不同，然而，"道有自然，圣人有不得不然"。（《原道上》）百姓日用而不知者，道也。

"圣人求道，道不可见，即众人之不知其然而然，圣人所藉以见道者也。故不知其然而然，一阴一阳之迹也。学于圣人，斯为贤人，学于贤人，斯为君子。学于众人，斯为圣人。非众可学也，求道必于一阴一阳之迹也。"（《原道上》）

很显然，在章氏看来，人天之道，皆"一阴一阳之谓道"而已。章氏没有现代人习以为常的进步主义历史观。这种进步主义历史观以为，历史随着时间的推移而向上演进，后来的历史比先前的历史在物质文明和精神文明上更为优越，且后来者必愈来愈发达，因此，先前的历史相形而言是原始的、野蛮的和落后的。章氏历史观与此相反，可称之为一种"历史循环论"。

二、人文之道大备于周孔

所谓人文之道，参乎天道人事，圣王创制之所以厚民生而利民用者也。

夫悬象设教，与治历授时，天道也。《礼》《乐》《诗》《书》，与刑、政、教、令，人事也。天与人参，王者治世之大权也。(《易教上》)

章学诚认为，人文之道大备于周公、孔子。周公和孔子同为先圣先王道法之集大成者。"周公集羲、轩、尧、舜以来之大成，周公故学于历圣而集之，无历圣之道法，则固无以成其周公也。"(《原道上》)孔子生于周公之后，以学周公。"周公集群圣之大成，孔子学而尽周公之道。斯一言也，足以蔽孔子之全体矣。"(《原道上》)

章氏因孔子之言而证周孔之同。《中庸》曰"仲尼祖述尧、舜，宪章文、武"，而孔子曰"文王既没，文不在兹"《论证·子罕》。章氏曰，"述而不作"，周公之旧典也。"好古敏求"，周公之遗籍也。(《原道上》)

然而，周公与孔子"其圣虽同，而其所以为圣，不必尽同，时会使然也。惟孔子与周公，俱生法积道备无可复加之后，周公集其成以行其道，孔子尽其道以明其教，符节吻合，如出于一人，不复更有毫末异同之致也"。(《原道上》)周孔之异，不异于道，而异于行道之时会。"周公集治统之成，而孔子明立教之极，皆事理之不得不然，而非圣人异于前人。"(《原道上》)

章氏认为，于周孔之际，人文之道，作为人文化成的传统，其政治之"治"统与教化之"教"统两维，已然分化，清晰可辨。周公之世，治教合一，孔子之世，治教分离。

三代之衰，治教既分，夫子生于东周，有德无位，惧先圣王法积道备，至于成周，无以续且继者而至于沦失也，于是取周公之典章，所以体天人之撰而存治化之迹者，独与其徒，相与申而明之。此六艺之所以虽失官守，而犹赖有师教也。(《经解上》)

鉴于"治道"乃圣人"学"于众人之"俗"，即百姓日用而不知其然又不得不然者，人文之道，又实有"学"统和"俗"统两维。于是，人文之道，一体而显四用，其"治""教""学""俗"四维，彼此内在关联，相辅相成，而又相互区别，各有其统绪。

章氏考镜治教同源曰：

教之为事，羲、轩以来，盖已有之。观《易大传》之所称述，则知圣人即身示法，因事立教，而未尝于敷政出治之外，别有所谓教法也。虞廷之教，则有专官矣，司徒之所敬敷，典乐之所咨命；以至学校之设，通于四代；司成、师保之职，详于《周官》。然既列于有司，则肄业成于掌故，其所习者，修、齐、治、平之道，而所师者，守官典法之人。治教无二，官师合一，岂有空言以存其私说哉？（《原道中》）

章氏论教学流衍之故，其大义有三：

（一）学之大原出于天，"学也者，效法之谓也。"章氏自《易》"成象之谓乾，效法之谓坤"引申曰：

学也者，效法之谓也。道也者，成象之谓也。夫子曰："下学而上达。"盖言学于形下之器，而自达于形上之道也。士希贤，贤希圣，圣希天。希贤希圣，则有其理矣。"上天之载，无声无臭"，圣如何而希天哉？盖天之生人，莫不赋以仁、义、礼、智之性，天德也；莫不纳于君臣、父子、夫妇、兄弟、朋友之伦，天位也。以天德而修天位，虽事物未交隐微之地，已有适当其可，而无过与不及之准焉，所谓成象也。平日体其象，事至物交，一如其准以赴之，所谓效法也。此圣人之希天也，此圣人之下学上达也。（《原学上》）

章氏此说，将学之源头上溯至天人之际，认为天行不言之教，圣人能得之。此理有本，孔子亦曰"天何言哉！四时行焉，百物生焉。天何言哉！"（《论语·阳货》）

（二）教为先知先觉觉后知后觉，"教人自知适当其可之准"而已。

教也者，教人自知适当其可之准，非教之舍己而从我也。故士希贤，贤希圣，希其效法于成象，而非舍己之固有而希之也。然则何以使知适当其可之准欤？何以使知成象而效法之欤？则必观于生民以来，备天德之纯，而造天位之极者，求其前言往行，所以处夫穷变通久者而多识之，而后有以自得

所谓成象者，而善其效法也。(《原学上》)

（三）六艺为教学之资，不可专于诵读而言学。"故效法者，必见于行事。《诗》《书》诵读，所以求效法之资，而非可即为效法也。"(《原学上》)世之陋儒，专于诵读而言学，不知学者诵读《诗》《书》，只是"推教者之所及而言之，非谓此外无学也"。(《原学上》)

三、"六经皆史"与"六经皆器"

"六经"即孔子所删定传述之《诗》《书》《礼》《乐》《易》《春秋》六经。《庄子·天运》拟孔子见老聃之寓言，借老子之口曰："夫六经，先王之陈迹也，岂其所以迹哉！"章氏有"六经皆史"与"六经皆器"说，论六经虽不可直执以为道，然确为载道之器，并非空言虚理，而实有其事用之史也。

人文之道，载于六经。"六经大义，昭如日星，三代损益，可推百世。高明者由大略而切求，沉潜者循度数而徐达。"(《博约下》)从其有历史实际之本言，"六经皆史"，从其不可固执于文字言，"六经皆器"。

章氏曰："六经皆史也。古人不著书，古人未尝离事而言理，六经皆先王之政典也。"(《易教上》)此言本有见于六经理事圆融而发。"若夫六经，皆先王得位行道，经纬世宙之迹，而非托于空言。"(《易教上》)

章氏既明六经为载道之书，道不离器，故又据"六经皆史"说，转出"六经皆器"说。

《易》曰："形而上者谓之道，形而下者谓之器。"道不离器，犹影不离形。后世服夫子之教者自六经，以谓六经载道之书也，而不知六经皆器也。《易》之为书，所以开物成务，掌于《春官》太卜，则故有官守而列于掌故矣。《书》在外史，《诗》领大师，《礼》自宗伯，乐有司成，《春秋》各有国史。三代以前，《诗》《书》六艺，未尝不以教人，不如后世尊奉六经，别为儒学一门，而专称为载道之书也。盖以学者所习，不出官司典守，国家政教；而其为用，亦不出于人伦日用之常，是以但见其为不得不然之事耳，未尝别见所载之道也。夫子述六经以训后世，亦谓先圣先王之道不可见，六经即其器之可见者也。后人不见先王，当据可守之器而思不可见之道。……然而历代相传，不废儒业，为其所守先王之道也。而儒家者流，守其六籍，以谓是特载道之书耳。夫天下岂有离器言道，离形存影者哉？彼舍天下事物、人伦日用，而守六籍以言道，则固不可与言夫道矣。(《原道中》)

四、道术为天下裂

章学诚的文化史观，大致承袭孔子、老子和庄子。章氏将周代视为历史中道德文明的高峰，其代表性集大成的圣哲为周公和孔子，其文章经典为六经或六艺。在此之后，道术为天下裂，诸子百家各以其所见所守为道。其实，在历史上东周已称衰周。"夫承千岁之衰周，继暴秦之余敝，民渐渍恶俗，贪饕险诐，不闲义理。"(《汉书·礼乐志》)

章氏的这种文化史意识，正与孔子和老子所持的"法先王"的文化史意识相贯通。孔子在《礼运》中感叹："大道之行也，与三代之英，丘未之逮也，而有志焉。"孔子所见的历史是大同在先，小康在后，而孔子认为，自己所处之世已然"礼坏乐崩"。孔子曰："夏道不亡，商德不作；商德不亡，周德不作；周德不亡，《春秋》不作；《春秋》作而后君子知周道亡也。"(《说苑·君道》)

老子亦曰："故失道而后德，失德而后仁，失仁而后义，失义而后礼。夫礼者，忠信之薄，而乱之首。前识者，道之华，而愚之始。是以大丈夫处其厚，不居其薄，处其实，不居其华。故去彼取此。"(《老子》第三十八章)

庄子曰：

古之人其备乎！配神明，醇天地，育万物，和天下，泽及百姓，明于本数，系于末度，六通四辟，小大精粗，其运无乎不在。……天下大乱，圣贤不明，道德不一。天下多得一察焉以自好，譬如耳目鼻口，皆有所明，不能相通，……判天地之美，析万物之理，察古人之全，寡能备于天地之美，称神明之容，是故内圣外王之道，闇而不明，郁而不发，天下之人，各为其所欲焉，以自为方。悲夫，百家往而不反，必不合矣！后世之学者，不幸不见天地之纯，古人之大体，道术将为天下裂。(《庄子·天下篇》)

《汉书·艺文志》曰："昔仲尼没而微言绝，七十子丧而大义乖。"章氏承其说而曰：

逮夫子既殁，微言绝而大义将乖，于是弟子门人，各以所见、所闻、所传闻者。或取简毕。或授口耳，录其文而起义。(《经解上》)

《汉书·艺文志》谓诸子之学出于六经，属于六经的分支和流传。章氏承继此说，曰："道体无所不该，六艺足以尽之。"(《诗教上》)章氏进一步认为，战国之文，其源皆出于六艺。章氏之意，知此源流，则可知文与道通，则可以离文见道，而奉道判文。

周衰文弊，六艺道息，而诸子争鸣。盖至战国而文章之变尽，至战国而著述之事专，至战国而后世之文体备；故论文于战国，而升降盛衰之故可知也。(《诗教上》)

"后世之文，其体皆备于战国，何谓也？曰：子、史衰而文集之体盛，著作衰而辞章之学兴。"(《诗教上》)

章氏以六经为"文以载道"之典范，认为后世之文章欲究大道，须约六经之旨而随时撰述。

夫道备于六经，意蕴之匿于前者，章句训诂足以发明之。事变之出于后者，六经不能言，固贵约六经之旨，而随时撰述以究大道也。(《原道下》)

章氏以为后世学者欲循六经而求道，必学其实事而后可。

故无志于学则已，君子苟有志于学，则必求当代典章，以切于人伦日用；必求官司掌故，而通于经术精微，则学为实事，文非空言，所谓有体必有用也。(《史释》)

章学诚论文史，大体本儒者立场，以文史之辞章与所述之实事为"器"，即"器"而体"道"。其文明价值观是以圣王德业为准，治统、教统、学统与百姓日用之风"俗"相贯通；其文明史观不取进步论，而取崇古论，存衰世道息之忧患，有警世救敝之深识。

人文化成：

中华人文精神教育与天下文明

一、当代中国大学与全球性的"有教无类"

步入二十一世纪之后，"全球化"进程日益迅速展开，中国与世界各国，尤其是东西方世界之间在文化上的交流，逐渐演变成由表及里的会通。虽然，人们大体上依然生活在东方和西方两个不同的社会，但东西方社会都在经历东方"传统"与西方"现代"两种文化的激荡。对于中国来说，我们起初是被动地后来是主动地开放，从而接触西方的现代文化，并受其影响。如今，我们正在复兴中华优秀传统文化，并把中华文化传播到世界各地。对于西方来说，西方的"现代性"本身是否定自有传统的产物，"启蒙"之后与"启蒙"之前在文化上是有明显"断裂"的。今天，西方开始或被动或主动地接受中华传统文化的影响。这个中华传统与现代西方文化交流会通的过程，在本来就具有"天下"精神的大学中，最为集中地体现出来。

"全球化"在资本和科学技术上是"同质化"的，但是在文化上是"多元"的。对于全球交往中的"多元"文化，中国希望将其导向一种"和而不同"的文化互鉴局面。但是，事实上，多元互异的文化之间并不能在相对主义的基础上达成和谐。因为资本主义现代文化本质上是"斗争性"的文化：其个人主义基于虚构的"单子化的个人"（卡尔·马克思语），内含着人与人之间的"怨恨"（马克思·舍勒语）；其拜金主义价值观又将人性化的一切都予以"物化"（卡尔·马克思语）。因此，西方现代资本主义是全球文化不和的根源。"和稀泥"式的文化相对主义，是不可能带来全球文化之间的和谐的。极有可能的是，它反倒为资本主义文化的全球泛滥和全球"殖民"敞开了大门。这也就是说，在当今开放的环境下，中国文化实际上遭遇到了"西化""物化"和资本主义化的多重挑战和危机。在这一境遇中，当代中国的大学处于首当其冲的位置。这就要求我们必须思考和行动，予以积极应对。

在多元文化之间，我们首先必须辨明文化的"文明"属性。西方文化享有现代文明的声誉，但实际上，西方文化的"文明"性，只是从物质生活条件的改善、科技进步和"理性化"，以及个人主义人权、自由等方面定义的。若从人的道德主体性意义上界定文明，也就是说，若按照中华道德文化传统数千年的文明准则——"华夷之辨"或"君子小人之辨"，那么，现代西方资本主义文明依然是"野蛮"的。马克思对现代资本主义理性文明的野蛮性深有洞察，马克思说："人作为孤立的、自我封闭的单子"，作为"利己的人"，作为"市民社会的成员"，不是"本来意义上的人，真正的人"。❶ 资本主义社会是这样一个领域，它意味着"人的完全丧失，并因而只有通过人的完全回复才能回复自己本身"。❷ 资本主义文化需要批判，也需要教化。在全球化时代，中国的大学是"有教无类"的文化圣殿，是"天下文明"的精神摇篮。后冷战的"全球化"过程其实存在意识形态的竞争，以及更根本的文化认同的竞争。不能让"全球化"成为全球资本主义的"文化狂欢节"，不能让现代中国成为西方资本主义新开拓的"文化殖民地"。对于社会主义中国来说，全部资本主义文化，无论是西方输入的还是本土滋生的，都是需要予以超越的。在中国当代文化领域，存在着两种相互关联

---

❶《马克思恩格斯文集》（第一卷），人民出版社2009年版，第40—45页。
❷《马克思恩格斯文集》（第一卷），人民出版社2009年版，第17页。

的、超越资本主义文化的力量：批判的力量来自马克思主义文化，教化的力量来自中华优秀传统文化。

在这个时代，中国的大学在文化上承担着中华文化复兴和化成天下的双重使命。在大学教育中融入中华优秀传统文化，尤其是对大学生，这些必然要在全球开放环境中来往的中国和各国的青年人，开展中华人文精神教育，是当代中国大学的重要历史使命和责任。

二、中华人文精神传统及其文明特质

中华文化尊道崇德，本质上是一种"道德"文明或德性文明的文化。中华民族在5000多年艰辛曲折的发展进程中，始终不渝地尊奉着德性文明的信仰和理想。中华人文精神就是中华德性文明的信仰与理想，它也是融入中华民族血脉的文化"基因"，成为中华民族数千年文明绵延不绝，在人类文明史上卓然特立的内在根据。不仅如此，随着中华民族的伟大复兴和中华文化遍及全球的传播与弘扬，经过创造性转化和创新性发展的中华人文精神，必将为建设人类命运共同体，为全人类从现代天下分裂和生态危机的理性文明，向天下大同和生态和谐的德性文明转型升华引领方向。

中华人文精神是中华民族所创造的具有永恒价值的精神财富。她是中华民族的"根"和"魂"。在当代，她是中华民族建设中国特色社会主义的文化根基。对于当今生活在世界各地的华人来说，她是海内外中华儿女共同的文化血脉。对于在历史上与中华文化有地缘和亲缘关系的文化群体来说，她是连通民族与文化际和谐关系的文化桥梁；对于世界上所有民族和文化群体来说，她是指引天下建设德性文明意义上的"人类命运共同体"的指南和北斗。

从狭义上讲，中华人文精神是中华传统美德的精华与集中体现，是中华优秀传统文化的内核和根本所在。总之，中华人文精神是中华传统美德和中华优秀传统文化的精髓和最高表达。从广义上讲，中华人文精神、中华传统美德和中华优秀传统文化三者之间是一种整体融贯的关系。由于中华优秀传统文化和中华传统美德无不体现着中华人文精神，我们可以将三者在很大程度上等同起来。或者说，只要不是在抽象层面谈中华人文精神，在具体的层面，我们谈中华优秀传统文化或中华传统美德，即是在谈中华人文精神。

中华人文精神的根本特点是"以人为本"的德性人文主义，而中华文明的"人"是共同体成员意义上的，是《中庸》所谓"仁者，人也"。中华人文精神的根本道德准则是，"立人之道曰仁与义"。这是中华人文精神的精髓和总纲。2017年1月，《关于实施中华优秀传统文化传承发展工程的意见》（以下简称《意见》）准确地将中华优秀传统文化的精髓界定为中华民族在历史中创造的"跨越时空的思想理念、价值标准、审美风范"。其实，我们可以在广义上将《意见》所提出的中华优秀传统文化的"核心思想理念""中华传统美德"和狭义的"中华人文精神"，都视为中华人文精神的内涵。归纳起来，这种广义的中华人文精神的主旨，是与"仁义礼智信"传统道德一脉相承的，"讲仁爱、重民本、守诚信、崇正义、尚和合、求大同"的精神；参照《意见》的表述，具体说来，广义的中华人文精神大体包括修齐治平、尊时守位、知常达变、开物成务、革故鼎新、与时俱进、实事求是、惠民利民、安民富民、道法自然、天人合一的思想理念。天下兴亡、匹夫有责的担当意识，精忠报国、振兴中华的爱国情怀，崇德向善、见贤思齐的社会风尚，孝悌忠信、礼义廉耻的荣辱观念，自强不息、敬业乐群、扶危济困、见义勇为、孝老爱亲的中华传统美德，求同存异、和而不同的处世方法、文以载道、以文化人的教化思想，形神兼备、情景交融的美学追求，俭约自守、中和泰和的生活理念等。

中华人文精神以"人"为本。中华传统，尤其是中华文化主干儒家文化传统所理解的人，是中华德性文明的主体。这是中华民族数千年文明史创造并积淀而成的人格。能够支撑中华人文精神的中国"人"的传统人格，具有如下三个主要特征：（一）人的生命的整体性。中国"人"在天地万物与人"生生"和谐的整体生命中，安置人类共同体及成员个人的"自我"。于是，中国"人"能体验性地认同"天人合一"，"天地与我为一""万物与我并生"，能体验性地觉知自己"与天地精神相往来"，能拥有"民胞物与"的情怀。人与天地万物在生命的"生"活或"和"生关系中整体贯通。《易经》单卦三爻或重卦六爻,皆象征天地人三才之道的整体性,即是这个道理。(二)人性的创造性。人性是人在自然禀赋的基础上创造性地生成的文化成就。自然禀赋只是人性的自然基础,这个基础是生物性的,并不是人性的根本和主体。儒家认为"人之所以异于禽兽者几希"《孟子·离娄下》。人性正是人与动物的生物本能相异之处。人性实为人文化成之性,是社会和文化的产物。在人伦日用中,在学习前人创造的文化和历史的过程中,生物性的人创造性地形成了自己人文性的人性。《中庸》曰:"天命之谓性,率性之谓道,修道之谓教",都是从社会和文化意义上来理解人之特有的"天命"之"性"的。宋明儒甚至特别提出自然性的"气质之性",来与社会和文化性的"天命之性"相对照。(三)"自我"的共同体性。正像中国人在理解自我的生命时,不能将天地万物撇开,设想一无依无傍的独立的自我,中国人在社会生活意义上也不是从孤立的"单子"化的个体出发来理解自我的。中国人传统意义上视"自我"为宇宙共同体和人类共同体成员。这种"自我"是一个具有自立的道德主体性的多重伦理角色,是关爱共同体及其中长幼上下相关的"你"和"他",是负责任的个人。

三、大学中华人文精神教育构想

当代中国的文化复兴,依托于我们对自己传统的重新拥有。经典和文物都需要诠释,才能发出"传统"的声音。更为重要的是,需要有遵循传统的"老道理"而生活的人们;不仅在有学识的"士君子"群体中,而且在各行各业的"百姓"之中,传统的人伦关系、道德观念和优良习俗,必须为人们在日常生活中所奉行。经过了"白话文"改造、数次激进的反传统、数次热切的向西方学习潮流之后,说实话,中华文化传统对于当代国人来说,的确相当陌生了。于是,通过教育来恢复对传统的记忆和了解,就成为当务之急。鉴于大学所处的高等教育层次,中华人文精神教育当主要是大学传统文化教育的任务,也是大学"国学"教育的重点所在。

当代中国大学如何建设一种传承中华人文精神的教育体系,这需要从大学的创造性转变入手。要知道,现代高等教育的"理性"精神,在很代程度上与中华文明的"德性"精神,是不太一致的。"理性"的大学,在科学和人文学术上都取"价值中立"的立场。于是,道德作为学术问题,被大学从"价值无涉"的角度予以研究;作为教育问题,也只是主要限于"价值理性"的思辨训练。虽说道德教育并不是非理性的,但是,道德教育不仅仅是理性的。道德教育本质上是实践性的。须知德性的养成,惟有通过身体力行。子曰:"志于道,据于德,依于仁,游于艺。"(《论语·述而》)现代教育或许可以在"游于艺"的范畴内理解,不过,其所游之"艺",已不是传统育德之"六艺",而是现代自然科学、社会科学与人文学术分科之"艺",对口培养的主要是现代社会各行各业的专家和职业雇员。在现代教育的"道""德""仁"三方面,中国与西方之间存在差异。西方教育往往将其视为现代"游艺"之余事,且交由"多元文化"自行处理。中国教育仍保有崇德务本的传统,强调德育的首要地位,强调培养德才兼备的人才,强调德智体美劳全面发展。然而,毋庸讳言,各级教育在具体落实教育方针上,还存在诸多需要改进的"空间"。而且,随着中国教育的对外开放和国际化进程的推进,我们在向西方学习,与西方交流的过程中,也或多或少受到了西方"理性"至上理念的影响,出现了与"西方"神似的"价值无涉"的教育,或只论"道德理性"或"价值理性"的学理,而不重道德修养和道德践履的倾向和氛围。

这意味着,我们需要从整体上调理当代中国大学教育与中华教育传统之间的关系,使两者相贯通,从而将大学真正办成"德性"统率"理性"的教育事业。首先,以"尊师重道"为准绳,校准根源于中华人文传统的"德育为首"的大方向,始终坚持这个尊道贵德,崇德务本,以德统才,德才兼备的正道,毫不动摇。当然,这既对大学提出了道德精神至上的要求,又对为人师表者提出了师德至上、以身作则的要求。

其次,必须在分科教育中,贯注分科性的具体的"德育"内容。这包括学术层面分科的伦理学教育,职业层面各种行业的职业道德教育,如现代的工、商、农、医、政、法、士(人文社会学术领域的知识分子)、学(教师)、军、艺(文艺工作者)、讯(媒体从业者)、教(宗教人士)等行业的职业道德教育。不可让分科教育成为"唯科学主义"的独立王国，而应将它们都纳入道德教育的统率之下。道德关乎培养什么人的问题，关乎科学是否为创造人类生活之美善福乐而用的问题；科学既然是由人而创、为人所用的科学，那么，道德与科学在根本上就不存在冲突，反而是游离于道德之外的"唯科学而科学"的"科学"学术，会对人及人的道德构成威胁。

最后，大学作为一个社会"共同体"，其教职工之间、领导与员工之间、同事之间、师生之间、同学之间的伦理关系与日常生活的文化，必须具有传统人伦关系长幼有序、仁礼和乐的风尚。现代社会生活及其观念本身有一种将人与人的关系"平面化"和"离析化"的力量，科层制的现代组织与管理体制机制又有将人"物化"和"机械化"的倾向，如果中国的大学不注重创建"家庭"般的人伦关系和组织文化，就缺失了养成中华人文精神的重要日常生活环境。这在实际上必然会导致人文精神教育的"知"与"行"之间彼此脱节，互相矛盾。因此，当代中国大学在这种现代境遇中，必须坚守中华传统以"家庭"为原型的伦理文化及其仁礼和谐的价值原则，确立具有中国情理的大学伦理文化，及其日常生活的良风美俗。当代中国大学必须将自己建成一种充满人性温暖的"弘道共同体"。在当代中国大学伦理价值取向中，要体现关爱对权利的统率，责任对自由的统率。

当代中国大学人文精神教育，既然本质上是养成德行和人格的道德教育，它就必须充分继承和弘扬中华道德教育的传统，尤其是古典儒家的道德教育传统。"子以四教：文、行、忠、信。"（《论语·述而》）这应该就是我们今天需要予以创造性转化和创新性发展的道德教育体系。

孔子的四教或四学，是一个整体教学体系，其中四者相互关联和相互渗透，而又有相对的区分。船山先生大体将"文、行、忠、信"解释为文化经典、生活践履、心性工夫、格物致知四门学问。船山先生说："盖子以四者立不易之轨，贤智者不得略，愚不肖者不得不勉也。其一曰文。子盖使人习之，使人由绎之，识其言，因示以古人之心理焉。其一曰行，子盖使人修之于身，施之于天下，敦其实，因示天下以得失之归焉。其一曰忠。人有心不知尽也，子则教之以勿生苟且自安之情；人有心而或思尽也，子则教之以必求竭尽无余之忧。其一曰信。物有理，人不能循也，子则教之以推诚而无逆于情；物之情，人或能循也，子则教之以顺物而无违其理。"四者之中，实有"内圣外王"的规模，必以"忠、信"为本。故程子曰："教人以学文、修行，而存忠、信也。忠、信，本也。"❶

当代中国大学如何建立一种课程体系来体现这个内外兼修，知行合一的教学体系？可以设想，课程体系需大体以中华人文经典、中华文化基本知识和艺能为主要内容，而以中华人文经典为主体。

在中华文明5000多年绵延不断的发展进程中，形成了极其丰富的文化典籍。在这些浩如烟海的文化典籍中，历代累积而成的最具代表性的文献，作为中华文明智慧的标志性载体和中华传统文化的精髓所在，构成了中华文化的经典体系。中华文化经典体系中的所有经典都具有"文以载道"的基本特性，然而，不同的经典在承载中华人文之道的源流和本末关系上，是有所区别的。所谓中华人文之道，就是贯通天地人三才之道的"内圣外王"之道。从这个意义上讲，中华文化经典体系可大致分为三个层次：创生和确立道之全体的"立道之经"，分有和杂合道之内涵的"体道之经"，传承和接续道之血脉的"弘道之经"。经典体系的这三层即是中华文化的核心经典、百家经典和衍生经典。

中华文化核心经典形成于中华文明的始源和创生期，自传说中的羲、农、炎、黄和尧、舜、禹、汤等古圣先王的时代，直至诸子百家争鸣的春秋战国时代。中华文化核心经典是中华文明的源头活水和生命之根，代表着中华文明元初性和根本性的精神基因、思想源泉和智慧结晶。具体说来，中华文化核心经典包括《易经》《诗经》《尚书》《礼经》(《周礼》《仪礼》、大小戴《礼记》)、《春秋》(左氏、公羊、谷梁三传)"五经"(孔子传述本有六经，惜《乐经》亡佚，而为五经。小戴《礼记·乐论》篇或略存古《乐经》之文)和《老子》《论语》《庄子》《孟子》"四子"，共十四部典籍。这些核心经典可简称为"五经四子"或"十四经"。中华文化核心经典本是一

---

❶ 王夫之：《四书训义》(上)，《船山全书》(第七册)，岳麓书社2011年版，第506页。

个承载道之全体大用的相互贯通的整体，其中《易经》作为"群经之首"和集"道"之大成的经典，可谓是经典体系"核心的核心"。中华文化核心经典创始性、整全性和典范性地集中体现了中华文化的核心思想理念、核心价值观，以及中华传统美德和中华人文精神的精髓。核心经典具备道之全体大用，可谓"纯粹精也"。

百家经典是原生性的体道之经。作为核心经典之后除儒道两大家孔孟老庄之外的"诸子百家"之学，百家经典或分有道之部分，或杂合道之大体，是"道术为天下裂"或道术分为"方术"而又聚合的结果。百家经典或者说体道之经，与核心经典同源，但同途而殊归。它们集中呈现于春秋战国时代，延及于秦汉。吕思勉先生在《先秦学术概论》中主要列举了法家、名家、墨家、纵横家、兵家、农家、阴阳术数、方技、小说家、杂家十家，当是百家经典之大略。值得注意的是，其间有些汇聚诸家的著作，如《管子》《列子》《吕氏春秋》和《淮南子》等，其于"道术"虽不纯粹，但亦颇能存道之大体，因而也是极其宝贵的。百家经典为体道之经，因其于道为分有或杂合，故不免偏至或杂糅。因此，今天我们研读百家经典，须以核心经典要义为准则，去其粗而取其精。

自春秋战国"诸子百家"以后，直至20世纪初白话文兴起之前所产生的文言文经典，都属于衍生经典。衍生经典的范围或有广狭，皆不出传述"义理"的范围，而非"考据"和"辞章"之作；它们都是以核心经典和百家经典这两种原生经典为母体和根源而派生出来的。衍生经典是诠释和传述原生经典的经典，其目的在于以文弘道。有些衍生经典对原生经典的注释、疏证、阐发和引申，确乎达到了"极高明而道中庸，致广大而尽精微"的地步，如宋明张载、朱熹、王夫之等大哲的著作，就是其中的杰出典范。衍生经典之为经典，往往述而且作，别开生面，日新又新。中华文化道统得以承续而绵延不绝，仰赖历代圣贤的传述弘扬之功亹亹大矣！

中华文化核心经典承载着"内圣外王"之道，其所向往的文明具有相互贯通为一的三大特质：德性文明、天下文明、生态文明。

中华文化核心经典所昭示的德性文明，以人类共同体及其个体道德生命

德性文明论：
古典儒家礼乐教化及其当代价值

的养成为其文明存在发展的首要目标和价值准则。就群体生活样式而言，如"正德、利用、厚生""三事"和"德、礼、政、刑"四"道"，都以"德"为首。就个人安身立命而言，所谓"盛德大业"与"德才兼备"，都讲究以"德"为根基。中华文化所蕴含的德性文明以德性统率理性，在本质上不同于现代理性至上、以德为用的理性文明。

中华文化核心经典所包含的理想既是德性文明，同时，又是全人类性的天下文明。天下文明非仅一国一族的文明，而是"人类命运共同体"意义上的文明。核心经典中"天下归仁""天下大同""天下为公"和"天下和平"的理念，寄托着中华文化天下文明的理想和信仰。

不仅如此，中华德性文明和天下文明的德性之"仁"，也遍及天地万物，从而，在超越人类"天下"范围的"天地万物共同体"意义上，中华文化理想也意味着人与自然和谐的生态文明。核心经典中的"保合太和""道法自然""天人合一""生生不息"等理念，就充分体现了中华文化的生态文明意蕴。

中华文化核心经典是德性天下生态文明的"启示录"，这些核心经典所包含的核心思想理念，早在远古时代就已经指明了人类文明发展的常道和正道，也标志着人类生活"文明"与"野蛮"的分野。中华文化发展的历史，就是中华民族曲折而艰辛探索实现德性天下生态文明之道路的历史。在未来的历史中，中华文化核心经典所蕴含的德性文明、天下文明和生态文明的特质，将是中国和世界文明发展的指南。

子曰："人能弘道，非道弘人。"（《论语·卫灵公》）又曰："苟非其人，道不虚行。"（《易·系辞下》）中华文化核心经典必须存乎其人，才能彰显其现实的意义。其全部核心思想理念、价值观、人文精神和文明理想，都必须落实于中国人乃至全人类的美德，即必须成为人的德行。

中华文化核心经典从根本上界定了人类美德的内涵。如"智、仁、勇""三达德"，"仁、义、礼、智、信""五常"，以及"质""朴""自然"等理念，以中国文化特有的话语体系和价值观为道德教育提供了根本目标。而且，中华文化核心经典记述的修养功夫与教化方法，也为道德教育提供了

"内圣外王"的根本方法及其方法体系。

核心经典所蕴含的德性、天下、生态文明的特质，必然具有校正人类文明演化道路的功用。这就意味着现代文明需要转型升华：从今天这个理性至上、天下分裂和破坏生态的文明，转向新时代德性至上、天下和睦及生态和谐的文明。为此，我们必须利用中华文化核心经典本身，来传递其中的道德内涵于一代又一代新人，从而培养能够担当中华民族复兴大任的时代新人，培养能够创造新型天下德性文明的时代新人。

四、余论

必须身体力行地"行"出吾人真实的德性来，这是中华道德智慧的一个根本特色。惟有涵泳性地学习中华文化核心经典，并且体验性地修养，榜样示范性地教化，我们才能充分彰显其中蕴蓄的无比丰富的德育价值，为决定人类未来的新型文明，即德性的生态的天下文明，培养具有"合外内之道"美德的人。

子曰："兴于诗，立于礼，成于乐。"（《论语·泰伯》）古典儒家的礼乐教化美善统一，伦理精神和艺术精神融为一体，性情中和与理智明敏一气贯通。要接续这种中华古典的礼乐教化传统，需要我们在当代中国大学教育，尤其是大学的中华人文精神教育中，特别注重贯注艺术精神、充实艺术内涵，运用艺术元素和手段等，建设一种渗透着诗意与美，能够启迪性灵、激发想象力和创造性的大学文化。在当今"天下"德性文明正在兴起的时代，师生们也依然如同传统时代一样，需要在富有艺术精神的生活中学习生活的艺术。

后　记

　　本书何为而思？简言之曰：中华文化自觉自信自尊自主自强！

　　新时代中国特色社会主义建设，正值中国从"富起来"到"强起来"的转型阶段，开启了"中华民族由近代不断衰落到根本扭转命运、持续走向繁荣富强的伟大飞跃"道路上新的伟大征程。当代中国和中华民族由富而强的历史使命，无疑包含着中华文化的自兴与自强。十九大报告指出，"今天，我们比历史上任何时期都更接近、更有信心和能力实现中华民族伟大复兴的目标。"这一信心的凝成，既来自于中国人民坚定的道路自信、理论自信和制度自信，也必然依托于我们每一个中国人心底根深蒂固的文化自信。

　　文化自信、文化自尊、文化自主与文化自强，是新时代中国特色社会主义文化建设的目标所在，而所有这些文化建设的基础在于文化自觉。何谓我们中华民族自家文化的珍宝？在文明和文化的特质上，中华民族的"我们"是谁？我们中华民族的文明与文化从何而来，又将走向何方？这些关乎文化自觉的问题，必须首先得到回答！

　　至少从鸦片战争以来，尤其以百多年来"西化"潮流的泛滥为剧，久矣，众多中国人已无中华文化自觉！甚矣，中华民族的文化自觉已岌岌可危！君不见，"西潮"之下，有多少"中国人"对于中华民族的文明与文化，或曾觉而失觉，或将觉而未觉，或能觉而不觉，或偶觉而忘觉，或似觉而非觉！凡此种种，皆同乎一文化"无觉"而已。若无中华文化自觉，何以言中华文化自信、文化自尊、文化自主、文化自强？若无中华文化自觉先觉者，何以言中华文化自觉觉他，先觉觉后？

文化自觉的重要性和必要性自不遑多论。需要明确的是，文化自觉觉什么，怎么觉？"觉什么"，中华文化自觉的核心任务，在于我们需要对中华民族数千年所创造、积淀和传承的，绵延不断而辉煌灿烂的优秀传统文化，作原原本本的领悟和传述。"怎么觉"，有志于中华文化复兴的当代中国人，尤其是当代中国学人，必须"博学之，审问之，慎思之、明辨之、笃行之"，潜心深透了解和准确把握中华民族文化的文明本根、道义本体、学问本源、话语本义、德行本真，从而对中华文明及其文化，予以追根溯源的探究与返本开新的弘扬。

从一定意义上讲，"文化自觉"虽然以"自觉"为重，但是也决不能"自以为是"和"固步自封"。若有他山异石，正可攻我之玉，"自觉者"求之不得，岂可随便舍弃！中华文化自觉，必在人类文化的交流互鉴，对话融通，相互涌流与激荡的伟大过程中展开；中华文化自觉，及其自觉觉他，先觉觉后的文明进程，必取海纳百川、和而不同的道路。

学思旅程少不了书斋里的游目潜心，可是又何尝不需要在大地上的行走问学。这蔚蓝星球本身就极像人类大脑的模样，思想者在大地上且行且走，且问且学，思想于是生成。"新醅"既有之后，往往还需要给以时日，好让生活的自然再加之以"无为"的酿造。

这些文字多历年所，最早的篇章"不言之教"成稿于十二年以前；较近的有"礼乐教化""为己之学"，和前年为第一届"世界马克思主义大会"而作的"论儒学社会主义"等篇；最近的是去年秋冬之际草成的"中西文明本义辩正"，以及"德性文明宣言"的部分章节。

将有关中华德性文明的思考凝聚成一个有机整体，其实是需要难得的契机的。为此，要特别感谢国家社科基金重大项目"中华优秀传统文化创造性转化和创新性发展研究"课题，提供的学习机会、磨砺和资助！笔者有幸参与课题，承担其中有关"中国当代文化建设研究"的两章任务。正是在与团队协作研究的过程中，随着关于"社会主义核心价值观"和"中华传统美德"两章内容的成形，本书也得以"自然"长成。在此，感谢李翔海教授当初的推荐！感谢首席专家丁立群教授和课题组的全体同仁！同时，也要感谢这些年所交游的众多师友！请恕我未在此一一提及他们的名字。

感谢责任编辑赵军先生和他的同事们为本书出版所付出的辛劳！对于这部看起来不大像当下学术乐坛"流行曲调"的拙著，赵先生在读到初稿时热情洋溢而见解深刻的回应，着实令人鼓舞：

"纵观人类文明发展史及中外当代文化，中华礼乐教化、天地仁和的整体生命观、价值观仍具有不可替代与不可估量的价值，正如书中所述将引领天下形成生命共同体，实现真正高层次的文明。……要实现文明的跃升转型，需有天时、地利、人和。当下可谓三者皆备，可谓'往者不可谏，来者犹可追。'"

还要感谢近年来在北大"思政"专业研究生课堂上，耐心倾听的多届硕士生和博士生们，以及在本科课堂上与我对话过的众多北大新生。这些青年才俊似乎天然地就相信，中华德性文明的伟大复兴和中国引领人类走向天下德性文明的方向，是毋庸置疑的！我们中华民族何其幸运，我们的年轻一代在心灵深处仍然保有一种与生俱来的道德上的方向感！这些仿佛"于吾言无所不说"的中国青年学子，在他们听到人类必然要从"理性文明"迈向"德性文明"这个大方向的时候，从来就没有提出过丝毫疑问。于是，我们师生之间所热烈讨论的问题主要是：中华德性文明的根源和历史脉络是怎样的？如何复兴中华德性文明？如何教化和引领天下走向德性的生态的天下文明？等等。当然，我们也谈到过"马克思是孔子的精神后裔""马克思主义的中华文化基因"之类的有趣话题。曾经参与课堂教学活动的同学们，在读到本书的时候，或许会回想起我们一起对话的情景。

在此，感谢我的家人们，特别是我妻子晓韶和女儿"糯米元元"！如果不是你们的理解和支持，我怎么会养成这种积习：对身边的诸多事情"若无其事"，而只顾自由自在地"若有所思"呢？

本书是学思旅程中的一个小小驿站，未来新的行程将由此开启。

圣元二五六九年戊戌八月初九
于北京西二旗"跬步阁"